석학
人文
강좌
54

# 콘스탄티누스 황제와 기독교

석학人文강좌 54

# 콘스탄티누스 황제와 기독교

**초판 1쇄 발행**  2017년 6월 20일

**초판 2쇄 발행**  2019년 5월 10일

**지은이**  김경현

**펴낸이**  이방원

**편  집**  김명희 · 안효희 · 윤원진 · 정조연 · 정우경 · 송원빈

**디자인**  박혜옥 · 손경화    **영업**  최성수    **마케팅**  이미선

**펴낸곳**  세창출판사

출판신고  1990년 10월 8일 제300-1990-63호

주소  03735 서울시 서대문구 경기대로 88 냉천빌딩 4층

전화  02-723-8660

팩스  02-720-4579

이메일  edit@sechangpub.co.kr

홈페이지  http://www.sechangpub.co.kr

ISBN  978-89-8411-690-0  04920

　　　978-89-8411-350-3(세트)

ⓒ 김경현, 2017

이 도서의 국립중앙도서관 출판시도서목록(CIP)은 서지정보유통지원시스템 홈페이지(http://seoji.nl.go.kr)와

국가자료공동목록시스템(http://www.nl.go.kr/kolisnet)에서 이용하실 수 있습니다. (CIP제어번호: CIP2017013503)

석학人文강좌 54

# 콘스탄티누스 황제와 기독교

김경현 지음

세창출판사

머리말

---

# 1700년 만의
# 콘스탄티누스 황제

아우구스투스(기원전 27년–서기 14년)와 콘스탄티누스(서기 306–337년), 이 두 황제는 현대세계에서 매우 각별한 대접을 받아 왔다. 가장 긴 재위 기간 동안 획기적 위업을 이루었기 때문이다. 아우구스투스는 공화정에서 황제정으로 체제 전환의 기틀을 다졌고, 콘스탄티누스는 로마를 기독교 제국으로 바꾸어 놓았다. 20–21세기에 걸쳐 그들의 생몰연대, 혹은 획기적 업적을 이룬 해들이 기념되었으니, 아우구스투스의 경우에는 2000주년이었고, 콘스탄티누스의 경우에는 1700주년이었다. 세계사의 흐름을 바꾼 고대의 영웅들을 논할 때면 늘 알렉산드로스와 카이사르를 손꼽게 되지만, 그들은 정작 두 황제와 같은 영예는 누리지 못했다.

2014년은 초대황제 아우구스투스의 서거 2000주년이었다. 한 해 전부터 유럽, 미국, 호주 등 15개국에서 박물관 전시회, 학술대회, 기념강연 등 100여 건이 넘는 행사가 기획되었다. 아우구스투스에 대한 전문연구의 연륜이 짧은 대한민국에서도 학술제가 열리고 기념서적이 출간되었다.[1] 학술적이었던 서거 기념제와 달리 탄신 2000주년(1937년) 기념제는 사뭇 정치적이었다. 때마침 이탈리아의 무솔리니가 아우구스투스와 그 시절 로마제국의 영광을 파시즘의 선전수단으로 활용했기 때문이었다. 이탈리아 국민이 자신을 영도자(duce)로 삼아 '새 제국'을 꿈꾸게 하려던 속셈이었다. '아우구스투스 시대 로마문화 전시회(Mostra Augustea della Romanità)'는 1937–1938년 기념제의 하이라이트였다[그림 1].

---

1    2014년 8월 30일에 열린 「아우구스투스 서거 2000주년 기념학회」와 2016년에 출간된 기념서적 『아우구스투스 연구: 로마제국 초대 황제, 그의 시대와 업적』(책과 함께). 이 두 행사는 모두 한국서양고대역사문화학회가 주관했다.

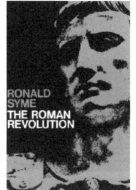

그림 1                                                                   그림 2

**그림 1**    1937-1938년 로마에서 열린 '아우구스투스 시대 로마문화 전시회'의 포스터
**그림 2**    1939년 영국에서 출간된 아우구스투스 체제의 기원과 성격을 다룬 책 『로마혁명』


이러한 '역사 남용(abuse of history)'에 대한 반작용으로, 이탈리아를 제외한 다른 곳은 아우구스투스 탄신기념에 냉담하거나, 심지어 반감을 드러냈다. 영국 옥스퍼드의 젊은 역사가 로널드 사임이 1939년에 출간한 『로마혁명』은 아우구스투스를 부정적으로 기억한 책이었다. 아우구스투스에 대한 묘사는 즉각 무솔리니를 연상케 하는 방식이었다. 옥타비아누스(아우구스투스 황제가 되기 전 이름)는 양아버지 카이사르 사후에 벌어진 내전에서 한 파당을 이끈 아주 야비한 수령(dux)이었으며, 승리 후에는 기만과 선전술로 공화정을 독재체제로 바꾼 자였다. 아우구스투스가 수립한 체제, 즉 원수정(principatus)은 파시즘처럼 위장이요, 속임수였다. 사임의 이 책은 결국 20세기 로마사의 최대 걸작으로 남았다. 그것은 18세기에 기번이 쓴 『로마제국쇠망사』, 19세기에 독일역사가 테오도르 몸젠이 쓴 『로마사』(노벨문학상 수상작)와 함께 근대 로마사학의 이정표가 되었다.[2]

아우구스투스 황제에 대한 현대인의 기억에 그처럼 어두운 구석이 있는 반면, 콘스탄티누스 황제의 이미지는 전체적으로 밝다. 무엇보다 그는 제국을 기독교화한 황제로 기억된다. 최초로 기독교 신앙을 공인한 밀라노 칙령(313년), 그리고 삼위일체를 정통교리로 확립해 교회를 통일한 니카이아 종교회의(325년)는 모두 콘스탄티누스 황제가 주도한 것으로, 그의 대명사 같은 사건들이다.

게다가 이 종교적 전환은 로마사를 넘어 세계사적인 의의를 갖는다고 평가된다. 그러한 전환이 없었다면, 뒤이은 천년의 기독교 시대, 즉 중세 서유럽의 세계는 성립할 수 없었을 것이다. 최근 프랑스 고대사학자 뽈 벤느는 『우리의 세계는 언제 기독교가 되었나?』라는 책에서 심지어 그것의 인류사적 의의를 역설하기까지 했다. "내가 보기에 콘스탄티누스 황제는 크게 내다볼 줄 아는 사람이었다. 그는 회심을 통해 자신이 초자연적 서사시로 여겼던 사건에 참여하고, 그리하여 인류의 나아갈 바와 안녕을 보증할 수 있었다. 그 안녕을 위해, 자신의 치세가 종교적으로 엄청난 역할을 할 수 있는 그런 시대라 느꼈다. … 그는 로마제국의 안녕을 위한 천년 대계 속에서 신이 정한 역할을 하게끔 선택되었다는 소명의식을 갖고 있었다."[3]

역사적 의의는 그에 미치지 못하지만, 또 하나 빼놓을 수 없는 콘스탄티누스의 위업이 있다. 동쪽으로 제국의 수도를 이전한 사실이다(330년). 그는 흑해 입구의 작은 그리스 도시 비잔티온을 개조해 제국의 새 수도로 삼았다. 그의 이름을 딴 콘스탄티노폴리스가 천년의 역사를 자랑하는 옛 수도 로마를 대체한 이 사태는, 장기적으로 제국의 중심이 서부에서 동부로 옮겨 가는 구조변화의 상징이었다. 그리고 그 변화의 장기적 여파로 동서의 운명이 갈렸다. 서부제국은 오래지 않아 라인-다뉴브강 너머에서 침입한 야만족에게 무기력하게 유린

---

2　사임. 『로마혁명사』(한길사, 2006); 몸젠, 『로마사』(푸른 역사, 2013-2014).
3　벤느, 『우리의 세계는 언제 기독교가 되었나?』(2007), 11-12, 94-95쪽.

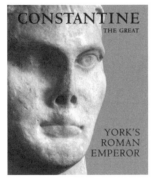

그림 3                    그림 4

그림 3    2006년 3-9월 요크서 박물관이 콘스탄티누스 황제 즉위 기념 전시회에 즈음해 개최한 기
         념학술대회에서 발표된 글들을 모아 출간한 단행본 『콘스탄티누스 대제: 요크의 로마 황
         제』(2006)
그림 4    이탈리아 백과사전 연구소에서 밀라노 칙령 1700주년에 즈음해 '이탈리아의 문학 역사의
         위인' 시리즈의 일환으로 펴낸 3권의 『콘스탄티누스 전기』(2013)


당하기 시작해 결국 쇠망한 반면, 동부 로마제국은 천년을 더 존속했다. 동부
제국, 즉 비잔티움 제국이 콘스탄티누스 황제를 창건자로 여긴 것은 지극히 당
연한 일이었다.[4]

21세기 초, 구미학계와 기독교 교계는 콘스탄티누스에 대한 다양한 기념행
사로 들썩였다. 그의 주요 업적들이 기념의 계기였던 점에서, 생몰연대로만 기
념된 아우구스투스의 경우와 근본적 차이가 있다. 2006년 영국의 요크(York)
시와 독일의 트리어(Trier) 시에서 제일 먼저 기념제가 시작되었다[그림 3]. 요크
는 콘스탄티누스가 병사한 부친의 군대에 의해 황제로 추대된 곳이며, 트리어
의 황궁은 제국 통일 이전 10여 년간 그의 통치 거점이었던 곳이다. 두 도시의


4    비잔티움 역사는 거의 예외 없이 콘스탄티누스 시대를 기점으로 삼는다. 오스트로고르스키, 『비잔티움
     제국사, 324-1453』(까치, 1999); 노리치, 『비잔티움 연대기』(바다, 2007) 1권; 헤린, 『비잔티움』(글항아리,
     2010).

기념제에 이어, 2013년에는 곳곳에서 훨씬 더 성대한 기념제가 열렸다. '밀라노 칙령 1700주년'을 기리기 위해서였다.

실로 2006년부터 2013년까지, 콘스탄티누스 황제의 재조명에 대한 서양학계의 열의는 매우 뜨거웠다. 각국에서 20여 종의 콘스탄티누스 평전이 쏟아져 나왔다. 단행본의 수로는 독일학계의 것이 가장 많았지만, 기념비적 성과로 보면 단연 '이탈리아 백과사전 편찬위원회'에서 펴낸 3권짜리 『콘스탄티누스 전기』였다[그림 4]. 그것은 교황청과 이탈리아 정부가 후원한 밀라노 칙령 1700주년 기념사업으로, 전문가 150여 명이 참여한 3000쪽의 방대한 백과사전식 전기였다. 콘스탄티누스라는 인물과 그가 이룩한 다양한 업적, 고대부터 현대까지 콘스탄티누스 황제관의 변천, 각종 '콘스탄티누스 신화' 등이 상세히 다루어졌다.[5] 이처럼 지난 10년간 고조된 콘스탄티누스 기념제 열기는 아마 한동안 더 계속될 것이다. 니카이아 종교회의의 1700주년(2025년)과 콘스탄티노폴리스(현재의 이스탄불) 시 창건 1700주년(2030년)이 예정되어 있기 때문이다.

이같이 성대한 현대의 콘스탄티누스 기념제는 여러모로 이례적인 현상이다. 다른 역사적 인물 가운데 유례를 찾기 어려울 뿐 아니라, 특히 현대 이전에 콘스탄티누스가 기억된 방식에 비추어 볼 때 그렇다. 18세기 이래 20세기 초까지만 해도, 콘스탄티누스 황제는 변변한 평전 하나 출간된 적이 없는 인물이었다. 그 이유는 기독교 비판 혹은 이교주의(paganism)의 성향이 강했던 18세기 계몽주의 시대에 콘스탄티누스에 대한 인식은 대체로 부정적이었기 때문이다.[6] 에드워드 기번의 『로마제국쇠망사』에는 그런 인식이 잘 드러난다.

---

5    한국에서는 이 책의 저자가 다음의 기념논문을 발표했다. 김경현, "밀라노 칙령, 그 신화의 해체," 『지식의 지평』 15호(2013.11).
6    게이, 『계몽주의의 기원』(민음사, 1998), 96–113, 371–462쪽.

콘스탄티누스가 요크에서 처음 황제로 등극한 이후 … 그의 영달의 과정을 상당히 상세하고 정확하게 살펴보았다. … 이 과정에서 그는 많은 사람들의 피와 재산을 희생시키고 세금과 군비부담을 끊임없이 증가시킴으로써 로마제국의 쇠퇴를 촉진하는 작용을 했다. 그 대변혁이 불러온 직접적이고 역사적인 귀결은 콘스탄티노플의 건설과 기독교의 승인이었다. … 그는 정복을 통해 최고 지위에 오른 다음 결국 잔인하고 방종한 황제로 전락하는 모습을 보이게 된다. … 재위 말년의 오점으로 남은 온갖 처형, 아니 살인행위에 대해서는 아무리 공정하게 생각해도, 자신의 격정이나 이익이 명령하는 앞에서는 법의 정의나 자연스런 동정심마저 기꺼이 희생시킬 수 있는 황제였다.[7]

콘스탄티누스 황제의 인물됨을 잔혹, 격정, 방종으로 묘사한 점과 아울러, 수도 이전이나 기독교 승인 같은 주요 정책을 로마제국의 쇠퇴 요인으로 취급한 점이 주목된다. 이런 시각은 역사학의 세기인 19세기에도 여전했다. 평전이 아니라 시대사이자 문화사의 형태였던 야콥 부르크하르트의 책 『콘스탄티누스 대제의 시대』에서 황제는 한층 더 일그러진 모습으로 그려졌다.

야심과 권력욕에 사로잡혀 있었던 그에게 기독교냐 이교냐의 문제 같은 것은 염두에 없었다. 그런 사람은 본질적으로 신앙심이 없다. … 세계를 아우르는 계획과 웅대한 꿈에 이끌려 그는 쉽사리 도륙당한 군대의 피가 흐르는 곳까지 나아갔다. … 그는 자신의 정신적, 육체적 에너지를 온통 지배의 목표에 바쳤다. … 그는 인구가 고갈된 로마제국을 야만족들로 채우고 심지어 그들을 지배층으로 만들려 했다. … 그러나 로마의 본질적 특성을 가장 강력하게 거부한 것은

7  기번, 『로마제국쇠망사』(민음사, 2008) 1권, 539쪽; 2권, 58-59쪽.

… 보스포루스 해협에 새로운 로마를 세운 것이었다. … 새 수도를 세운 목적은 무엇이었을까? … 강력한 군주들이 공유하는 가장 강한 본성들 중 하나인 토목 공사의 충동이 콘스탄티누스의 열정이 되었다. 인상적인 건축물들보다 확고하게 권력을 잘 드러내는 상징은 없었을 것이다.[8]

18-19세기의 역사가들이 이처럼 콘스탄티누스 황제의 인물과 업적에 대해 부정적이었던 것은 그저 시대정신 탓만은 아니었다. 사료 여건도 중요한 요인이었다. 크게 두 가지 종류의 사료가 있었다. 하나는 동시대의 것으로 주로 기독교 측 사료였다. 특히 팔레스타인의 도시 카이사레아의 주교였던 유세비우스의 『콘스탄티누스 전기』와 『교회사』, 그리고 콘스탄티누스 맏아들의 수사학 교사였던 기독교 작가 락탄티우스가 쓴 『박해자들의 죽음』이 중요하다.[9] 다른 종류는 후대의 이교 작가들의 것으로, 기록내용이 상대적으로 빈약하다. 4세기 말의 『황제사』와 5세기 말 조시무스가 쓴 『새 역사』가 대표적이다. 중요한 점은 이 두 종류 사료에서 아주 대조적인 경향이 드러난다는 사실이다. 기독교 측 사료는 최초의 기독교 황제 콘스탄티누스를 우상화하는 반면, 이교 측 사료는 대체로 황제의 어두운 성격과 비행을 부각시켰다.

18-19세기까지 수 세기 동안 발전해 온 '역사학적' 방법(회의주의와 문헌비판)에 비추어, 형식과 내용에서 '성자전'의 전형으로 보이는 기독교 측 사료는 신뢰를 얻기 어려웠다. 특히 유세비우스의 증언에 대한 불신이 심각했다. 기번은 역사가의 자질이 부족한 유세비우스가 황제에 대한 아첨과 맹신 때문에 기독교도조차 믿지 않을 이야기를 썼다고 했다. "유세비우스는 진실을 밝혀 줄 수

---

8  부르크하르트, 『콘스탄티누스 대제의 시대』(독일어 초판. 1853). 인용은 영역판(1949)의 292, 343, 346쪽.
9  유세비우스, 『콘스탄티누스 전기』; 유세비우스, 『교회사』(성요셉 출판사, 1985); 락탄티우스, 『박해자들의 죽음』, 650-751쪽. 이하 세 사료는 각각 『전기』, 『교회사』, 『박해자들』로 줄여서 표기하며, 특히 『교회사』 인용 시 괄호 안에 병기되는 쪽수는 번역서의 해당 부분을 가리킨다.

있는 정확한 시간이나 장소는 언급하지 않고 … 많은 목격자의 증언을 수집하거나 기록하지 않고, 황제 자신의 증언만을 근거로 삼는 데 만족했다."[10] 부르크하르트의 비판은 한층 더 신랄했다. "저급한 문체는 논외로 하더라도, 그의 표현방식은 의도적으로 음험하다. 그래서 독자는 중요한 대목에서 무언가 함정이 있을 것 같다고 느낀다. … 그는 고대 세계에서 처음 보는 가장 부정직한 역사가였다. 그의 역사서술의 기획은 … 교회의 최초의 위대한 보호자를 어떻게 해서든 가장 이상적인 인간, 나아가 미래의 통치자들의 이상으로 만드는 것이었다."[11]

이런 비판적 태도 때문에 18-19세기 역사가들은 콘스탄티누스 황제의 전기를 쓰지 못하는 대가를 치러야 했다. 양이 많고 상세한 기독교 측 사료를 불신하고, 빈약한 이교 측 사료에 의존해서는 역사책을 쓸 수 없었던 것이다. 그 대신 유세비우스와 락탄티우스의 왜곡과 날조를 드러내는 사료비판이 연구의 대세를 이루었고, 그것은 20세기 초반까지 계속되었다. 특히 벨기에의 비잔티움 역사가 앙리 그레과르의 연구는 '우상파괴'적이었다. 그에 의하면, '콘스탄티누스 황제의 회심'이나 '밀라노 칙령'으로 알려진 종교관용 칙령 등은 모두 허구였다.[12]

그러나 2차 세계대전 이후 연구동향에 반전이 일어났다. '런던 파피루스 878번'으로 알려진 대영박물관 소장의 작은 파피루스 조각에 관한 짧은 연구노트는 일종의 변곡점 같은 것이었다. 그 파피루스 조각은 『전기』에 인용된 한 공문서의 내용과 정확히 일치한다는 것이 그 연구보고의 핵심이었다.[13] 그 결과

---

10 에드워드 기번, 『로마제국쇠망사』(민음사, 2008) 2권, 169쪽.
11 부르크하르트, 『콘스탄티누스 대제의 시대』, 283쪽. 그는 락탄티우스, 『박해자』에 대해서도 '기본적으로 신뢰할 수 없는 사료'라 평가했다. 258-259쪽 참조.
12 그레과르의 두 논문, "콘스탄티누스의 회심"(1930-1931)과 "유세비우스의 저술로 알려진 『전기』의 신빙성과 역사성"(1953), 그리고 단행본 『로마제정기 박해사』(1951).
13 존즈와 스키트의 공저 논문 "유세비우스의 『전기』에 인용된 콘스탄티누스 문서들이 진짜임에 대한 보고

역사가로서 유세비우스에 대한 신뢰가 빠르게 회복되었고, 『전기』를 둘러싼 오랜 위작 논란도 자취를 감추었다. 오히려 그 사료의 신빙성을 논증하는 연구들이 속출했다.[14] 이윽고 전문가들이 쓴 콘스탄티누스 평전이 하나둘씩 늘어나기 시작했는데,[15] 특히 1981년에 나온 티모시 반즈의 『콘스탄티누스와 유세비우스』는 20세기 중반 이후의 새로운 경향을 대표하는 이정표로서 유세비우스의 증언에 기초한 간결한 콘스탄티누스 전기와 유세비우스의 역사서술과 신학에 대한 해설을 곁들인 책이었다.[16]

그러니까 서두에 소개한 21세기 초의 성대한 콘스탄티누스 기념제는 바로 이러한 반전 덕분에 비로소 가능했던 현상이었다. 최근에 속출한 수십 종의 콘스탄티누스 평전들에는 한 가지 공통점이 있다. 그것은 간혹 책 제목에 쓰이기도 한 '혁명' 혹은 '전환' 같은 키워드로 잘 대변된다[그림 5, 그림 6]. 벤느는 그것을 이렇게 설명한다.

레닌과 트로츠키는 스스로를 세계사의 결정적 변화의 도구라 여겼을 것이다. 그들이 할 일은 무산자 계급을 억압에서 해방시켜 … 전 인류를 무거운 과거에서 벗어나게 하는 일이었다. … 콘스탄티누스의 '혁명' 혹은 독일인이 말하는 '콘스탄티누스의 전환(die konstantinische Wende)'은 전적으로 종교적인 것이었다. 콘스탄티누스는 로마 제국 안에 교회를 확립하고 중앙정부에 그 참 종교를 지원하는 새로운 직무를 맡겼다. 그리하여 그는 기독교가 세계의 주요 종교 가운데 하나가 될 수 있게 했다. 아니 그 이상이었다. 하나님의 인류에 대한 연민 덕

---

서"(1954).

14  대표적 연구로 빈켈만의 논문 "『전기』의 신빙성 문제의 역사에 대해"(1962)가 있다.

15  예컨대. 크라프트, 『콘스탄티누스 황제의 종교적 발전』(1955); 존스, 『콘스탄티누스와 유럽의 개종』(1962); 포그트, 『콘스탄티누스 대제와 그의 세기』(1960); 맥뮬런, 『콘스탄티누스』(1969) 등 참조.

16  반즈, 『콘스탄티누스와 유세비우스』(1981).

그림 5                          그림 6

그림 5    Raymond van Dam, 『콘스탄티누스의 로마 혁명』(2009)
그림 6    Klaus Girardet, 『콘스탄티누스의 전환』(2006)


분에, 그는 인류에게 구원의 길을 열어 주었다.[17]


콘스탄티누스 황제의 영적 '전환', 즉 기독교로의 회심(conversion)이 곧 로마

제국의 기독교화, 아니 인류의 구원이라는 세계사적 '전환'으로 이어졌다는 것

이다. 이 '전환'의 역사인식을 떠받치는 결정적 근거는 바로 유세비우스와 락탄

티우스의 기록들이다. 비록 세부묘사에서는 차이가 있지만, 그들은 공히 콘스

탄티누스 황제가 서부제국의 통일 전쟁(312년) 중에 극적 회심을 겪었다고 기록

했기 때문이다.

지금까지 설명한 근현대의 연구동향을 좌표 삼아, 본서가 서 있는 지점과 서

술방향을 이야기할 차례이다. 본서는 20세기 후반 이래 최근까지의 연구경향


17    벤느, 『우리의 세계는 언제 기독교가 되었나?』, 95쪽.

을 거스르는 입장을 취한다. 즉 '콘스탄티누스의 전환'이란 개념, 또 그것의 핵심근거인 유세비우스와 락탄티우스의 증언을 불신하고 비판한다. 그 이유는 크게 두 가지이다. 첫째, 본서 저자의 역사관 때문이다. 저자는 현실정치 속의 한 인물을 특정 이념 혹은 신앙의 맹목적 수행자 혹은 순교자로 보는 시각에 매우 회의적이다. 그런 시각은 전근대의 통치자, 특히 로마황제들의 행태와는 더더욱 어울리지 않는다. 오히려 다음과 같은 부르크하르트의 역사관이 더 공감을 불러일으킨다.

> 콘스탄티누스는 세계가 지속되는 한, 정력적인 야심에 필요하다고 여겨지는 원칙에 따라 일관되게 행동했다. 매우 재능 있는 야심가들은 신비적인 힘뿐 아니라, 행위와 숙명의 놀라운 연쇄에 이끌리게 된다. 정의감을 내세워 봐야 소용이 없으며, 억압받는 수많은 사람들이 복수의 신(Nemesis)에게 소리쳐 기도해 봐야 별수 없다. 위인이란 종종 무의식적으로 보다 높은 곳으로부터의 명령을 완수하며, 자신이 시대를 지배하고 그 성격을 규정한다고 믿지만, 실은 시대가 그를 통해 표현되는 것이다.[18]

부르크하르트에 의하면, 기독교가 로마제국을 넘어서 세계의 종교가 되는 인류사적 전환, 그것은 콘스탄티누스의 극적 회심이 아니라, 시대정신, 그의 야심 혹은 현실정치적 계산의 산물이라는 것이다.

둘째, 저자는 콘스탄티누스에 대한 유세비우스와 락탄티우스의 기록이 종교, 정치적 관점에 의해 크게 왜곡되었다고 확신한다. 콘스탄티누스는 다른 통치자들과의 관계에서 항상 '의로운 자'로 묘사되며, 그의 불우한 출생이나 냉혹

---

18  부르크하르트, 「콘스탄티누스 대제의 시대」, 262쪽.

한 친족살해 등 우상화에 부적절한 사실들은 거의 무시된다. 그리스-로마의 역사책에 익숙한 연구자라면, 그들의 기록에서 불편한 느낌을 떨치기 어려울 것이다. 따라서 본서는 그 기록들을 신뢰하기보다 의심하고, 나아가 분해하여 재구성하는 것을 목표로 삼는다. 말하자면 『전기』에 대한 일종의 '역사적 주해'이며, 그것을 통해 '역사적 콘스탄티누스'를 드러내려는 시도이다. 이는 '역사적 예수'를 탐구하는 시도들이 공관복음과 사도행전을 다루는 태도 및 방식과 흡사하다. "사도행전의 서술은 바울이 사망한 후 20여 년이 지난 다음에 쓰인 터라, 호교적 색채를 강하게 띠고 있어 확실한 사실을 유추해 내는 데 무리가 따른다."[19]

그렇다고 그저 18-19세기의 낡은 관점을 그대로 재생시키려는 것은 결코 아니다. 우리는 그들의 문제의식을 참고하되, 과거 그들이 누리지 못했던 증거는 물론, 로마 제국의 종교에 관한 새로운 연구의 성과를 활용할 수 있는 유리한 입장을 갖고 있다. 우선 비문헌 증거의 영역에서 상당한 성과가 축적되었다. 기념물의 도상, 특히 콘스탄티누스 치세에 발행된 주화들의 새김글과 도안에 대한 연구를 십분 활용할 수 있다. 특히 고대화폐연구가 패트릭 브룬이 편집한 콘스탄티누스 치세(312-337년)의 화폐총람인 『로마제정기 주화』 제7권과 '주화에 나타난 콘스탄티누스 황제의 종교'에 관한 일련의 논문들이 중요하다.[20] 또한 빈약했던 이교 측 사료가 적지 않게 확장되었다. 특히 콘스탄티누스 치세 중 이교도 웅변가들이 행한 다섯 편의 라틴어 「황제찬양연설」(307-321년)이 새로 편집되었는데, 이들은 동시대 기독교 측 사료를 점검하는 데 중요한 사료들이라고 할 수 있다.[21]

---

19  에티엔느 트로크메, 『초기 기독교의 형성』(대한기독교서회, 2003), 79쪽.
20  브룬, 『로마제정기 주화』 제7권(1966); 『콘스탄티누스 치세 주화연구: 1954-1988년 발표 논문들』(1991).
21  닉슨·로저스(편), 『라틴어 황제찬양연설』(1994) 이하 인용되는 모든 「황제찬양연설」은 이 편집물에 의거함.

한편 고대 후기(Late Antiquity)의 종교사 영역의 연구에서 눈에 띄는 진전이 있었다. 특히 종교적 혼합주의에 대한 최근의 연구 성과가 본서의 형성에 크게 기여했다. 그 연구에 의하면, 서기 2-3세기 이래 영적 혹은 사상적 영역에서 일신론화의 흐름, 즉 다신교가 '단일신교(henotheism)' 혹은 '일신론적 다신교(monotheistic polytheism)'로 변화하는 경향이 매우 거셌다는 것이다.[22] 그 속에서 유대교, 신플라톤주의, 기독교는 한편으로는 서로 섞이고, 다른 한편으로는 스스로를 차별화하려 한 가장 유력한 세력이었다. 상대적으로 비중이 작지만, 콘스탄티누스 황제와 인연이 깊었던 '불패의 태양신' 숭배도 마찬가지였다. 그리하여 혼합주의적 전제하에서, 예컨대 태양신 숭배의 기원, 예수(혹은 기독교)와 태양의 연관, 로마 황제의 권위 또는 신성(혹은 그것의 표상으로서 발광형 왕관)과 태양신의 연관 등에 대한 상세한 연구들이 속출했다.[23]

이런 연구들은 콘스탄티누스 황제의 신앙이나 종교정책을 제대로 이해하는 데, 다음과 같은 두 가지 가정이 유익함을 시사한다. 첫째, 이 숭배와 저 신앙이 서로 엄밀하게 구별되기보다 부분적으로 겹치거나 혼재된 상태여서 황제는 경우에 따라 이것에서 저것으로 비교적 쉽게 옮겨 갈 수 있었을 것이다. 둘째, 따라서 황제가 취한 종교적 변화는 어느 순간의 '극적 전환'이 아니라, 긴 세월에 걸친 '점진적 변화'로 보아야 한다. 본서는 특히 3부와 4부에서 콘스탄티누스 황제가 기독교로 전환하는 과정을 가능한 한 치밀하게 묘사하려 한다.

---

22  아타나시아디·프레데(편), 『고대 후기의 이교 일신론』(2002); 미첼·판 누펠렌(편), 『일신: 로마제국의 이교적 일신론』(2010).

23  발라프, 『참된 태양으로서 예수』(2001); 베르그만, 『지배자의 발광형 왕관』(1998); 비난트, 『승리자로서 황제』(2012); 바드릴, 『콘스탄티누스, 기독교 황금시대의 신 같은 황제』(2011).

제 1 부

시대배경 :
서기 3세기의 로마 제국

# 1장 위기의 제국

팍스 로마나(Pax Romana). 서기 1-2세기, 즉 초대 황제 아우구스투스부터 『명상록』을 쓴 철인황제 마르쿠스 아우렐리우스의 치세까지를 그렇게 부른다. 에드워드 기번은 특히 2세기를 절정기로 보아, 『로마제국쇠망사』의 첫 문장을 이렇게 썼다. "서기 2세기의 로마제국은 지구상에서 가장 아름다운 영토와 가장 문명화된 주민을 갖고 있었다. … 그 평화기의 주민은 한껏 부와 사치를 향유했다. … 연이어 다섯 황제가 선정을 베풀었다."[1]

제국 내 평화의 관건은 정부(즉 황제)와 속주들 간의 안정적 결속이었다. 가장 효과적인 수단은 속주의 엘리트에게 로마 시민권이라는 영예를 수여하는 것이었다. 이는 로마가 오래 전 팽창전쟁을 시작한 이래 터득한바, 흔히 '분리하여 다스리라(divide et impera)'는 교훈으로 집약되는 고전적인 수법이었다. 로마 시민권을 가진 피정복지 혹은 속주의 지배층은 그곳의 치안과 징세를 책임짐으로써 로마 정부에 적극 협조했기 때문이다. 그리고 시간이 흐르면 그들 중 일부는 로마의 원로원에 진출하거나 황제 측근이 되어 제국정부에 참여하기에 이르렀다. 그들이 제국정부와 속주 사이에 강력 접착제 역할을 할 것임은 자명한 이치였다. 이처럼 황제와 속주 엘리트가 직접 소통하고 협력하는 방식, 그것이야말로 로마제국이 중국의 옛 제국들과 달리 비대한 관료조직 없이 유지될 수 있던 '통치의 비결(arcana imperii)'이었다.

---

1   기번, 『로마제국쇠망사』(민음사, 2008) 1권, 1쪽.

서기 2세기 그리스 지식인 아리스티데스가 지은 『로마찬가』는 스스로 로마 시민임을 자랑스럽게 여긴 속주 엘리트의 태도를 잘 보여 준다. 그것은 로마 제국의 일부가 되어 팍스 로마나를 누릴 수 있는 축복에 대한 찬양이었다. "당신들은 로마 시민권에 다른 종족들이 참여하는 것을 마다하지 않았습니다. 오히려 당신들은 시민권 확장을 목표로 삼아 로마라는 이름이 로마 시만 아니라 제국 전체의 이름이 되게 했습니다." 그리하여 "모두가 황제를 찬양하고 경배하며, 그를 위해 기도합니다. … 황제는 굳이 피곤하게 제국을 순행하지 않고, 로마 시의 황궁에서 서신만으로도 쉽게 세상을 다스리게 되었습니다."[2]

'황궁에만 머무는 황제'란 허황된 찬사가 아니라 엄연한 현실묘사였다. 아리스티데스가 『로마찬가』를 헌정했던 황제 안토니누스 피우스는 실제로 그랬다. 그는 황제의 직분에 어울리지 않게 비폭력 평화주의자였는데, 이는 순전히 바로 앞 두 황제의 노고 덕에 누릴 수 있었던 사치였다. 트라야누스 황제는 다뉴브 강 너머, 메소포타미아 방면에 원정해 제국을 사상 최대로 확장했고, 그 후임자 하드리아누스 황제는 변경 곳곳에 성벽을 쌓아 방위를 강화하고, 몸소 제국 전역을 순행했다. 그와 대조적으로 안토니누스 황제는 치세 23년 동안 변경은커녕 속주에조차 한번 가 본 적이 없었다. 4세기의 역사서는 "그가 전쟁 없이 오직 권위만으로 온 세상을 다스렸다"고 논평했다.[3]

그러나 평화에는 불변의 역설이 있다. 평화는 전쟁의 결실이며, 너무 농익은 평화는 전쟁을 부른다. 이 역설은 안토니누스 치세 직후 현실로 드러났다. 후계자 마르쿠스 아우렐리우스 황제는 게르만족의 침입에 맞서 두 차례나 출전했으며, 다뉴브 강 전선에서 병사했다.[4] (『명상록』도 야전에서 쓴 것이다.) 그 후, 제

2    아리스티데스, 『로마 찬양연설』, 30; 63.
3    아우렐리우스 빅토르, 『황제전』, 15. 2.
4    매클린, 『철인황제 마르쿠스 아우렐리우스』(다른 세상, 2009), 12-14장, 16장.

국은 마치 역사적 필연처럼 내우외환의 소용돌이에 휘말렸다. 후세에 폭군으로 기억된 그의 아들 코모두스가 측근에게 살해당한 것이 시작이었다. 즉각 변경의 지휘관들이 황제 자리를 놓고 다투기 시작했고, 그 후 3세기 내내 제국의 내부정세는 혼미했다.

코모두스가 살해된 뒤 벌어진 내전의 최후 승자였던 셉티미우스 세베루스가 세운 새 왕조는 잠시 동안의 휴지기였다. 40년 버틴 이 단명왕조를 뒤따른 소위 '병영황제 시대'의 반세기(235-284년)는 사실상 내전기였다. 그 기간의 황제가 된 20여 명의 평균 재위기간은 3년을 채 넘지 못했다. 황제가 외침을 막으러 전선에 나간 동안, 제위를 참칭하는 변경지휘관들이 이탈리아와 수도 로마로 진군하는 사태가 빈발했다. 야심가는 돈으로 군대를 매수하기를 주저하지 않았고, 병사들은 종종 공개적으로 제위를 경매에 붙였다.[5] 그 반세기 동안 군대의 추대로 황제를 참칭한 자들은 50명에 달했다.

이처럼 황제의 위신과 권력이 급격히 실추되는 동안, 일부 지역은 독자적으로 제국을 자처했다. 라인 강 전선의 총독 포스트무스가 세운 갈리아 제국(258-274년), 그리고 시리아에 주둔했던 한 지휘관의 미망인 제노비아가 다스린 팔미라 제국(260-273년)이 그것이다[그림 1-1].[6] 빈발하는 제위 참칭과 내전, 거기에 분리주의까지 발생한 복합적인 내부혼란으로 말미암아, 변경 밖의 침투와 공격을 저지할 수 있는 군사력이 크게 약화된 것은 필연적인 결과였다. 그것을 시험하듯, 서기 3세기에 취약지역이던 라인-다뉴브 강 유역과 제국 남동부 방면에 새로운 세력이 출현해 위기를 심화시켰다.

---

5    기번, 『로마제국쇠망사』 1권, 5, 7, 10장.
6    기번, 『로마제국쇠망사』 1권, 11장.

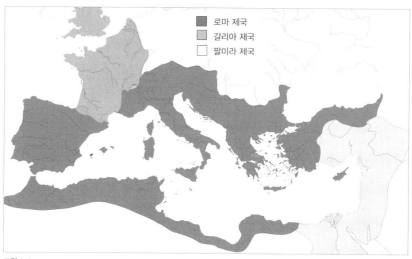

그림 1-1

**그림 1-1** 로마 제국
갈리아 제국
팔미라 제국

**그림 1-1** 서기 3세기 중엽 로마 제국의 분열

　우선 라인-다뉴브 강 방면에는 고트, 알레마니, 프랑크, 작센 같은 새로운 게르만족 집단들이 몰려왔다[그림 1-2]. 특히 다뉴브 강 유역(오늘날의 우크라이나)에서 고트족과 알레마니족의 압박이 거셌다. 고트족은 이동하면서 점점 세력이 커지더니, 250년경 마침내 강 건너 제국 안으로 침입했다. 갈루스 황제는 매년 공물을 주겠다고 간신히 그들을 달래서 돌려보냈지만 이 궁여지책의 효력은 잠시뿐이었다. 고트족에겐 흑해 남쪽의 온화한 기후와 물산 풍부한 소아시아 속주들이 공물보다 더 큰 매력이었다. 그들은 해륙 양면으로 거듭 소아시아와 발칸반도를 유린했고, 결국에는 다키아 속주를 내주고서야 그들을 달랠 수 있었다.

　다뉴브 강을 건너 좀 더 서쪽으로 진출한 알레마니족도 고트족 못지않게 위협적이었다. 처음에는 매수 당해 평화조약에 합의한 적도 있었지만, 기병으로 기동력을 갖추었던 그들은 약탈의 유혹에 이끌려 빈번히 북이탈리아로 침입했다. 아우렐리아누스 황제의 군대는 한때 그들에게 괴멸당할 뻔했지만, 마침내

의 라벨 텍스트:

서기 270년

앵글 족
튜튼 족
작센 족
프랑크 족
부르군드 족
동고트 족
알란 족
알레마니 족
서고트 족
페르시아 제국
로 마 제 국

● 로마 변경 주둔군
◪ 로마 기동군

그림 1-2

반격을 시작해 그들을 변경 너머로 완전히 몰아냈다. 하지만 그들의 재침공에 대한 우려를 떨치지 못하고, 그는 수도 로마의 방어를 위해 시 역사상 천년 만의 혁신을 단행했다. 천년 전에 지은 옛 성벽 밖으로 퍼진 시민 거주구역을 포함하도록(당시 로마 시 인구는 70만-80만 명이었다) 시 영역을 확대하는 한편, 그 경계에 요새 같은 성벽을 쌓았다. 높이 8m, 폭 3.5m의 성벽에는 초병이 근무하는 성채 모양의 망루가 30m의 간격을 두고 설치되어 있었다[그림 1-3과 1-4]. 외침의 위기는 변경뿐만 아니라 제국의 심장부에서도 체감할 수 있던 현상이었다.[7]

한편 3세기 초까지도 로마제국이 다소 힘의 우위를 지켜 오던 남동부 방면에서는 제국이 교체되는 파란이 일어났다. 파르티아 제국이 무너지고 사산왕조의 페르시아가 들어섰다. 이 신흥 세력은 페르세폴리스를 수도로 삼고 옛 페르시아 제국의 영광을 재현하려 했다. 그 일환으로 창건자 아르다시르는 로마

---

7   기번, 『로마제국쇠망사』 1권, 10장.

그림 1-4

그림 1-3

그림 1-3  티베르 강 좌우 안에 자리 잡은 로마 제국의 수도 로마 시
  A. 기원전 6세기 세르비우스 왕이 축조한 성벽. 티베르 강 우안의 7개의 언덕(septimontium)을 에워쌈
  B. 서기 271~273년 아우렐리아누스 황제가 축조한 성벽. 그때까지 줄곧 확장되어 온 시 영역을 모두 아우름
그림 1-4  아우렐리아누스 성벽의 동남쪽 방면 일부의 현재 모습


속주 메소포타미아를 기습해 요충지들을 장악했다. 로마 측에서는 그에 대한 반격으로 세 차례나 황제들이 출정했으나 치욕적인 패배만 거듭했다. 황제 두 명은 전사했고 한 명은 생포되었다. 생포되어 페르시아로 끌려간 발레리아누스 황제의 경우, 그가 겪은 수모는 페르시아인이 승전기념으로 페르시아 내 한 곳의 암벽에 새긴 부조에 생생하게 묘사되어 있다[그림 1-5].[8]

이처럼 장기화된 정치, 군사적 위기의 여파가 제국주민의 생활 전반에 미쳤을 것임은 말할 나위 없다. 사회, 경제 영역 및 정신세계에도 위기의 징후가 역력했다. 특히 정신세계의 변화는 본서의 주제와 연관이 깊은 만큼, 3장에서 상세히 논의될 것이다. 여기서는 3세기의 위기 속에서 황제권력이 겪은 큰 변화에

---

8   히더, 『로마제국 최후의 100년』(뿌리와 이파리, 2008), 94-98쪽.

그림 1-5

그림 1-5 페르시아의 낙스-이-루스탐(오늘날 이란의 쉬라즈 지역)에 있는 암벽 면에 새긴 부조.
오른쪽에 말을 타고 있는 샤푸르 1세 왕과 그 앞에 로마황제 발레리아누스가 무릎을 꿇고
항복의 자세를 취한 모습

주목해 보자. 황제권 분담방식의 출현, 황제와 원로원, 군대 사이의 관계 변화,
황제 출신지 및 문화배경의 변화, 황제 거점의 지리적 분산 등을 알아 두는 것
이 앞으로의 이야기를 이해하는 데 도움이 될 것이다.

먼저 황제권 분담방식의 변화를 살펴보자. 황제는 민정과 군정을 독점한 만
큼 실로 그 업무량이 막대했다. 앞서 말했듯이, 관료제가 발달하지 않은 까닭
이다. 모름지기 황제는 늘 '일해야' 했고, 마르쿠스 아우렐리우스는 그 '일하는
황제'의 표본이었다. 황제는 과중한 업무부담을 덜기 위해 어쩔 수 없이 친족
과 측근의 조력을 받아야 했다. 특히 후계자(Caesar)에게는 중요한 권한과 과업
이 위임되었다. 아우구스투스를 보좌했던 의붓자식 티베리우스는 수도에 남
은 황제를 대신해 늘 전쟁터에 나가 있었다. 그것은 일종의 후계자 수업이자
점진적인 권력이양 절차이기도 했다.

하지만 전쟁의 규모와 강도가 커지자 그런 방식으로는 충분하지 않았다. 후계자를 아예 정식 황제(Augustus)로 승격시켜 제국의 한쪽을 떠맡기는 방식이 강구되었다. 두 명의 황제가 통치하는 2인공치제가 그것으로, 흥미롭게도 '일하는 황제' 마르쿠스 아우렐리우스가 창안한 것이었다. 그는 루키우스 베루스를 동료황제로 받아들였는데, 이는 때마침 두 개의 전선에서 고조되던 위기에 대한 효과적인 대응책이 되었다. 베루스는 동방에서 파르티아와 싸웠고, 아우렐리우스는 다뉴브 전선에서 싸웠다.

3세기의 위기 중에 두 차례 더 2인공치제가 실험되었다. 253년의 발레리아누스와 갈리에누스 황제, 그리고 282년의 카루스와 카리누스 황제는 부자간에 제국을 동서로 나누어 분담했다.[9] 모두 아버지 황제가 페르시아와 싸우다 생포되거나 병사하는 바람에 단명하고 말았지만, 두 가지 점에서 의미 있는 실험이었다. 첫째, 전선이 확대되는 대외적인 위기 속에서 황제 혼자 제국을 경영하는 방식은 더 이상 효과적이지 않았다. 3세기 위기 이래, 5세기 말 로마제국이 쇠망할 때까지 황제의 대권을 여럿이 분담하는 공동통치제는 피할 수 없는 역사적 대세였다. 둘째, 다음 장에서 보듯, 콘스탄티누스가 역사무대에 등장할 무렵에는 '4인공치제'가 실험되고 있었으니, 2인공치제는 그리로 가는 일종의 징검다리였다.

황제를 제외한 로마제국의 2대 권부는 원로원과 군대였다. 3세기의 위기는 이들 사이의 역학관계도 크게 바꾸어 놓았다. 이전의 팍스 로마나 동안 황제권력에 합법성을 부여한 것은 주로 원로원이었다. 황제정 하에서도 원로원이 중심이던 공화정의 전통을 여전히 존중해야 한다는 명분이 작용했기 때문이다. 아닌 게 아니라, 모든 공문서와 개선문 같은 공공기념물에는 SPQR(Senatus

---

9    기번, 『로마제국쇠망사』 1권. 10장. 12장.

Populusque Romanus, 로마의 원로원과 인민)이란 신성한 로고가 반드시 새겨졌다. 비록 사실상으로는 황제가 통치하고 있지만, 적어도 법률(혹은 헌정)상으로는 원로원과 인민이 주권을 갖는다는 뜻이었다. 바꿔 말해, 로마 황제는 법률상으로는 존재하지 않는 실체였다. 그렇기에 공화정 이래 헌정 상의 핵심기구인 원로원이 권력의 실세인 어떤 인물을 황제로 승인하는 형식적인 절차가 매우 중요했던 것이다. 군대가 황제의 실각과 추대에 개입하는 경우는 매우 드물었다.

그러나 3세기에는 상황이 정반대로 흘러갔다. 내전 끝에 새 왕조를 창건한 셉티미우스 세베루스의 행태가 이미 몇 가지 징후를 드러냈다. 그는 군대의 환심을 사는 것이 가장 확실하게 황제 자리를 지키는 수단이라 여겼다. 군대 급여를 인상하고, 장교 사교클럽을 후원하는가 하면, 병사의 혼인을 금지한 200년도 넘는 유서 깊은 군법을 폐지했다. 그는 임종의 순간에도, "병사들을 후하게 대하고, 다른 것은 개의치 말라"는 유훈을 남겼다. 그의 유훈대로 후계자 카라칼라 황제는 "병사들에게 돈쓰기를 즐겼다"고 전한다.

반면 황제와 원로원의 관계는 악화일로였다. 북아프리카 출신이었던 세베루스가 수도 로마에서 텃세를 부리는 콧대 높은 원로원의원들에게 호감을 갖기는 어려웠다. 그는 아우구스투스 이래 황제들의 암묵적 합의사항이었던 공화정의 전통에 대한 의례적인 존경심이 전혀 없었다. 오히려 법률가로부터 다음과 같은 반대논리를 확인하려 했다. "황제권력은 원로원의 승인을 요하지 않는다. 원로원의 권위 등 일체의 법적 제약을 폐기해야, 황제가 재량껏 제국주민의 생명과 재산을 수호할 수 있다." 그런 황제가 원로원의원들에게 군대의 지휘권을 맡기지 않은 것은 결코 놀라운 일이 아니었다. 덕분에 원로원 층 바로 아래의 기사신분과 평민 출신이 출세의 기회를 얻었다. 일반병사라도 재능과 열정만 있다면, 군단장 같은 고급지휘관직까지 승진할 수 있는 길이 열렸다.

단명한 세베루스 왕조에 이어 '병영황제 시대'까지, 킹메이커는 이제 더 이상 원로원이 아니라 군대였다. 이윽고 원로원 출신이 황제가 되던 오랜 관행도 사라졌다. 황제 후보 영순위인 속주군 사령관들 가운데 원로원 출신이 계속 감소한 결과였다. 실제로 '30인 참주'라 알려진 제위 참칭자들 중, 원로원 출신은 단 한 명에 불과했고, 253년 부자간 2인공치제를 시행한 발레리아누스와 갈리에누스가 최후의 원로원 출신 황제였다.

원로원이 더 이상 황제를 배출하지 못하는 사태는 군지휘관과 황제의 출신지가 점점 이탈리아에서 멀어진 현상과 밀접한 관련이 있다. 군사적 긴장이 고조되던 라인-다뉴브 및 시리아-메소포타미아 변경이 대안으로 떠올랐다. 3세기 초 제국이 보유한 총 30개 군단 가운데 라인 변경에 4개, 다뉴브 변경에 12개, 동방에 6-7개가 배치되어 있었다. 그곳의 군사령관들, 바로 그들이 유력한 황제 후보군이었다. 3세기 동안 시리아에서 세 명의 황제가 나왔다. 하지만 보다 유력한 곳은 발칸 북부(일리리쿰과 트라케)였는데, 두 가지 조건 때문이었다. 첫째, 그곳은 동서 제국 사이를 연결하면서 이탈리아를 지키기에 적합한 전략적 요충지였다. 둘째, 그곳은 북부 및 동부의 전선과 등거리의 지점이어서 기동군을 주둔시켰다가 유사시에 어느 쪽이든 신속하게 파병하기에 유리했다. 게다가 그곳은 변경지대와 달리 주둔군에 군대 봉급을 조달할 수 있는 재정부담 능력을 갖추고 있었다.

라인-다뉴브 전선 주둔군에는 게르만 계통이 적지 않았다. 그들은 대개 로마인이 '운 좋은 놈들(laeti)'이라 불렀던 야만족 정착민 출신이었다. 로마는 이미 마르쿠스 아우렐리우스 치세부터 본격적으로 부족한 병력을 그들로 채우곤 했다. 하지만 3세기는 군대에서 게르만족 출신이 출세하기에는 아직 너무이른 시기였다. (4세기 중엽 이후부터 로마제국이 망할 때까지가 그들의 시대였다.) 대신 앞에서 말한 이유 때문에 발칸 북부 출신이 두각을 나타냈다. 그들이 장교 집단의 주축을 이루었으며, 세베루스 황제가 근위대에서 이탈리아 출신을 축출한 이래, 근위대도 이미 그들 수중에 놓여 있었다.

그들이 황제 자리를 독차지하게 되는 것은 시간문제였다. 268-284년 사이 발칸 북부 출신 황제들이 줄을 이었다[그림 1-6]. 클라우디우스 고티쿠스, 아우렐리아누스, 클라우디우스 타키투스, 프로부스, 카루스, 디오클레티아누스. 물론 본서의 주인공 콘스탄티누스와 그의 부친도 그 지역 출신이었다. 후대의 한 역사서는 이 특징적인 추세를 두고 이렇게 논평했다. "그들은 모두 일리리쿰 출신으로 교양과 출신가문은 보잘것없었지만, 농촌 출신이자 오랜 군복무 덕분에 노고를 견디는 데 익숙해서 통치자가 되기에 좋은 재목들이었다."[10]

그 평가는 대체로 옳았다. 18세기의 역사가 에드워드 기번은 그 황제들의 활약에 대해 좀 더 구체적으로 이렇게 말했다. "비참했던 발레리아누스와 갈리에누스 치세에 로마제국은 군인과 참주, 야만족에 시달려 거의 붕괴할 지경이었다. 제국을 구출한 것은 일리리쿰 지역 출신의 호전적인 몇몇 황제들이었다. 대략 30년 이내에 클라우디우스, 아우렐리아누스, 프로부스, 디오클레티아누스와 그의 동료황제들은 제국 안팎의 적들에게 승리를 거두었으며, 군기를 확립해 변경지대의 방어력을 회복했다. 이들은 로마세계를 부흥시킨 사람들이라는 영광스런 칭호로 불릴 자격이 있다."

하지만 우려스러운 대목이 있었다. 수도 로마에서 점점 멀어지는 그들과 원로원 사이에 불통과 몰이해의 가능성이 매우 커졌다는 점이다. 사실 돌이켜 보면, 지난 약 2세기 동안 원로원 구성도 매우 다원화되어 있었다. 속주 엘리트가 꾸준히 진입한 결과, 이탈리아 출신은 50% 이하로 감소한 상태였다. 속주 출신의 구성비는 동방(그리스, 소아시아, 시리아), 북아프리카, 서방(갈리아, 스페인) 순이었다. 하지만 이런 다종족 구성에도 불구하고, 의원들 사이에는 문화적 동질감

---

10    아우렐리우스 빅토르, 「황제전」 39.

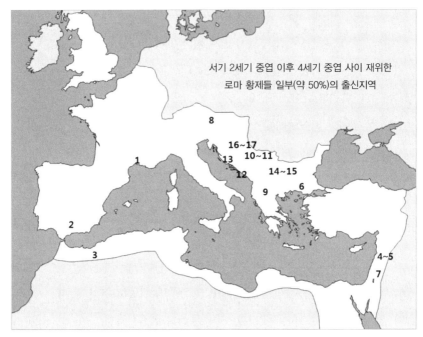

그림 1-6

그림 1-6

1. 안토니누스 피우스(138-161년): 프랑스 남부 현재의 님 시
2. 마르쿠스 아우렐리우스(161-180년): 스페인 남부 현 코르도바 근방
3. 마크리누스(217-218년): 북아프리카 현재의 알제리
4. 엘라가발루스(218-222년): 시리아의 에메사
5. 세베루스 알렉산데르(222-235년): 시리아의 에메사
6. 막시미누스(235-238년): 발칸 반도 북동부 트라케
7. 필리푸스(238-249년): 팔레스타인의 필리포폴리스 시
8. 데키우스(249-251년): 판노니아(현재의 세르비아) 속주
9. 클라우디우스(268-270년): 모이시아 속주 나이수스 시 근방
10. 아우렐리아누스(270-275년): 판노니아 속주 시르미움 시
11. 프로부스(276-282년): 판노니아 속주 시르미움 시
12. 카루스(282-283년): 일리리쿰 속주
13. 디오클레티아누스(284-305년): 달마티아(현 크로아티아)의 살로나 시
14. 콘스탄티우스(305-306년): 모이시아 속주 나이수스 시 근방
15. 콘스탄티누스(306-337년): 모이시아 속주 나이수스 시
16. 발렌티니아누스(364-375년): 판노니아 속주 키발리스 시
17. 발렌스(364-378년): 판노니아 속주 키발리스 시

* 235년 이후 1세기에 걸쳐 황제들의 출신지는 거의 발칸 중북부였음.

이 있었다. 그들은 수사학, 철학 등 고등교육을 통해 '사람다움(humanitas)'의 품격을 갖춘 자들이었다. 그런 그들의 눈에, 발칸 북부 출신 황제는 전혀 딴 세상 사람이었다. 황제들은 하나 같이 한미한 가문에서 나와 군대에서 잔뼈가 굵은 '무식하고 억센' 자들이었다. (프로부스는 사병에서 황제 자리까지 올라간 인물이었다.) 라틴어 사투리가 억셌고, 대개 그리스어를 몰랐다. 19세기 말, 독일의 로마사 대가 테오도르 몸젠은 『제정기 로마사』에서 그들에 대해 이렇게 논평했다.

> 면밀히 살펴보면 분명 그 황제들의 치세에 교육수준이 전반적으로 낮아졌다. 야만화 그리고 거칠고 투박해지는 경향이 사병에서 장교, 그리고 최고위층에까지 확산되었다. 그들을 1–2세기의 황제들의 치세와 비교해 보라. 그때 존중받던 상류사회의 식자층은 이제 기껏해야 초급장교에 불과한 출신 성분이 낮은 자들에게 차츰 밀려나고 있었다. … 역사가 아우렐리우스 빅토르는 배울 만큼 배운 지식인의 관점에서 디오클레티아누스와 공동통치자들에 대해 "그들은 모두 일리리쿰 출신인데, 비록 배운 게 많지 않지만 농부와 사병들의 생각은 잘 이해하고 있다"고 썼다.[11]

황제들의 교육수준의 저하는 이를테면 이런 문제를 야기했을 법하다. 팍스 로마나 시대에 어전과 원로원의 공식행사에는 긴 웅변이 단골메뉴였다. 그것은 마치 오늘날 정상외교 의전에 포함되는 클래식 연주나 오페라 관람과 비슷했다. 황제, 원로원의원, 외교사절 등은 황제의 미덕과 제국의 영광을 찬양하는 유명 웅변가의 긴 연설을 함께 감상하곤 했다. 수사학의 본고장이 그리스였던 만큼, 그리스어 연설이 적지 않았다. 원로원 계층은 보통 2개 언어를 구사

11  몸젠, 『제정기 로마사』(1996), 280쪽.

그림1-7

**그림1-7** 3세기 중엽 이후 로마 황제들의 황궁 소재지

했으므로 아무런 문제가 없었으나, 3세기의 황제들에겐 전혀 그렇지 않았다. 그들은 그 지루한 의전을 이해하기는커녕 혐오하기까지 했다. 원로원은 그런 황제를 내심 경멸했고, 종종 오만한 태도로 대했다. 출신과 경력, 성향과 문화, 모든 점에서 이질적인 황제와 원로원 사이에는 소통의 여지가 전혀 없었다.

3세기 중엽부터 황제들은 좀처럼 수도 로마에 체류하지 않았다. 개선식 혹은 즉위 기념행사를 위한 단기방문이 고작이었다. 전선 가까이 머물러야 할 현실적 필요가 있었지만, 단지 그 때문만은 아니었다. 속물적인 원로원이 있는 로마 시보다 자신들의 고향이 가까운 발칸 북부의 거점 도시들이 한결 편안했기 때문이다. 아퀼레이아, 시르미움, 세르디카, 나이수스 같은 도시들에 임시 황궁이 들어섰다[그림 1-7].

이 추세는 콘스탄티누스 시대까지 더 심화되었다. 발칸 북부만 아니라, 갈리아와 소아시아에도 임시 황궁이 생겨났다[아우구스타 트레베로룸(현 독일의 트리어), 니코메디아, 테살로니키 등]. 황제들이 그곳에 머무는 기간도 차츰 길어졌다. 제국의 수도는 사실상 분해되고 있었으며, 로마 시와 원로원의 소외는 다시 돌이킬 수 없는 사태가 되고 있었다.

## 2장 4인공치제의 실험

3세기가 끝나기 전, 제국을 위기에서 구해 내려 한 황제가 있었다. 바로 발칸 북부 출신 황제들 중 하나인 디오클레티아누스였다. 그는 부모 대에야 겨우 로마 시민권을 얻은, 말하자면 이민 2세대쯤에 해당하는 출신배경이 약한 인물이었다. 그 고장 출신이 대개 그랬듯 디오클레티아누스 역시 고등교육의 기회를 갖지 못하고, 오직 군대를 통해서만 경력을 쌓았다. 하지만 그는 전쟁하는 것 못지않게 평화 쪽에 적합한 소질을 갖고 있었다. 자신이 군지휘관보다는 행정가 타입이라는 점을 깨달은 것은 아마 황제가 되고 나서였을 것이다. 『황제사』를 쓴 미상의 저자는 그에 대해 이런 논평을 남겼다. "그는 남다르고, 지혜로우며, 국가와 친족에 헌신적인 인물이었다. 어떤 일이 일어나든 항상 그는 대처할 준비가 되어 있어서 부단히 절묘한, 때로는 대담하기까지 한 계획들을 세웠다. 그는 지칠 줄 모르는 기백의 충동을 진중함과 확고함으로 절제할 줄 알았다."[12] 제국을 위기에서 구하려던 그의 개혁안은 모두 그런 천부적 기질과 재능의 산물이었다.

그래서 기번은 디오클레티아누스를 제국 창건자인 아우구스투스에 빗대어, '제2의 창건자'라 평가했다.[13] 부르크하르트는 한술 더 떠 "지금까지 이야기한 모든 업적을 고려할 때, 그의 치세야말로 로마제국이 누린 최상의, 가장 자

---

12   『황제사』, 「카리누스 황제전」 13.
13   기번, 『로마제국쇠망사』 1권, 13장.

비로운 시대들 중 하나로 볼 수 있을 것"이라 썼다.[14] 하지만 그의 치적은 그처럼 밝은 쪽을 바라보기보다 어두운 면과 견줄 때, 그 역사적 의의가 더 분명해진다. 로마제국은 잠시나마 생기를 되찾아 준 그의 소생술이 아니었다면, 오랜 내우외환으로 병들고 무기력한 상태에서 과연 얼마나 더 버틸 수 있었을까? 서로마제국의 쇠망(476년)은 한 100년쯤 더 앞당겨졌을지도 모른다.

사료가 빈약해 마치 안개 속의 형체처럼 흐릿하게만 감지되던 제국의 위기는 디오클레티아누스의 대대적인 수술계획을 통해서 비로소 얼마나 심각했던 것인지를 깨닫게 된다. 아래의 표가 보여 주듯이 그 수술은 거의 전면적인 국가개조라 할 만했다. 그에 비하면 아우구스투스의 과제는 재정비 수준에 불과했다. 게다가 초대 황제 아우구스투스는 적어도 로마역사상 미증유의 외침과 만성적인 내전상태가 뒤엉켜 있는 최악의 조건에서 출발하지 않았다. 디오클레티아누스는 황제권의 안정(1)과 제국방위의 강화(3), 이 두 가지를 최우선 국정과제로 삼았다. 그리고 그를 위한 인프라 혹은 보완책으로 일련의 국내정책

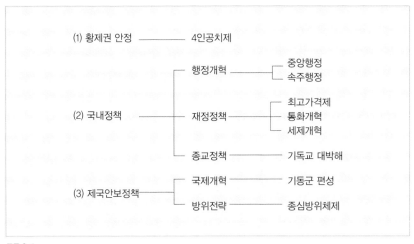

도표 2-1

14  부르크하르트, 『콘스탄티누스 대제의 시대』, 68쪽.

(2)이 뒤따랐다[도표 2-1].

그의 개혁사업 모두를 살피는 것은 이 글의 흐름에 어울리지 않는다. 종교정책은 4장에서 상세히 다룰 예정이니, 여기서는 다만 재정정책에 대해서 한 가지만 지적해 두기로 한다. 4인공치제, 행정개혁, 군제개혁 등 개혁 전반은 당연히 재정수요의 급격한 팽창을 초래했다. 전에 없던 관료기구 신설, 병력증강, 토목사업이 벌어졌기 때문이다. 세입증대가 열쇠였고, '근대적' 인상을 주는 여러 개혁이 추진되었다. 하지만 그 모든 재정정책은 파산이 예정된 것이었다. 근본적으로 납세자의 담세능력을 성장시킬 방안이 없었기 때문이다. 그것은 사실 그의 개혁의 한계였다기보다 고대세계가 뛰어넘을 수 없었던 한계였다. 그런 조건 하에서는 물가정책이나 통화정책이 아무리 참신해도 반짝 효과 이상을 기대할 수 없는 법이다.

개혁의 부작용은 즉각적으로 나타났다. 동시대의 교회사가 락탄티우스가 쓴 『박해자들』이 생생한 증언을 제공한다. 개혁에 따른 재정지출 증가가 어떻게 납세자를 파멸시켰는지에 대해서 말이다.

"(그의 치세에) 보유 병력은, 과거 황제들이 보유한 것을 모두 합친 것의 네 배 이상이었다. 세금이 전례 없는 규모로 늘어났다. 세금을 내는 자보다 세금을 받는 자의 수가 압도적으로 많아, 지친 농민은 농장을 버렸다. … 더 가공할 일은 속주를 잘게 조각내는 바람에 모든 지역, 모든 도시가 관리들, 세리들의 무리들에 짓눌려 허덕였다. 결과적으로 공익을 위해서는 한 일이 아무것도 없었다."[15]

그런데 '공익을 위해 한 일이 아무것도 없다'는 락탄티우스의 평가는 너무 불

---

15   락탄티우스, 『박해자들』 7.

공평해 보인다. 그것은 기독교 박해자였던 디오클레티아누스에 대한 교회사가의 적대감에서 나온 편파판정이었다. 디오클레티아누스의 개혁은 황제권과 변경의 안정, 이 두 가지 측면의 개혁에서 충분히 '공익적'이었다. 그 점을 좀 더 이야기해 보자.

디오클레티아누스가 황제권을 안정시키기 위해 취한 혁신적 조치는 이 장의 제목에 나오는 '4인공치제(tetrarchia)'의 실험이었다. 황제권력을 4인이 분담하는 헌정혁신은 파격적이지만, 처음부터 그렇게 구상된 것은 아니었다. 적어도 초기에 황제는 익숙한 방식, 즉 몇 차례 단명에 그쳤던 2인공치제에 착안했었다. 그가 황제에 즉위한 시점의 긴박한 상황 때문에도 다른 대안을 생각하기 어려웠다.

한편 제국의 방위는 최소 세 방면에서 매우 위태로웠다. 페르시아 전쟁이 재발했고, 다뉴브 변경에서 고트족이 준동하기 시작했으며, 라인 변경은 갈리아 속주에 정착하려던 프랑크족과 알레마니족에 시달리고 있었다. 황제는 특히 3중고로 신음하고 있던 갈리아 사태를 우려했다. 전염병, 전란으로 인한 인구감소, 게르만족의 약탈, 그리고 제국정부의 중과세를 견디다 못한 대량 이농현상이 벌어지고 있었다. 그렇게 토지를 버리고 떠돌던 자들은 이윽고 떼를 이루어 여기저기서 봉기를 일으켰다. 켈트어로 '부랑민'을 뜻하는 바가우다이(Bagaudae) 운동이 그것이다. 서둘러 대책을 세우지 않으면, 수십 년 전 '갈리아 제국' 같은 분리주의가 재발할 가능성이 농후했다.

따라서 디오클레티아누스는 갈리아 사태를 전담할 조력자가 필요했다. 휘하 지휘관들 중 판노니아 출신 막시미아누스가 마음에 들었다. 고향이 비슷한데다, 타고난 군인이라 행정가 타입 황제의 보좌역으로 제격이었다. 처음에 그의 지위는 카이사르, 즉 내정된 후계자 같은 것이었다. 아우구스투스 황제가 라인 강 전선에 나가 싸운 티베리우스를 대한 방식과 흡사했다. 그러나 막시미아누스가 신속하게 바가우다이 운동을 진압하자, 디오클레티아누스는 1년도 채 되지 않아 그를 동료황제(Augustus)로 승격시켰다.[16]

그 대신 막시미아누스는 출생가의 이름을 버리고, 디오클레티아누스의 성씨를 취해야 했다. 그러니까 이름으로만 보면 두 사람은 아우렐리우스 발레리우스 가문의 형제 사이였다. 하지만 공식적인 차원에서 그들 사이는 부자관계로 통했다. 디오클레티아누스와 막시미아누스가 각각 유피테르 신과 그 아들 헤르쿨레스의 가호를 주장하며, 요비우스와 헤르쿨리우스라는 별명을 나누어 가졌기 때문이다[도표 2-2].

| 공식 성명 | 별명 | 수호신 |
| --- | --- | --- |
| 가이우스 아우렐리우스<br>발레리우스 디오클레티아누스 | 요비우스 | 유피테르 |
| 가이우스 아우렐리우스<br>발레리우스 막시미아누스 | 헤르쿨리우스 | 헤르쿨레스 |

도표 2-2

두 황제 간의 서열관계는 공공연했다. 2인공치제 출범 5년째(291년), 막시미아누스의 황궁에서 열린 로마건국일(4월 21일) 기념식의 축하연설에 이런 대목이 나온다. "천상에서 유피테르 신이 다스리시고, 지상에선 헤르쿨레스 신이 평화를 지키시듯 이 모든 웅장한 위업들, 심지어 다른 사람의 지도하에 이룬 것까지 디오클레티아누스 황제께서 결정하시면 당신(막시미아누스)은 그것을 수행하십니다."[17]

그 무렵 발행된 화폐에도 비슷한 선전이 등장한다. 그림 2-1 A와 B는 각

---

16  '후계자'라 옮긴 카이사르는 '부황제'라 옮겨도 무방하다.
17  「막시미아누스 황제찬양연설, 291년」 11.

그림 2-1

그림 2-1

A: 287년에 발행된 기념 금화

좌(앞면): 발광 형태의 왕관을 쓴 황제의 흉상. 그 둘레에 '경건하고 복된 발레리우스 디오클레티아누스 황제'라는 새김글

우(뒷면): 제단을 사이에 두고 왼쪽에 군복을 입고 왕홀을 쥔 디오클레티아누스 황제가, 오른쪽에 역시 왕홀을 쥔 유피테르 신이 서 있는 장면과 그 둘레에 '황제들의 수호신(CONSERVATOR AVGG)'이라는 새김글

B: 286-290년에 로마 조폐소에서 발행된 금화

좌(앞면): 발광 형태의 왕관을 쓴 황제의 흉상. 그 둘레에 '경건하고 복된 발레리우스 막시미누스 황제'라는 새김글

우(뒷면): 제단을 사이에 두고 왼쪽에 군복을 입고 왕홀을 쥔 막시미누스 황제가, 오른쪽에 방망이를 왼손에 든 나체의 헤르쿨레스 신이 서 있는 장면과 그 둘레에 '황제들의 수호신(CONSERVATOR AVGG)'이라는 새김글

각 디오클레티아누스, 막시미아누스 황제의 기념주화의 앞면과 뒷면이다. 두 주화 모두 앞면에는 황제의 흉상을, 뒷면에는 황제가 제단을 사이에 두고 수호신과 마주 선 장면을 그렸다. B의 뒷면의 경우, 제단 우측에 선 수호신이 왼손에 몽둥이를 든 것으로 보아 헤르쿨레스임을 쉽게 알 수 있다. 하단 글자 (R. XXI) 뒤의 'HR'은 'HERCULES'의 약어이다. A의 뒷면의 수호신은 즉각 알아채기 어렵지만 하단의 새김글이 열쇠를 제공한다. 로마 숫자 XXIΓ(발행 회수 식별번호) 다음의 글자 'BI'가 그것으로, 유피테르를 가리키는 IOBI(혹은 IOVE)의 약어이다. 한편 A와 B에서, 왼쪽부터 상단까지 가장자리에 새겨진 글자 'CONSERVATOR'가 보이는데, 제단 우측의 신이 마주 선 황제의 수호자란 뜻이다.

하지만 디오클레티아누스의 2인공치제가 과거의 선례들보다 더 체계적인 것은 아니었다. 그저 두 황제가 제국 동서의 현안을 나누어 맡는다는 다소 막연한 구상이 전부였다. 막시미아누스는 갈리아의 트리어를 거점 삼아 주로 라인-다뉴브 변경 일대에서 활약했고, 디오클레티아누스는 니코메디아의 황궁에 머물면서, 다뉴브 하류와 유프라테스 강의 변경 방위를 맡았다. 그러나 280년대 말부터 290년대 초 사이 두 황제 모두가 고전했는데 서쪽에서는 결국 브리타니아와 북부 갈리아가 떨어져 나갔다. 카라우시우스라는 막시미아누스의 부관이 해협 양쪽에서 해적질을 일삼던 프랑크족 및 색슨족과 내통해 오다가 이윽고 황제를 참칭한 것이다. 동쪽에서는 메소포타미아 속주와 로마의 위성왕국 아르메니아를 페르시아에 잃었고, 이집트에서는 경제난으로 인한 소요가 일어났다.

디오클레티아누스는 두 황제 모두에게 조력자가 필요하다고 판단했다. 게다가 그 조력자는 두 황제의 유고시에 대비해 후계자(Caesar)를 정해 둔다는 장점도 있었다. 과거 황제들의 경우, 친아들이 없으면 근친 혹은 원로원의 명망가 자제를 양자로 들여 후계자로 삼곤 했다. 디오클레티아누스와 달리 막시미아누스에겐 친아들 막센티우스가 있었지만, 후계자 선정에서 배제하기로 했다. 두 황제 간 형평성뿐 아니라, 4인공치제라는 신체제에 대해 디오클레티아누스가 나름대로 생각해 둔 원칙 때문이었다. 그는 자수성가형 황제답게 핏줄보다 능력을 중시한 데다, 사사로움은 4인공치제에 독이 될 것이라 여겼다. 과거 번영했던 안토니누스 왕조치세(혹은 속칭 5현제 시대)처럼, 이 신체제도 핏줄과 세습이 아니라 능력과 입양의 원리를 따를 때, 비로소 성공적인 왕조가 될 터였다.

두 후계자 모두 발칸 북부의 한미한 가계 출신이었다. 4세기에 나온 다이제스트판 『황제전』에는 4인의 출신배경이 한데 묶여 이렇게 묘사되었다. "사실 일리리쿰이 그들 모두의 고향이었다. 그래서 교양과 출신가문은 보잘것없지만, 농촌 출신이자 오랜 군복무 덕분에 노고를 견디는 데 익숙해서 통치자가 되기에 좋은 재목들이었다."[18] 디오클레티아누스가 후계자로 삼은 인물은 소 싯적 목동생활을 하다가 군대에서 출세한 거구의 갈레리우스였다. 후계자가 되면서, 그는 이름과 부인 두 가지를 바꾸었다. 디오클레티아누스의 양자로 입 적했으며, 디오클레티아누스의 딸과 재혼했다. 서쪽의 부황제 콘스탄티우스 도 같은 절차를 밟아 막시미아누스 황제의 양자이자 사위가 되었다. 그에겐 이 미 헬레나라는 내연녀와의 사이에 아들 하나가 있었다. 바로 이 책의 주인공인 콘스탄티누스였다. 이제 콘스탄티우스는 그 모자와 이별해야 했다. 293년 3월 경 동쪽의 시르미움과 서쪽의 밀라노에서 따로 후계자 선포식이 열렸다. 4인 공치제는 그렇게 시작되었다. 새로운 체제의 출범을 세상에 알리는 성대한 합 동행사 같은 것은 열리지 않았다.

| 4인공치제 | | 발레리우스 왕조 |
|---|---|---|
| 요비우스 가문 | 황제(Augustus) | 가이우스 아우렐리우스 발레리우스 **디오클레티아누스** |
| | 부황제(Caesar) | 가이우스 **갈레리우스** 발레리우스 막시미아누스 |
| 헤르쿨리우스 가문 | 황제(Augustus) | 마르쿠스 아우렐리우스 발레리우스 **막시미아누스** |
| | 부황제(Caesar) | 마르쿠스 플라비우스 발레리우스 **콘스탄티우스** |

(비고) 동부의 부황제 갈레리우스만은 생가에서 얻은 이름 막시미아누스 대신 씨족명인 갈레리우스로 사료에 기록되었다. 이미 막시미아누스로 알려져 있던 서부의 황제와 구별하기 위해서였다. 현대 역사 가들 역시 그 방식을 따르고 있다.

도표 2-3

---

18  아우렐리우스 빅토르, 「황제전」 39.

4인공치제는 이중적 왕조체제였다. 위 표에서 보듯이 넷은 모두 발레리우스 왕조에 속했다. 먼저 막시미아누스가 디오클레티아누스의 성씨를 따랐고, 두 후계자 또한 같은 가문에 입양되었기 때문이다. 하지만 공식 차원에서 더 중요했던 것은 그 가문을 구성하는 하위의 두 가계, 즉 디오클레티아누스의 요비우스 가문과 막시미아누스의 헤르쿨리우스 가문이었다. 297년 트리어의 콘스탄티우스 궁에서 행해진 식전축사가 그 점을 잘 보여 준다. "부자간인 유피테르와 헤르쿨레스가 천상에서 권위를 갖듯, 지상의 요비우스 가문과 헤르쿨리우스 가문도 비슷한 권위를 누립니다. 실로 모든 중대사가 당신들 네 분의 신성함에 의존합니다. 우주의 기본요소도 넷이요, 계절도 넷이며, 두 개의 대양으로 세상도 넷으로 나뉘어져 있습니다."[19]

신성함 못지않게 중요한 4인공치제의 원리는 연대와 화합이었다. 이는 문헌보다 조형물에 더 잘 구현되어 있다. 조각과 기념물 및 주화의 새김 그림 가운데, 특히 4인을 함께 묘사한 사례가 주목된다. 그중 현재 베니스의 산마르코 성당 한 모퉁이에 설치되어 있는 반암석상이 가장 유명하다[그림 2-2].[20] 군장을 한 네 통치자가 2인 1조로 어깨동무한 모습을 조각한 것이다. 얼굴 표정과 복장이 거의 같아 누가 누군지 분간하기 어렵다. 한 쌍은 수염을 기르고, 다른 쌍은 그렇지 않은 것만이 확실한 차이점이다. 수염을 기른 쪽이 황제들이고, 다른 쪽이 후계자들임이 분명하다. 그 차이를 빼면 이 조각은 온통 동질성(similitudo)과 화합(concordia)의 모티브에 집중되어 있다. 두 황제(혹은 두 부황제)가 쌍둥이 같은 용모로 어깨동무한 모습은 친화와 연대감, 그리고 그것의 세대 간 연속성을 강조하기 위한 것이다.

『황제전』에 의하면 4인의 관할구역은 다음과 같았다. "제국은 네 부분으로

19 「콘스탄티우스 황제찬양연설, 297년」, 8.
20 본시 콘스탄티노폴리스에 있던 것인데, 제4차 십자군 전쟁 때 베니스인이 약탈해 간 것이다.

그림 2-2

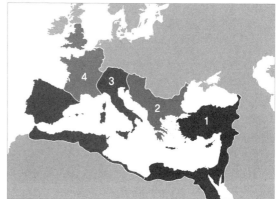

그림 2-3

**그림 2-3** 서기 293년의 4인 공치제
1. 디오클레티아누스 동부 황제
2. 갈레리우스 동부 부황제
3. 막시미아누스 서부 황제
4. 콘스탄티우스 서부 부황제

나뉘어졌다. 알프스 너머의 갈리아 전역은 콘스탄티우스가, 아프리카와 이탈리아는 막시미아누스가, 흑해로 들어가는 해협 건너편(발칸 북부)은 갈레리우스가, 나머지는 디오클레티아누스가 맡았다.”**21** 그리고 위의 지도에서 보듯, 4인은 각각 니코메디아, 시르미움, 밀라노, 트리어를 주요 거점으로 삼았다[그림 2-3]. 전선에서 가까울 뿐 아니라, 간선도로상에 위치해 상호 간 접근성도 좋았기 때문이다. 이 전략적 선택은 이미 오래 전부터 소외되어 온 수도 로마의 위상에 치명타가 되었다. 디오클레티아누스는 개선식과 즉위 20주년을 겸한 기념행사차 로마 시를 처음이자 마지막으로 방문했을 뿐이고, 다른 3인도 마찬가지였다. 수도 로마와 황제권력의 거리는 점점 더 멀어지고 있었다.

21    아우렐리우스 빅토르, 『황제전』 39.

수도 로마를 기피하는 것은 발칸 북부 출신 황제들의 해묵은 습성 같은 것으로, 원로원에 대한 그들의 불신과 거부감이 원인이었다. 디오클레티아누스는 그 오랜 관행을 매듭짓는 개혁조치를 취했다. 우선 국가행정을 전담해 온 전통적 지배집단 원로원을 대체할 관료기구를 구축했다. 속주행정을 더 작게 분권화하고, 그 위에 새운 중층적 위계를 통해 중앙에서의 효과적 통제를 꾀했다. 위의 표에서 언급한 행정개혁이 그것이다[도표 2-1]. 실로 디오클레티아누스 치세는 제국의 지배집단이 크게 교체되는 변혁기였다.

동시에 그는 황제의 존엄성을 드높이기 위해 온갖 노력을 기울였다. 아우구스투스 이래, 특권층 원로원의원들에 대해 짐짓 겸양과 관용의 자세를 취하는 것, 그것이 황제의 제1행동수칙이었다. 위선이라도 좋았다. 여론과 역사기록도 그것을 어진 황제와 폭군을 가르는 기준으로 삼았기 때문이다. 디오클레티아누스는 그 유서 깊은 전통을 무시하고, 대신 신성을 지닌 황제의 절대적 권위를 내세우려 했다. 황제의 복식과 권위를 상징하는 장신구, 그리고 황궁의 의전을 모두 바꾸었다. "과거 자주색 어의로만 위엄을 드러내던 황제들과 달리, 그는 의상과 신발을 보석으로 장식하게 했다."[22] 그리하여 로마황제의 겉모습은 사치스럽기로 유명했던 페르시아 왕의 그것과 흡사해졌다.

황제의 그림과 조각에서도 전에 없던 장식적 요소들이 나타났다. 전 세계를 상징하는 공(globus)은 전혀 새삼스런 것이 아니었지만, 새로 추가된 왕홀과 둥근 광배(nimbus)는 과거에 신들만의 속성이었다. 어전의례에서는 로마의 전통적 인사법(salutatio)이 더 이상 허용되지 않았다. 신분고하를 막론하고, 황제를 알현하는 자는 아주 높은 옥좌에 앉은 황제에게, '엎드려 경배(adoratio)'해야 했다. 디오클레티아누스의 혁신은 마치 메이지 유신 때의 일본 천황제를 연상케

---

22  유트로피우스, 「로마 약사」 26.

했다.[23]

이 '동양적' 황제관이 4인이 공유한 통치원리였는지는 확실치 않지만, 아마 그보다는 디오클레티아누스만의 특권이었다고 짐작된다. 새 왕조의 창건자이자 4인공치제의 기획자로서, 그는 동질성과 화합의 원리를 공유하면서도 동시에 그것을 초월하려 했다. 이 기묘한 관계를 4세기의 『황제전』은 이렇게 설명했다. "(다른 3인은) 발레리우스 디오클레티아누스를 마치 아버지 혹은 위대한 신처럼 대했다."[24] 로마식으로 말하면, 디오클레티아누스는 4인공치제에 활력을 주는 '정기(精氣, genius)' 같은 존재였다.

단기적으로 4인공치제는 소기의 성과를 거두었다. 황제권이 안정되었으며, 무엇보다 변경의 위기를 다스렸다. 특히 젊은 후계자들의 활약이 눈부셨다. 콘스탄티우스는 라인 변경에서 게르만족의 위협을 잠재우고, 브리타니아에서 황제를 자칭하던 카라우시우스를 제거했다. 한동안 그는 브리타니아를 안전한 속주로 평정하는 데 힘을 쏟았다. 제국의 반대편에서는 갈레리우스가 더 괄목할 만한 공을 세웠다. 페르시아와의 전쟁에서 실로 처음 듣는 승전보였다. 그 결과 메소포타미아를 수복하고 아르메니아에 대한 보호국의 지위를 되찾았다.

특히 페르시아에 대한 승리는 4인공치제의 대표업적으로 삼아도 좋을 만큼 의미가 큰 사건이었다. 『황제사』의 저자는 "발레리아누스 황제가 (페르시아에) 사로잡혔던 수치를 말끔히 지워 준 사건"이라고 논평했다. 갈레리우스는 그 승리를 기념하기 위해 그의 거점들 중 한 곳인 테살로니키에 개선문을 세웠다[그림 2-4]. 개선문 건축이란 실로 지난 백수십 년간 로마인들에게 그저 빛바랜 '과거의 영광' 같은 것으로 여겨져 오던 터였다. 과거의 개선문들과 같은 위용은

23  고토 아스시, 『천황의 나라 일본』(예문서원, 2006), 4장.
24  아우렐리우스 빅토르, 『황제전』, 39.

그림 2-4

없었지만, 그 개선문은 로마의 제국적 위상을 새삼 일깨워 주는 기념물이었다.

하지만 4인공치제 하에서 갈레리우스는 영광을 독점할 수 없었다. 테살로니키의 개선문을 장식한 많은 부조들 중, 개선식에 참석한 4인을 함께 묘사한 판넬이 그렇게 말해 준다[그림 2-5]. 그 이미지는 앞서 보았던 베니스의 반암석상과 거의 비슷하다. 서로 구별되지 않는 두 황제가 앉아 있고, 그 양옆에 역시 구별되지 않는 두 부황제가 서 있는 모습이다. 그 장면에서 정작 전쟁에서 승리한 개선장군 갈레리우스는 전혀 존재감이 없다. 그만큼 동질성과 화합이라는 4인공치제의 모토가 더 강조된 것이다.

디오클레티아누스가 안출한 4인공치제가 그저 땜질식 대응의 결과가 아니라 고도의 '기획'이었다는 점은 그의 퇴위과정과 그 후의 행보에서 다시 확인된다. 수도 로마에서 즉위 20주년 기념식을 마친 뒤 오래지 않아 그는 퇴위를 결심했다. 숱한 전투와 여행, 통치자의 근심, 과중한 정무로 지친 나머지 병을 얻었기 때문이었다. 그는 자신의 통치력 공백이 가져올 혼란을 막고, 또 무엇보

그림 2-5

다 4인공치제의 안정을 지킬 방법에 대해 고민했다. 그가 내린 결론은 두 황제의 동반 퇴임이었다. 후계자들이 황제로 승진하고, 다시 부황제를 선임한다면 4인공치제가 동요 없이 지속될 것이라 확신했다. 막시미아누스는 '아버지 같은' 선임황제의 제안을 순순히 받아들였고, 즉위 20주년에 즈음해 수도 로마에서 회동했을 때 최종적으로 합의했다. 4인공치제 출범식이 요란하지 않았듯, 합동퇴임식은 없었다. 305년 5월 초, 두 황제는 각각 니코메디아와 밀라노에서 조촐한 퇴위식을 가졌다.

4세기의 역사가 유트로피우스가 쓴 『로마 약사(略史)』는 자진해서 제위에서 물러난 디오클레티아누스의 결단에 대해 이렇게 논평했다. "로마제국이 건설된 이래, 자발적으로 그렇게 높은 지위에서 물러나 보통 시민과 대등하게 산 것은 오직 그 혼자뿐이었다. 인간의 역사가 시작된 이래 한 번도 일어난 적이 없던 일이었다."[25]

25   유트로피우스, 『로마 약사』, 28.

퇴위 후, 디오클레티아누스는 고향 살로나이 근방의 농장에서 거의 은둔하다시피 살았다. 하지만 막시미아누스는 달랐다. 그는 이탈리아 남부의 별장으로 물러났지만, 황제 자리에 대한 미련을 버리지 못했다. 훗날 4인공치제가 삐걱거리는 조짐을 보이자, 그는 호시탐탐 복위를 노렸다. 나중에 우리는 그 사심과 노욕이 어떻게 비참한 최후를 맞는지에 대해 이야기하게 될 것이다. 언젠가 그는 디오클레티아누스에게 동반복위를 설득했지만 돌아온 답은 단호한 "노!"였다. 디오클레티아누스는 옛 동료를 이렇게 달랬다. "만일 당신이 내가 직접 재배한 배추를 본다면, 분명 권력을 위해 그 행복을 포기하지 않을 것이라 믿네." 마치 철학을 실천하듯 여생을 보냈다는 역사가 유트로피우스의 말은 결코 과장이 아니었다.

하지만 기독교 역사가들만은 그의 최후에 결코 호의적이지 않았다. 일례로, 유세비우스는 『교회사』에서, 황제가 정신착란을 일으켜 민간인 신분으로 은퇴했다고 썼다. 그 참담한 말로는 그가 보기에 기독교 박해에 합당한 하느님의 징벌이었다.[26] 이 박해사건에 대해서는 4장에서 더 상세히 다룰 것이다.

26 유세비우스, 『교회사』, 414-415쪽.

# 3장 이교(異敎)의 지형

3세기 제국 위기의 발단은 정치·군사적인 것이었지만, 당연히 사회·경제적인 혼란과 퇴조가 뒤따랐다. 특히 디오클레티아누스의 경제 및 재정개혁은 그에 대한 대응책이었다. 또 위기가 그처럼 광범위하고 만성적이었으니, 주민의 정신세계에 미친 파급효과도 지대했다.

평화와 번영 속에서야 풍요해지는 문화 예술의 쇠락은 필연적이었다. 라틴 문학이 가장 좋은 예인데, 황금시대에 이어 페트로니우스, 타키투스, 유베날리스 등 40여 명의 작가들을 배출한 은시대(1-2세기)의 창조력은 팍스 로마나와 함께 홀연히 사라졌다. 그들을 배양해 낸 이탈리아와 남부 갈리아가 제국권력의 중심에서 밀려난 것도 그와 무관하지 않은 현상이었다.

종교영역에서도 쇠퇴 양상이 확연했다. 정치적 혼란의 와중에 전통적으로 국가가 주관하던 공식숭배들은 당연히 활력을 잃었다. 각종 문헌 뿐 아니라 고고학 증거도 그렇게 시사한다. 그래서 일찍이 한 독일학자는 로마인들이 신들에게 바치던 서원(혹은 기념) 비문의 숫자가 3세기부터 급격히 감소한다는 점에 주목해 다음과 같은 결론을 내렸다. "국가 혹은 황제의 지원능력 혹은 지원의지가 없어지자 (옛 신들에 대한) 숭배의식은 기록을 남길 능력을 잃고 말았다."[27]

하지만 공식숭배의 쇠퇴로만 설명하기에 3세기의 종교상황은 훨씬 더 복잡했다. 그것을 제대로 파악하려면 두 가지 전제가 필요하다. 첫째, 3세기의 종교

---

27   게프켄, 『그리스-로마 이교 최후의 나날』(1929), 28쪽.

를 단지 '쇠퇴'가 아닌 '변환'의 관점에서 접근할 필요가 있다. 옛 신들에 대한 공식숭배는 소홀해진 반면, '새로운' 신들이 공식숭배의 대상으로 대두한 점에 주목해야 한다. 둘째, 그 '변환'의 조건은 단지 3세기 위기의 산물이 아니라, 이미 팍스 로마나 때부터 씨앗이 뿌려져 성장해 온 것이었다.

위기의 3세기는 분명 고대지성사 연구의 권위자 도즈가 지적했듯이 '불안의 시대(age of anxiety)'였다.[28] 무언가 대안을 찾으려는 사회심리가 팽배했으며, 공식종교의 차원에서만 아니라 민간 속 정서도 마찬가지였다. 지역마다 계층마다 선택한 대안은 제각각이었지만 한 가지 공통점을 갖고 있었다. 그 대안들은 로마의 평화 덕분에 곳곳에 퍼져 서로 뒤섞여 생긴 것들, 종교용어로 말하자면 혼합 혹은 절충주의(synchretism)의 산물이었다. 이 '새로운' 대안숭배의 몇몇은 3세기에 큰 세력을 얻었다. 공식 차원에서는 낡은 숭배를 대체했고, 민간 차원에서는 전에 없던 종교현상으로 대두했다. 기독교의 급성장이 가장 대표적인 사례였다. '고대 후기(Late Antiquity)'라는 최신 연구동향의 창시자 피터 브라운은 서기 2-3세기에 진행된 이 '변환'을 가리켜 '새 분위기(new mood)'라 불렀다.[29]

본장의 목적은 3세기의 종교적 변환 가운데, '이교(異敎)'에만 한정해 그 지형을 살피는 것이다. 기독교는 다음 장에서 집중적으로 다룰 것이다. 그런데 대체 '이교'란 무엇인가? 그것은 기독교가 '다른 종교'를 가리킬 때 쓰는 영어 paganism에 상응하는 한자어이다. 그 영어 낱말의 어원은 '촌스럽다'는 라틴어 paganus로, 초기 기독교의 중요한 사회적 특징을 함축하고 있다. 이교와 촌스러움은 서로 어떤 연관을 갖고 있었을까?

신약성서의 바울 서신들이 보여 주듯, 초기의 이방선교는 주로 도시를 겨냥

---

28  도즈, 『불안의 시대의 이교와 기독교』(1968). 이보다 앞선 시대를 다룬 그의 다른 책은 우리말로 번역되었다. 『그리스인들과 비이성적인 것』(까치, 2002).

29  브라운, 『고대 후기의 세계』(1971), 4장. '고대후기'란 5세기를 기준으로 고대와 중세를 단절의 두 시대로 보았던 오랜 시대구분법 대신, 2-8세기를 하나의 연속적 시대로 보아야 한다는 전제를 갖는 시대개념이다.

했다. 도시에 집중된 다양한 하층민이 주요 선교대상이었다. 4세기부터 교세가 급성장하자, 그 현상은 더 심화되었다. 그리하여 기독교와 비(非) 기독교도 사이에 도시–시골의 공간적 대비가 뚜렷해졌다. 시골의 비기독교도는 대체로 무지렁이 농민과 고급저택(villa)에 사는 귀족 농장주의 두 부류였다. 고고학 증거는 특히 3세기를 전후로 전원의 고급주택이 증가추세였음을 보여주는데, 이는 귀족이 황제의 전횡이나 내란의 위험을 피해 낙향하던 시대풍조의 반영이었다. 농민이 농사짓기의 일상과 결부된 자연종교를 변함없이 고수했다면, 귀족은 쇠락하던 전통적 공식숭배에 대한 미련을 버리지 않고 있었다. 그러니까 도시에서 성장하던 기독교도에게, 농민이든 귀족이든 '촌놈들'(pagani)은 대체로 잡신과 우상을 섬기는 종교적 수구세력이었다. 그리고 4세기쯤 자신감을 갖게 되자, 기독교는 모든 이교도를 싸잡아 그 조롱 섞인 단어로 부르기 시작했다.[30]

paganism에 담긴 이런 기독교 중심적 편견을 전달하는 데, '이교'보다 더 나은 번역어를 생각하기 어렵다. 한 국내연구자는 그것을 '다신교'라 옮겼지만 전혀 적절하지 않다.[31] 앞으로 보게 되듯, 이교에도 다양한 일신교적 경향들이 있었기 때문이다. '전통종교'라는 번역어를 제안하는 사람도 있지만 역시 만족스럽지 않다. paganism은 공적 사적 혹은 수준 차이를 막론하고, 기독교와는 '다른' 정신세계 전부를 아우르기 때문이다. 이 시기에 유행한 신플라톤주의 같은 철학도 당연히 이교의 범주에 포함된다.

그처럼 포괄적이고 복잡한 이교의 지형을 균형 있게 살피기는 쉽지 않다. 계층, 종족, 성 같은 사회범주별 숭배관행의 차이 외에, 수도 로마와 속주도시, 도시와 농촌, 제국의 권역별 다양성이 어지럽게 혼재했다. 지면제약뿐 아니라, 이

---

30   브라운, 『기독교 세계의 형성』(새물결, 2004), 68쪽.
31   브라운 외, 『사생활의 역사 1: 로마제국부터 천 년까지』(새물결, 2002), 10장.

글의 성격에 비추어 몇몇 중요 국면에 논의를 한정할 수밖에 없다. 수도 로마와 속주도시들의 공식숭배가 겪은 변화, 그리고 공사 영역에서 새롭게 대두한 '일신교'적 현상들을 주로 살핀다.

팍스 로마나 시대, 수도 로마의 공식숭배는 아우구스투스가 초석을 다진 것이었다. 아니 엄밀히 말하자면, 그것은 공화정 말 이전의 전통종교를 복원한 것이었다. 오랜 내전 동안 국가 신들에 대한 공식숭배가 거의 중단되다시피 했기 때문이다. 전통의 복구, 그것은 사실상 군주이면서 공화정의 회복을 표방했던 아우구스투스의 권력위장술의 일환이었다. 그의 양부 카이사르는 대놓고 독재를 획책하다 살해당하지 않았던가? 그는 자신이 내전을 통해 '공화정을 회복(res publica restituta)'했다고 선전하는 한편, 전통시대의 종교 및 도덕의 회복을 대대적으로 선전했다. 치세가 끝나갈 무렵 스스로 작성한 『업적록(Res Gestae)』에서, 그는 종교부흥의 업적을 이렇게 자랑했다. 신전 82개의 신·개축, 신들마다의 제사전담 사제단 조직 등.[32]

성 아우구스티누스의 『신국론』에는 그렇게 로마국가가 공인하여 숭배한 신들의 목록이 나온다.[33] 공화정 말의 천재 박식가 바로(Varro)의 책을 참조한 것인데, 아우구스투스의 종교복구 프로젝트도 아마 거기서 영감을 얻었음 직하다. 그 목록에 시인 오비디우스가 쓴 『로마의 축제일』이 제공하는 정보를 보완하면, 제정 초 공식숭배의 현황을 짐작할 수 있다. 그 책은 공식숭배의 축제일을 기록한 종교력을 시로 풀어 쓴 것이었다.[34]

도표 3-1은 그 공식숭배 가운데 비교적 중요한 것들만 추린 것이다. 두 가지 특징이 눈에 띈다. 우선 (가)에 속한 3신은, 로마 시 카피톨리움 언덕 위에

---

32  『아우구스투스 업적록』 19-24장; 수에토니우스, 『12인의 로마황제』(풀빛미디어, 1998) 1권, 119-127쪽.

33  성 아우구스티누스, 『신국론』(현대지성사, 1997) 6-7권.

34  오비디우스, 『로마의 축제일』(한길사, 2005).

## 로마제국에서 공식 숭배되던 신들 (일부)

| | | 신의 이름 | 주요 권능 | 숭배의 주요 주체 |
|---|---|---|---|---|
| 가 | | 유피테르 | 통치, 전쟁 | 국가 |
| | | 유노 | 출산, 방위 | 국가, 여성 |
| | | 미네르바 | 기예 | 국가, 장인, 의사 |
| 나 | ① | 케레스 | 곡물의 생장 | 농민 (평민), 주부 |
| | | 리베르, 리베라 | 포도 생장 | 농민 (평민) |
| | | 야누스 | 시작과 끝, 관문 | 원로원, 인민 |
| | | 보나 데아 | 치료 | 주부 |
| | | 베스타 | 화로, 제단 | 인민 |
| | ② | 베누스 | 남녀의 성 관계 | 인민, 부부 |
| | | 마르스 | 전투 | 군대 |
| | | 퀴리누스 | 로마 시 수호 | 인민 |
| | ③ | 살루스 | 건강, 덕성 | |
| | | 게니우스 | 가장의 생식력 | 개인, 단체 |
| | | 포르투나 | 행운 | 노예, 여성, 단체 |
| | | 피데스 | 신의, 의리 | |
| | | 텔루스 | 땅의 기운, 풍요 | |
| | ④ | 디아나 | 생식 | 여성, 주부 |
| | | 메르쿠리우스 | 여행 | 상인 단체 |
| | | 헤르쿨레스 | 영웅적 위업 | 모험, 사업 |
| | | 아폴로 | 치료, 정화 | 인민 |
| | | 아이스쿨레피우스 | 의술 | 의사, 인민 |
| 다 | | 마그나 마테르 (대모신) | 국가의 액막이 | 인민 |
| | | 이시스 | 안전한 항해 | 상인, 선원 |
| | | 미트라 | 도움의 기대 | 군대, 황실 관리 |

도표 3-1

위치한 유피테르 신전에 모신 가장 오래고 중요한 신들이다. 특히 유피테르가 가장 중요해 통상 '최선, 최대(Optimus Maximus)'라는 수식어가 붙여졌다. 그 신전에 유피테르의 아내 유노와 딸 미네르바가 합사되었다. 이 3대신을 위한 신년 초의 제사는 국가(제정기에는 황제와 황실)의 안녕과 번영을 기원하는 행사였다. 또한 혁혁한 전승으로 국익을 증진한 개선장군은 최상의 전리품을 유피테르 신전에 봉헌하는 것이 관례였다.

(나)에 속한 신들은 비록 (가)보다 지위가 낮지만, 각자 고유의 사당과 전담 제관(flamen)이 있거나, 아니면 최소한 공식 종교력(Kalendae)에서 축제일을 지정받은 신들이다. 대개는 이탈리아 토착신(①) 혹은 주로 그리스에서 직간접 경로로 유입된 외래신들(②)이다. 로마의 건국기원에 연관되어 차츰 비중이 커진 베누스, 마르스, 퀴리누스(③), 주로 곡물 및 포도 생산에 종사한 농민층(평민)이 중시한 3대신(케레스, 리베르, 리베라), 그리고 개인 및 사회생활의 주요 가치나 자연력을 의인화한 신들(④)이 비교적 중요했다.[35]

한편 (다)의 신들은 국가(혹은 황제)의 결정에 따라 이탈리아 밖에서 수입한 신들이다. 마그나 마테르(신들의 어머니) 여신이 그중 가장 오랜 경우로, 한니발 전쟁 때 소아시아에서 들어왔다. 그래야 국난을 극복할 수 있다는 예언서의 지침 때문이었다. 로마는 제국으로 성장하면서, 그런 식으로 많은 외래신을 공식으로 받아들였다. 그 점에서 로마는 800여 신을 수집한 히타이트 제국과 비슷했다.[36] 그렇게 공식 수입된 신들은 현저한 공공장소에 사당이 마련되고, 국가 지원으로 숭배된다는 점에서 민간에서 사사로이 수입된 신들과 격이 달랐다.

로마인의 종교관은 매우 개방적인 듯하지만, 실상 반드시 그렇지만은 않았다. 이 점을 이해하려면, 종교(religio)와 미신(superstitio)이란 라틴어의 쓰임새를

---

35  오비디우스, 『로마의 축제일』(한길사, 2005); 몸젠, 『로마사』 1권(푸른 역사, 2013), 229-238쪽.
36  브라이스, 『히타이트 세계의 삶과 사회』(2002), 8장.

살피는 것이 도움이 된다. religio란 본시 어떤 초인간적, 초자연적 존재에 대한 두려움을 뜻했다. 거기서 벗어나려면, 그 존재를 적절히 달래야 했다. 다시 말해 그들이 '(원하는 것을) 받기 위해 (합당한 것을) 주는(do ut des)' 일종의 거래를 통해서만, '신들(과) 평화(pax deorum)'를 이룰 수 있었다. 신들에 합당한 것이란 곧 예배의식으로 조상대대로 숱한 시행착오를 거친 끝에 확립된 것이었다. 신들이 흡족해 하는 적절한 예배는 공동체의 자산이자 규약으로 사적, 임의적인 것일 수 없었다. 아우구스티누스는 이처럼 실용성과 절차적 엄숙성을 강조하는 로마인의 종교에 대해 '신들을 믿지 않았다'고 비판했다. 기독교의 관점에서 보면 타당하지만, 객관적인 논평은 아니었다. 로마인은 신들을 믿는 대신, 두려워하고 달랬다.[37]

예배의 핵심은 신들에게 음식 등 선물을 바치는 제사였다. 헌주용 포도주와 화로에서 태울 향은 필수였고, 신들의 등급이 높으면 그에 맞는 수와 종류의 희생동물도 준비해야 했다. 제사의 절정은 헌주와 분향에 이어 신에게 음식을 바치는 행위, 곧 희생제였다. 희생동물을 죽여 피를 흘리고, 그 일부를 태워 연기를 피웠다[그림 3-1]. 제사는 공동체의 향연으로 마감되었다. 신에게 바치고 남은 음식을 주민이 함께 나누어 먹었다. 이런 제사를 소홀히 한다는 것은 공동체에 문제가 생겼거나, 아니면 적어도 장차 그럴 위험이 크다는 뜻이었다. 즉 '신들의 평화'가 깨졌기 때문이다.

한편 라틴어 superstitio의 문자적 의미는 '(어떤 상태가) 더 지속됨'이었다. 그러니까 미신이란, 어떤 존재에 대한 두려움이 계속되는 상태를 뜻했다. 로마인은 그런 심리상태의 원인이 두려운 대상을 사적으로 혹은 멋대로 대하기 때문이라 여겼다. 점술이나 마술, 혹은 비공식으로 들어온 외래종교들이 그랬다.

---

37  키케로, 『신들의 본성에 관하여』(나남, 2012), 2, 72; 성 아우구스티누스, 『신국론』(현대지성사, 1997) 7권; 퓌스텔 드 쿨랑쥬, 『고대도시』(아카넷, 2000), 235-239쪽.

그림 3-1

그림 3-1 카피톨리움의 유피테르 신전에서의 제사(마르쿠스 아우렐리우스 황제의 개선문 부조)

특히 팍스 로마나 시기 동안, 안전한 여행과 활발한 교역 덕분에 제국 동부에서 유래한 종교 혹은 숭배양식들이 여러 지역에 퍼져 나갔고, 특히 수도 로마에 집중적으로 유입되었다. 예컨대 이집트 기원의 이시스 숭배, 소아시아 기원의 키벨레 숭배, 페르시아의 미트라 숭배, 시리아 기원의 태양신 숭배, 팔레스타인 기원의 유대교와 기독교 등이었다. 비교적 이동성이 높은 부류의 주민들, 즉 노예, 상인, 군인은 이 '새로운 숭배(novus cultus)'들의 신도요 선교사들이었다.

로마정부는 대체로 그런 미신들을 묵인했다. 그것들이 대체로 비조직적이고 소규모인 데다, 통상적으로 관리하기에는 정부의 행정력이 늘 부족했기 때문이다. 간간이 사회불안을 조장한다는 구실로 억압조치가 취해졌지만 대개는 티베리우스 치세의 원로원 포고처럼 추방령에 그쳤다. "이런 미신들(이집트와 유대인의 종교)에 물든 해방노예들 중 성인 4천 명을 사르디니아 섬으로 이송해 해적소탕에 투입할 것."[38] 더 드물게는 처형을 수반한 한층 강력한 탄압도 일어났다. 다음 장에서 상세히 다룰 제정기의 기독교 박해가 대표적이지만, 공화정기에 이미 선례가 있었다. 기원전 180년대의 바쿠스 신도들에 대한 대숙청이 그것이다. 그리스의 디오니소스 숭배의 영향 하에, 이탈리아의 주신숭배(Bacchanalia) 역시 밀교적이며, 또 가입자의 성 역할, 연령 및 신분의 경계를 허무는 축제 양상을 수반했다. 로마 원로원은 그 숭배에 반사회성 및 반국가 음모의 위험성이 있다고 판단해 전국 차원의 대규모 박해를 가했다.[39]

그러니까 로마사회에서 종교와 미신은 국가의 공인 관리 여부로 구별되는 것이었다. 공식숭배와 관련해서, 비록 제정기가 시작될 때에야 생겼지만 제정기 내내 가장 큰 비중을 차지하게 된 종교현상에 대한 논의를 빼놓을 수 없다. 살아 있는 황제와 죽은 황제를 '신처럼' 숭배하는 것, 곧 황제숭배가 그것이다. 처음 그것은 수도 로마와 속주에서 사뭇 다른 방식으로 시작되었다. 수도 로마의 황제숭배는 죽은 황제를 신격(divus)으로 모시는 것이었다. 로마를 창건한 로물루스 왕이 사후 승천해 신이 되었다는 전설을 빙자해, 아우구스투스가 포룸에서 죽은 율리우스 카이사르를 위한 신전을 짓고 숭배하기 시작했다. 그는 모든 공문서와 기념물에 '신격 율리우스의 아들(filius divi Iulii)'이라는 문구를 새겼다[그림 3-2]. 그것은 산 자의 신격화를 금기시한 오랜 전통을 우회해 자신의 인격과 권력을 신성화하려는 수단이었다. 물론 네로나 도미티아누스 같은 폭군들의 경우에는 후임 황제에 의해 신격화를 거부당했다. 전임 황제의 신격화가 오히려 정치적 손해라 판단해서였다.

수도 로마 밖, 특히 속주의 황제숭배는 전혀 딴판이었다. 거기서는 속주민이 현존 황제를 신으로 숭배하길 원했다. 제정 초기의 황제들은 그 요청에 당황해하면서 신중하게 대응했다. 결국 마지못해 속주의 요청을 수락했으나 몇 가지

38  타키투스, 『연대기』(범우, 2005), 196쪽.
39  데이비드 권, 『로마 공화정』(교유서가, 2015), 80-82쪽.

그림 3-2

그림 3-2 좌(앞면): 아우구스투스 두상. 신격(율리우스 카이사르)의 아들을 뜻하는 DIVI F(ILIUS)라
　　　　 는 새김글이 보인다.
　　　 우(뒷면): 신격 율리우스 카이사르의 신전. 박공의 별은 승천한 율리우스의 상징이고, 그
　　　　 아래 프리즈에는 '신격 율리우스에게(DIVO IULIO)' 바친 신전이란 의미의 새김
　　　　 글이 보인다. 신전 안에 있는 사람은 제주 아우구스투스이다.


단서를 덧붙였다. 속주에서 전부터 로마국가의 상징으로 숭배해 오던 여신 로
마(Roma)의 신전에 황제를 함께 모시되, 반드시 황제상(imago)을 신상(simulacra)
과 구별해야 한다. 마찬가지로 황제를 예배대상으로 삼는 것을 금지했다. 기
도문은 예배대상이 황제 자신이 아니라, 황제를 지켜 주는 정기(精氣, genius)라
는 점을 엄밀하게 구별했다. 이 같은 조건을 준수하면서 황제를 신전에 함께
모셔 그의 안녕을 기원한다면 제국의 안전과 번영이 보증될 것이라는 믿음, 그
것이 바로 황제숭배의 기반이었다.

　속주에서 황제숭배가 처음 시작된 곳은 소아시아였지만 차츰 동부의 다른
지역, 나아가 서부 제국에까지 확산되었다. 속주의 주요 도시들 그리고 도시의
엘리트들은 그것의 주관을 두고 맹렬하게 경쟁했다. 신전을 유치해 '황제숭배
의 관리도시(neokoros)'가 되는 것, 그리고 그것의 사제가 되는 일은 비록 큰 비
용을 부담해야 했음에도 불구하고, 엄청난 영예이자 권력의 기회였기 때문이
다. 한편 황제의 입장에서 황제숭배는 속주민의 충성을 관리하는 데 유익한 제

도였다. 앞에서 우리는 황제와 속주 엘리트의 직접 소통이 로마제국 특유의 속주행정이라 말했지만, 황제숭배는 그런 직접 소통의 중요한 통로역할을 했다. 그리하여 제국동부에서는 다분히 속주민이 자발적으로 시작했던 황제숭배가 이번에는 중앙정부의 주도로 서부 속주들에 이식되었던 것이다.

　제정 초기까지 제국의 종교지형은 그와 같았다. 하지만 2-3세기부터 변화가 일어났고, 요인은 두 가지였다. 하나는 앞서 말한바, 팍스 로마나 시대의 혼합주의 경향이었다. 태평성대 덕분에 이주와 여행이 활발해져 특히 제국 동부에서 기원한 숭배들이 제국의 수도와 속주들 구석구석에 퍼진 결과, 토착, 외래 숭배들이 한데 어우러져 거대한 소용돌이를 이루며 뒤섞였다. 당연하게도 로마의 최고신 유피테르가 동일시의 표준이 되곤 했다. 예컨대 유피테르-사라피스(Sarapis), 유피테르-태양신(Sol), 그리고 소아시아의 돌리케(Doliche) 기원 토착신과 혼합된 유피테르 돌리케누스(Jupiter Dolichenus) 등이다. 민간에서 장기간 진행된 혼합주의가 궁극적으로 제국 정부의 공식종교에까지 파고드는 것은 시간문제였다. 황제 개인의 종교적 취향도 예외가 아니었다. 알렉산데르 세베루스 황제는 개인사당에 황제숭배, 유대교, 기독교, 오르페우스 밀교, 기타 이교의 성인들의 성상들(전 황제들, 아브라함, 예수, 오르페우스, 티아나의 아폴로니우스)을 모셨다고 한다.[40]

　변화의 또 한 요인은 바로 그 혼합주의의 산물이었다. 다양한 숭배 형태들이 뒤섞여 소용돌이 친 결과, 그 속에서 응축된 본질적이고 보편적인 요소들이 분리되어 나왔다. '최고신(theos hypsistos)', 혹은 '하나의 신(heis theos)'에 대한 숭배에 집중하는 일신교적 경향이 그것이다. 유대교나 기독교와 같은 일신교와 구별되는 그 역사적 현상을 현대학자들은 '이교적 일신교(pagan monotheism)' 혹은

---

40 『황제사』, 「세베루스 황제전」 29. 2.

'단일신교(henotheism)'라 부른다. 그리스어 문화권(소아시아 및 시리아)에서 발견된 비문에 3-4세기부터 그 용어의 빈도가 늘어났다. 해당 지역의 역사, 문화적 환경에 비추어 분석해 보면, 그 경향을 자극한 것은 주로 두 가지였다. 2세기 초 에루살렘 성전 파괴 후 각지에 흩어진 유대인의 영향, 그리고 드물지만 헬레니즘 종교와 철학(헤르메스주의와 스토아주의) 혹은 점성술의 영향 때문이었다.

제국 서부에서는 상대적으로 그 흐름이 약했으나, 적어도 식자층에서는 '최고신'이라는 라틴어(summus deus 혹은 summa divinitas)가 빈번히 쓰였다. 전통적인 공식종교에서는 유피테르 신이 늘 '최선, 최대의 신(Optimus Maximus)'이라는 수식어를 독점했던 것과 달리, '최고신'은 상황과 필요에 따라 유피테르, 사라피스, 이시스 등 어느 신에게도 적용될 수 있는 일종의 대명사였다. 말하자면 그것은 추상적 유일신까지도 포괄할 수 있는 탄력적인 개념이었다.

'최고신'과 '일신'을 한층 더 추상적이고 초월적인 신의 개념으로 끌어올린 것은 3-6세기 동안 지식 및 종교영역을 풍미한 신플라톤주의였다. 그것은 본질적으로 플라톤 철학체계(형이상학, 우주론, 윤리학)의 재해석 혹은 확장이었지만, 나아가 금욕주의와 신통술 같은 일종의 종교적 실천까지 제시함으로써, 식자층 사이에서 큰 인기를 얻었다.[41] 게다가 신플라톤주의 철학자들은 당대 최고 지성으로서 황제들의 자문역을 맡는 일이 드물지 않았다. 이 학파의 태두였던 플로티노스는 최소 두 황제와 인연을 맺었으며, 그 기회를 이용해 이탈리아 중부에 '플라톤 국가(Platonopolis)'의 건설을 구상할 정도였다.[42] 그로부터 약 1세기 후, 그 철학에 심취한 황제까지 나타났다. 콘스탄티누스 황제 가문의 마지막 황제이자, 흔히 배교자로 알려진 율리아누스가 바로 그였다.

신플라톤주의에서 키워드는 '하나 혹은 일자(一者, the One)'였다. 5세기에 프

---

41  월리스, 『신플라톤주의』(누멘, 2011), 23-45쪽.
42  오미라, 『플로티노스의 엔네아데스 입문』(탐구사, 2009), 18-36쪽.

로클루스가 200여 개의 명제로 정리한『신학의 기초』는 어떻게 그 학파가 이교 일신론의 종교현상을 철학적으로 뒷받침했는지를 잘 보여 준다.

명제 7: '일자'의 일체성(unity)이 어디서 귀결된 것이 아닌 것으로, 결코 복수성 (複數性)에 참여하지 않는다면 여럿인 상태는 '일자'보다 시간적으로 뒤며, 그 '일자'에 참여한다고 할 것이다. 한편 '일자'가 복수성에 참여하면서도 본질에 서 하나라면 … '일자'는 여럿이 되더라도, 그 여럿인 상태가 '일자' 때문에 하나 로 된다고 할 것이다. … 그런데 '일자'와 여럿인 상태를 서로 소통하도록 묶어 주는, 그 둘 이전의 무엇이 필요하다고 가정해 보자. 그것은 '하나' 혹은 '하나가 아님' 둘 중 하나이다. 후자 쪽이라면, 그것은 여럿(many) 혹은 아무것도 아님 (nothing), 둘 중 하나이다. … 전자라면 우리는 (다시 양쪽을 묶어 주는 존재를 찾아) 무한정 더 거슬러 올라가야 할 것이며, 후자라면 (아무것도 아니므로) 묶어 주지 못할 것이다. 그러니 그것은 바로 '일자' 자체일 수밖에 없으며, 거기서 모든 여 럿인 상태가 유출된다고 할 것이다.

명제 113: '일자'가 (유일)신이라면, 일련의 신격들은 분명 통일성을 갖는다. 좋음 이 만물을 초월하고 또 만물이 동경하는 (유일)신과 동일하다면, 그 좋음은 만 물의 근원이자 목표일 것이다. 그러므로 여러 신들이 존재한다면, 그들 사이에 통일성이 있어야 한다.[43]

신플라톤주의의 한계는 너무 엘리트주의적이라는 점이었다. 그리하여 이암 블리쿠스가 예시하듯 후기에 가면 철학을 통한 영혼의 정화 대신 마법, 예언, 점술 등으로 신과 통하는 방법, 즉 신통술(theurgy)을 중시하는 경향이 나타났

---

43  프로클루스, 「신학의 기초」(1992), 7, 101쪽.

다. 그럼에도 불구하고 대중화되기에 부적합한 근본적인 한계는 여전했다.

오히려 신플라톤주의의 역사적 의의는 다른 종교들에 대한 '비판을 통한 기여'에 있었다. '일자' 즉 최고신과 하나가 되는 영적 체험을 중시한 신플라톤주의는 신들과의 관계에서 제사 같은 행위를 중시하던 로마의 공식종교에 다분히 비판적이었을 법하다. 가령 황제의 자문역인 어느 신플라톤주의 철학자는 포르피리오스처럼 유혈희생, 분향, 헌주 같은 제례를 거부하거나 간소화하게 조언할 가능성이 농후했던 것이다.[44]

그러나 신플라톤주의로부터 가장 큰 영향을 받은 종교는 바로 당시 교세가 날로 성장하고 있던 기독교였다. 사실, 적어도 식자층 속에서 양자는 날카롭게 경쟁하고 있었다. 플로티노스는 영지주의 기독교를 비판했으며, 그의 후예들(히에로클레스, 포르피리오스, 율리아누스 황제)은 줄기차게 '반기독교론'을 썼다.[45] 하지만 긴 전망 속에서 보면, 이 공격은 이중적으로 기독교의 성장에 기여했다. 첫째로, 기독교 지식인은 그에 대응하는 변증론을 준비하는 가운데 기독교의 정체성을 분명히 하는 교리를 구축할 수 있었다. 둘째, 식자층 속에서 신플라톤주의는 기독교로 점진적으로 '개종'하는 통로 역할을 했다. 이에 대해서는 10장에서 더 상세히 살피겠지만, 여기서는 아우구스티누스의 사례를 상기시키는 것으로 충분하다. 그는 마니교를 회의주의로 극복한 뒤, 다시 회의주의를 신플라톤주의로 극복하는 지적 편력 끝에 세례를 받고 기독교로 회심했다.[46]

이교적 일신교, 특히 신플라톤주의는 3세기 이후 진행되던 고대세계의 종교 지형이 겪고 있던 변혁의 증거이자, 결정적인 동력이었다. 기독교는 비록 그 속

---

44  가령 포르피리오스는 동물의 유혈 제사를 치르고 육식을 하던 관습에 대해 비판적이었다. 이에 대해서는 그의 『금식론』을 참조.
45  포르피리오스, 『반기독교론』(영역판, 1994); 율리아누스, 「갈릴리인 논박」=『율리아누스 황제 저작』(영역판, 로엡문고) 제3권, 318-427쪽. 히에로클레스가 쓴 반기독교론 「진리를 사랑하는 자」는 남아 있지 않고, 다만 카이사레이아의 유세비우스가 쓴 「히에로클레스에 대한 반박」을 통해서 그 내용이 알려져 있다.
46  성 아우구스티누스, 『고백록』(기독교문서선교회, 2004); 브라운, 『아우구스티누스』(새물결, 2012), 29-261쪽.

에서 박해받는 시련을 겪었지만, 그것은 사실 그 거대한 변혁의 최대 수익자가 되기 위한 과정이었다. 다음 장에서는 기독교 교세의 성장과 그에 상응하는 박해의 양상에 대해 논의한다.

## 4장 기독교 대박해

앞에서 잠시 언급했듯이, 디오클레티아누스는 4인공치제 등 각종 혁신을 주도했으나, 종교 면에서는 복고주의자였다. 6세기 초의 이교도 역사가 조시무스도 그를 그렇게 기억했다. 그는 『새 역사』를 쓰면서, 황제의 숱한 치적 가운데 오직 때맞춰 백년제(ludi saeculares)를 치른 사실만 대서특필했다.

백년제는 로마인이 국가의 평화와 안전을 축원하던 유서 깊은 큰 제사들 중 하나였다. 공화정 시절(기원전 3세기)에 시작되었으나, 백년마다 정기적으로 열리진 못했다. 황제정의 창시자 아우구스투스가, 역시 종교부흥의 구호를 내걸고, 백년제를 재생시킨 것은 그 직전 백년제로부터 130년이나 지나서였다(기원전 17년). 동방의 숙적 파르티아에 승리한 것을 계기로, 제국의 안전과 장기평화를 선전하기 위해서였다. 그때 시인 호라티우스가 황제의 위촉을 받고 지은 『백년제 찬가』가 현존한다.[47]

디오클레티아누스의 백년제(303/4년)는 88년과 204년에 이어 세 번째로, 아우구스투스가 되살린 그 축제를 적기에 치른 셈이었다. 잠시나마 내우외환을 잠재운 터라, 태평성대를 자랑할 100년 만의 기회를 놓칠 수 없었다. 역사가 조시무스는 길게 그 백년제의 역사를 회상한 뒤, 이런 말을 덧붙였다. "황제는 신들의 지시에 따라 다른 행사들도 챙겼다. 그렇게 하는 동안 로마제국은 무사했다. … 하지만 디오클레티아누스가 퇴위한 후, 백년제를 소홀히 하자, 제국

---

47  호라티우스, 『백년제 찬가』.

은 차츰 무너져 부지불식간에 야만화되었다."**48**

기독교 역사상 최후의, 그러나 가장 혹독했던 박해(303-311년)가 바로 그 백
년제가 거행될 무렵에 시작된 것은 결코 우연이 아니었다. 이교도 역사가들은
기독교 박해에 대해서 거의 한 줄도 할애하지 않았다. 의도적으로 무관심했기
때문이 아니라, 제국의 다른 중대사안들에 비추어 그리 대수롭지 않다고 판단
해서였다. 하지만 피해 당사자였던 기독교 역사가들의 입장은 판이했다. 그들
은 로마 제국의 역사를 오직 박해사의 관점에서 바라보았다. 저 황제는 기독교
에 얼마나 적대적이거나 호의적이었는가? 이것이 황제들에 대한 평가는 물론
황제들의 최후 순간을 묘사하는 방식의 중요한 기준이었다. 혹독한 박해자일
수록, 하나님의 응징을 받아 비참한 최후를 맞았다. 기독교 측의 역사서술에
는 선악이분법의 단순화와 과장의 수사학이 가득했다.

디오클레티아누스의 대박해는 동시대의 두 교회사가에 의해 상세히 기록되
었다. 제국 서부에서 직접 박해를 겪었던 락탄티우스는 『박해자들』이라는 작
은 역사책을 썼다. 제정 초부터 근 300년에 걸쳐 긴 박해사를 썼지만, 그 책의
본론이자 핵심은 디오클레티아누스 치세의 박해 기록이었다. 거의 같은 시기
동부에서는 유세비우스가 『교회사』를 집필했다. 그것은 『박해자들』보다 훨씬
넓은 전망을 가진 교회사였다. 예수 및 사도 시대부터 시작해, 주교들과 교부
들이 안팎의 도전과 역경을 극복하고 교회를 성장시켜 온 과정을 기록했다. 하
지만 역시 서술의 주안점은 박해와 순교의 이야기였다. 특히 디오클레티아누
스 시대의 박해가 가장 큰 비중을 차지했다.

디오클레티아누스의 박해가 이렇게 기록의 축복을 받게 된 것은 단지 그것
이 가장 혹독한 박해였기 때문만은 아니었다. 락탄티우스나 유세비우스는 모

---

**48** 조시무스, 『새 역사』 2, 4-7.

두 그 박해 직후에 일어난 역사적 반전을 의식했다. 즉 처음으로 기독교 신앙이 공인되고 최초의 기독교 황제 콘스탄티누스가 출현한 사실을 최대한 극적으로 부각시켜야 했다. 말하자면 마지막 박해는 우렁찬 승전보를 울리기 위한 전주곡처럼 묘사해야 했다. 락탄티우스가 박해 황제들의 비참한 최후를 강조하려 했다면, 유세비우스는 이미 집필을 끝냈던 『교회사』를 증보했다. 디오클레티아누스의 박해에서 끝냈던 책(1–7권)에 콘스탄티누스 치세까지 다룬 세 권을 덧붙였다.

본장의 목표는 두 교회사가의 기록에 의존해 그 최후의 대박해를 자세히 살피는 것이다. 하지만, 두 가지 사항에 대한 예비지식이 필요하다. 첫째, 3세기 이전 박해사의 성격은 어떠했는가? 둘째, 3세기 기독교의 교세와 이교와의 관계 등 교회가 처한 전반적 상황은 어떠했는가?

고대 교회사가들의 과장된 기록은 현대의 연구자들에 의해 적잖이 바로잡혔다. 그리하여 박해사는 대체로 데키우스 황제 치세(250/1년)를 기점으로, 크게 두 단계로 구별된다. 첫 단계, 즉 수도 로마의 대화재를 기화로 벌어진 네로 치세의 박해부터 250년 이전까지의 박해는 대체로 황제와 무관한 국지적 사건들이었다. 단순화하면, 박해양상은 대체로 이랬다. 지역 이교도 주민의 민원을 접수한 속주총독(혹은 로마 시청장)은 기독교도를 법정에 소환했다. 신고사유는 늘 아주 상투적이었다. 기독교도가 비밀회합, 영아살해와 식인, 근친상간, 간통을 저질렀다느니, 아니면 그들이 제국과 황제를 지켜 주는 신들의 제사에 참여하지 않았다는 비난 등이었다. 2세기 말 북아프리카의 교부 테르툴리아누스가 쓴 『변명』과 『이교도들에 대한 반박』은 그 상투적 비난들에 대한 기독교 측의 변명과 논박을 집약한 팸플릿이었다. 그가 도달한 결론은 기독교도들이 그저 "기독교도라는 이름(nomen Christi)"만으로 박해를 당했다는 것이다.[49]

신고를 받은 속주총독의 선택은 둘 중 하나였다. 대개는 유대 지도자들의 압력에 밀려 예수를 처형한 총독 빌라도처럼 지역 여론을 의식했다.[50] 그렇지 않으면, 황제에게 보고하고 칙답(rescripta)을 받기도 했다. 113년, 비티니아-폰투스 속주의 총독이던 플리니우스가 그렇게 했다. 그는 주민이 기소한 기독교도들을 심리한 후, 기독교도임을 부인하면 빵과 포도주로 신들에게 제사 드리게 했다. 그리고는 다소 자랑스럽게 트라야누스 황제에게 자문을 구했다. 황제의 반응은 신중했다. "그 방법이 온당하기는 하지만, 굳이 신고 되지 않은 기독교도까지 색출하려고 하지는 말 것!"[51] 즉 황제는 한 도시의 기독교 문제를 속주는 물론 전 제국 차원으로 확대할 의사가 전혀 없었다. 250년 이전의 박해는 대체로 그런 양상이었다.

그러나 데키우스 황제 때부터 패턴이 달라졌다. 황제가 박해의 계기를 제공하고, 제국 전역에 칙령을 내렸다. 말하자면 상향식에서 하향식으로 바뀐 것이다. 변화의 계기는 위기의 심화와 그로 인해 팽배한 통치권의 불안감이었다. 데키우스가 선황제 필리푸스를 제거하고 제위에 오른 249년부터 갈리에누스 황제가 죽은 268년은 3세기 위기가 최고조에 달한 시기였다. 에드워드 기번은 그 시기를 '치욕과 불운의 시대'라 불렀다. 제국의 모든 속주가 매 순간 야만족의 침입과 군출신 제위 참칭자에게 시달렸으며, 때마침 인구 30%의 목숨을 앗아간 대역병이 창궐했다.[52]

데키우스 황제는 전통주의 해법을 강구했다. 로마국가의 미풍양속을 되살려야 제국의 위대함도 회복된다는 생각에서였다. 250년 정초, 카피톨리움 언덕에서의 제사에 즈음해, 제국 전역에 칙령을 내렸다. "신들에 헌주하고 제사 드린 후, 제사음식을 함께 나누라!" 제사증명서(libellus)까지 발급한 것을 보면, 그

49  테르툴리아누스, 『변명』과 『이교도들에 대한 반박』.
50  「마가복음」 15장, 1-15절; 「요한복음」 19장, 12-15절.
51  플리니우스, 『서간문』 10, 96-97; 기번, 『로마제국쇠망사』(민음사, 2008) 1권, 642-644쪽.
52  기번, 『로마제국쇠망사』 1권, 283쪽; 윌리엄 맥닐, 『전염병과 인류의 역사』(한울, 1992), 137쪽.

그림 4-1

**그림 4-1  제사증명서(libellus)**
아우렐리우스 시의 제사 감독관님들께 동 시에 사는 테로도루스와 판토니미스의 아들 모모가 신고합니다. 본인은 항상 신들에게 제사 드리고 헌주해 왔으며, 지금도 감독관님들 앞에서 지시에 따라 아들 아우렐리우스 디오스쿠루스와 딸 아우렐리아와 함께 헌주하고 제사 드린 후, 제사음식을 맛보았습니다. 따라서 본인의 진술을 확인해 주실 것을 청합니다.
-데키우스 피우스 황제 즉위 원년, 4월 20일(옥시린코스 파피루스 4,658번)-

것은 단순한 권장사항 정도가 아니었다[그림 4-1]. 명시적으로 기독교도를 표적 삼지 않았지만, 그들의 시련은 필연적이었다. 카르타고 교회에서는 기독교도임을 부인한 배교자가 속출했다. 이 사태는 훗날 기독교가 승리한 뒤 지역 내 교회에서 큰 분란의 씨앗이 될 터였다.

　데키우스는 이듬해 고트족과 싸우다 전사했다. 하지만 2년 뒤 제위에 오른 친구 발레리아누스(253-260년)에 의해 박해는 한층 격화되었다. 교회의 재정적·사회적 파괴를 노린 듯, 도처에서 교회당이 파괴되고 교회와 신도가 재산을 몰수당했다. 현대의 한 교회사 연구자는 제국정부의 재정난 타개가 박해의 주요 목적이었다고 주장하기까지 했다. 하지만 기독교는 때마침 발레리아누스 황제가 페르시아와의 전쟁에서 패하여 포로로 잡혀간 수치스러운 사태를 하나님에 의한 응징으로 받아들였다. 공동황제였던 그의 아들 갈리에누스는 즉각 박해를 철회했다. 주교들에게 교회를 반환하는 한편, 더 이상 기독교도를 괴롭히지 말라는 취지의 칙령을 반포했다(260년). 미흡한 대로 그것은 로마제국 역사상 최초의 신앙관용 칙령이었다.

3세기 중엽의 이 하향식 박해들은 제국정부와 기독교 간 역학관계의 구조적 변화를 드러낸 징후였다. 그 변화의 밑바닥 흐름은 말할 나위 없이 기독교 교세의 급성장이었다. 최근 미국의 사회학자 로드니 스타크는 『기독교의 성장』에서 초대교회의 교세성장에 관한 흥미로운 가설을 내놓았다. 사도시대 두 시기(40년과 50년)의 기독교인구 추정치(각각 1000명과 1400명=10년에 40%의 성장률)를 근거로 제국의 기독교 인구가 250년에는 117만 명, 300년에는 630만 명에 달했을 것이라 주장했다.[53] 제국의 총인구 대비 기독교도의 비율이 2%에서 10%로 상승한 셈이다.

평균적인 교세 성장률보다 더 주목할 대목은 몇몇 속주에서의 집중적인 교세확장이었다. 20세기 초, 초대 기독교의 선교와 교세확장을 연구한 독일의 아돌프 하르나크에 의하면, 3세기 후반 소아시아는 이미 인구의 절반이 기독교도였다. 따라서 "소아시아 전역에서는 콘스탄티누스가 등장하기 전에 이미 기독교의 승리가 기정사실이었다"고 단언했다. 300년 무렵, 거기서는 기독교가 농촌지역까지 스며들고 있었다.

전반적으로, 제국의 서부보다는 동부의 교세가 더 강했다. 하르나크에 의하면, 소아시아 다음으로 교세성장이 눈부셨던 곳은 시리아, 이집트, 북아프리카였다. 서부에서는 로마 시가 강했고, 가장 약한 지역은 라인 강 안쪽의 갈리아였다[그림 4-2]. 콘스탄티누스의 부친 콘스탄티우스가 거점으로 삼은 가장 선진적인 도시 트리어의 신도 수는 500~1000명 남짓했다.[54]

공식숭배의 사정은 그와 대조적이었다. 전통 신들에게 제사 드리라는 데키

53 스타크, 『기독교의 발흥』(좋은 씨앗, 2016), 19-33쪽.
54 하르나크, 『서기 1-3세기 기독교의 확장』(1908) 제2권, 452-468쪽.

그림 4-2

그림 4-2  3세기 중엽의 기독교도 분포
어둡게 칠해진 부분이 기독교 공동체들이 확인된 지역들이며, 짙을수록 교세가 강했음을 뜻한다.


우스 황제의 칙령은 기독교도를 제물로 삼으려던 함정이 아니었다. 그것은 현
실을 직시한 절박한 조처였다. 오죽했으면, 제사증명서로 시험받은 기독교도
가, '정작 신들을 버린 것은 이교도들 자신!'이라 항변했겠는가? 이 아이러니는
최소 100년쯤은 지속된 듯했다. 북아프리카 출신의 두 기독교 변증가(2세기 말
의 테르툴리아누스와 3세기 말의 아르노비우스)가 거의 동일한 반박논리를 구사했으
니 말이다. "오히려 당신들이 신들을 모시지 않아, 신전들이 텅 비었다. 옛 예배
의식이 조롱거리가 되었고, 성스럽다던 공식숭배는 새 종교들에 밀려 쇠락해
버렸다."[55]


55  테르툴리아누스, 『이교도들에 대한 반박』 1, 10; 아르노비우스, 『이교도들에 대한 반박』 1, 24.

이교도 식자층은 앞 장에서 보았듯이, 공식숭배의 신들 대신 신플라톤주의 같은 철학에 심취했다. 하층민은 과거 '미신'으로 취급되던 민간의 외래종교로 마음을 돌렸다. 기독교도 그중 하나였지만, 그 외 각종 비의(秘儀)들이 있었다. 키벨레, 미트라, 이시스의 숭배가 대표적이었다. 이들의 공통점은 동방 각지에서 유래한 토착숭배가 그리스화한 사실이었다. 기독교처럼 특정 신과 신도 사이에 '개종(conversion)'에 가까운 배타적 관계를 수반하는 경향이 있었다. 가입식을 통해 신도는 자신의 도덕적 종교적 과거를 뒤로하고, 해당 신에만 헌신해야 하는 영적 갱생을 겪었던 것이다. 이 견해는 저명한 고대종교 연구자 아서 노크가 일찍이 1930년대에 제시한 것으로, 여전히 큰 영향력을 갖고 있다.[56]

2세기 말, 북아프리카 출신 작가 아풀레이우스가 쓴 『변신』(혹은 『황금당나귀』)이라는 소설은 그런 경향을 잘 예시한다. 주인공 루키우스가 당나귀로 몸뚱이가 뒤바뀌는 불운을 겪은 뒤, 오직 이시스 여신의 예지에 의존해 여러 차례 변신 끝에, 결국 구원을 받는 줄거리였다. 그 과정에서 루키우스는 여신의 환영을 보고, 여신의 권능을 철석같이 믿으며, 쾌락의 노예였던 자신의 지난 삶을 뉘우치기에 이른다. 그것은 분명 전에 없던 성찰적 숭배로, 개종에 가까운 체험이었다.[57] 일신론의 경향은 민간신앙에서도 강한 조류였던 것이다.

그러나 이러한 비의들은 교세의 확장이란 점에서 기독교의 경쟁상대가 아니었다. 그들은 마치 오늘날의 무당집들처럼 사제가 사당에 출입하는 신도를 비밀스럽게 관리할 뿐, 지역은 물론 제국 차원의 네트워크를 갖지 않았다. 그러나 기독교 교회의 양상은 판이했다. 앞서 소개한 사회학자 스타크의 참된 기여는 교세에 대한 추정통계가 아니라, 선교에 유리했던 기독교의 사회학적 장점을 설명한 데 있었다. 기독교는 도시의 유대교 회당에서 출발해, 제국적 조직

---

56  노크, 『개종』(1933).
57  아풀레이우스, 『황금당나귀』(문음사, 1990).

그림 4-3

그림 4-3  11세기 비잔티움의 성자축일 달력 삽화
공개 처형되는 페르페투아(오른쪽 아래)와 친구들. 페르페투아는 아이를 낳은 직후였다.

망을 가진 교회로 성장했다. 뿐만 아니라 지역 차원에서 교회는 구빈, 피정, 장례 부조 등을 통해 도시 하층민에게 매력적인 대안 공동체로 다가갔다.

하지만 가장 놀라운 힘은 역시 순교의 역설이었다. 믿음 때문에 흔연히 생명을 바치는 일은 공식숭배나 민간 비의 같은 이교에서는 듣지도 보지도 못했던 놀라운 현상이었다. 계층을 불문하고 적잖은 사람이 그 경외감을 주는 신앙의 증거에 이끌렸다. 테르툴리아누스는 『순교자』라는 팸플릿에서 순교의 영광을 찬미했으며, 실제로 페르페투아 같은 자발적 순교자가 속출했다[그림 4-3].[58]

기독교의 급속한 교세성장의 배경은 그와 같았다. 특히 260년 갈리에누스의 신앙관용 칙령은 기독교도가 비밀집회를 그만두고 당당하게 지상의 교회

58  테르툴리아누스, 『순교자들에 대해』; 무스릴로, 『기독교 순교자전』(1972), 106-131쪽.

로 나오게 되는 계기였다. 특히 교세가 가장 강한 소아시아에서 그랬다. 니코메디아에 소재한 디오클레티아누스의 황궁 건너편에 버젓이 교회가 들어설 정도였다.[59] 뿐만 아니라, 기독교도는 황궁과 군대의 고위직에까지 진출했다.[60] 이단과 이교도들을 대하는 기독교 변증가들의 어조도 한층 공격적으로 바뀌었다. 테르툴리아누스와 아르노비우스가 쓴 『이교도들에 대한 반박』이라는 같은 제목의 논박서들을 비교해 보아도 그 변화가 확연하다. 2세기 말의 테르툴리아누스가 '변명'조였다면, 3세기 말 아르노비우스의 논조는 '반박과 조롱'이었다. 그는 특히 제국의 온갖 재앙이 기독교 때문이라는 이교 측 주장을 논박하고, 이교 신들은 인간의 우스꽝스런 피조물임을 설명했다.[61] 『박해자들』을 쓴 락탄티우스는 바로 아르노비우스의 제자였으며, 백여 년 뒤 성 아우구스티누스가 쓴 『신국론』은 여러모로 아르노비우스의 『이교도들에 대한 반박』을 확대한 책이었다.

이제 303년부터 시작된 대박해를 이야기할 차례이다. 앞서 말했듯이, 주요 사료의 저자는 락탄티우스와 유세비우스이다. 전자가 훨씬 더 상세하지만, 과도한 편향성 때문에 주의가 필요하다. 그는 박해 주도자가 디오클레티아누스가 아니라, 동부의 후계자 갈레리우스였던 듯 기술한다. 이 관점에 설득력을 주기 위해 디오클레티아누스의 퇴위경위를 아주 독특하게 설명한다. 그의 퇴위는 자발적인 것이 아니라, 갈레리우스가 강요한 결과였다는 것이다(아래 인용문 참조).

이는 이교도 역사가는 물론, 후대의 교회사가들조차 전혀 귀 기울이지 않은

---

59 락탄티우스, 『박해자들』 12.
60 유세비우스, 『교회사』 8, 1(395-396쪽).
61 아르노비우스, 『이교도들에 대한 반박』의 전체 7권 가운데 1권은 제국의 재앙이 기독교가 아니라 이교 때문에 일어난 것임을 논증하고, 3-5권은 주로 이교 신들의 허구성을 설명하는 데 집중하고 있다.

실로 터무니없는 억측이었다.[62] 이 억지스러운 설명은 박해자들의 비참한 최후로 기독교 승리를 증거하고 싶던 락탄티우스의 과도한 열정에서 비롯된 것이었다. 은퇴하고 68세까지, 그것도 박해가 끝난 이듬해(312년)까지 평온하게 살았던 디오클레티아누스는 도저히 박해의 주역에 어울리지 않을 것 같았다. 반면, 갈레리우스는 몇 차례 수술도 소용없이 사타구니의 출혈, 통증, 악취에 시달리다 생을 마쳤고, 그것은 세상이 다 아는 사실이었다.[63] 락탄티우스는 특히 갈레리우스의 처참한 최후에 큰 희열을 느낀 듯, 한 장을 다 할애해 병마를 길고 세세히 묘사했다. 그 끝에 이런 말을 덧붙였다. "한 해 내내 이런 일이 일어났다. 마침내 재앙에 짓눌려 그는 하느님을 인정했다. 기승을 부리는 통증 사이사이 큰 소리로 외쳤다. 파괴한 교회를 다시 세우고, 지은 죄를 보상하겠노라고." 락탄티우스가 보기에 말로가 비참했던 갈레리우스야말로 하느님의 징벌을 받아 마땅했던 박해의 주역이었고, 평화롭게 생을 마친 디오클레티아누스는 그저 조연에 불과했다.

수일 후, 후계자 갈레리우스가 (니코메디아의 황궁에) 도착했다. 양아버지의 건강 회복을 축하하기 위해서가 아니라, 퇴위를 강요하기 위해서였다. 그는 이미 동료황제 막시미아누스에게 내전이 일어날 수도 있다고 윽박질러 퇴위의 동의를 받아 둔 터였다. 이제 디오클레티아누스에 공세를 취했다. 처음에 그는 부드럽고 친근한 어조로 얼렀다. 늙고 병들어 국사를 감당하기 어려우니, 이제 좀 쉬어야 한다고 말이다. 갈레리우스는 그 제안을 뒷받침하기 위해, 트라야누스에게 제위를 넘긴 네르바 황제의 예를 들었다. 하지만, 디오클레티아누스는 이렇게 응수했다. "타인보다 뛰어난 지위를 가진 사람이 알아보지도 못할 낮은 신분

---

62   소크라테스, 『교회사』 1, 2.
63   락탄티우스, 『박해자들』 33; 유세비우스, 『교회사』 8, 16-17(421쪽).

으로 강등되는 것은 부당하네. 그리고 안전하지도 않네. 그토록 오래 제위에 있는 동안 부득이 많은 적을 만들었을 테니 말이네. … 그대가 정녕 황제 자리를 원한다면, 콘스탄티우스와 함께 그대를 황제로 승격하지 못할 까닭이 없네. …" 이미 제국 전체에 대한 야심을 품고 있던 갈레리우스는 그 제안이 별 실익이 없다고 판단해 이렇게 답했다. "전하 자신이 만든 체제(4인공치제)는 신성한 것입니다. 두 사람이 최고권을 갖고, 지위가 낮은 두 사람이 그들을 보위해야 합니다. …" 그 답을 들은 기백 없는 노인네 디오클레티아누스는 울음을 터트리며 말했다. "맘대로 하게."**64**

박해의 발단에 대해서도 락탄티우스는 "소심해서 '앞일을 점치기 좋아하던 (scrutator rerum futuarum)'" 디오클레티아누스의 미신 때문에 비롯된 것으로 묘사했다. 니코메디아 황궁에서 황제가 주재한 제사 때, 복점관이 거듭 희생물의 간에서 징조를 읽지 못하는 사태가 벌어졌다. 점술가의 설명은 제사를 방해하는 불경한 자들이 참석했기 때문이라는 것이었다. 그러자 격분한 황제는 모든 궁정관리와 군장교에게 제사 지낼 것을 지시했다. 하지만, 그 충동적인 반응 외엔 더 이상 아무 일도 없었다. 적어도 갈레리우스가 니코메디아에 당도해 사태를 주도하기 전까지는 그랬다는 것이다.

하지만 이렇게 박해의 발단을 한낱 충동적 해프닝으로 평가절하한 설명을 그대로 믿기는 어렵다. 몇 가지 정황적 반증이 있다. 첫째, 디오클레티아누스는 불과 한두 해 전 이미 마니교도에 대한 박해 조치를 취한 적이 있었다. 그때의 포고문에 이런 내용이 나온다. "새로운 숭배가 전통제례를 흠잡아서는 안 된다. 조상이 우리 모두를 위해 정해 놓은 것을 문제 삼는 것은 심각한 죄악이기

---

64  락탄티우스, 『박해자들』 18.

때문이다. … 그래서 우리는 저 지극히 하찮은 자들의 완고하고 뒤틀린 생각을 처벌하고자 한다."[65] 디오클레티아누스는 이미 기독교 박해가 시작되기 전, 전통제례를 교란하는 새 종교에 대한 징벌의사를 분명히 한 것이다. 그리고 303년 황궁의 그 제사 사건 때, 유세비우스의 『전기』는 사태전개를 달리 설명한다. 그에 의하면, 황제는 아폴로 신탁에 물어 제사난조의 원인을 알았다. 참석자 중에 기독교도(유세비우스의 표현으로는 '의로운 자')가 섞여 있기 때문이었다. 그러자 즉각 황제는 "저 피비린내 나는 칙령들을 반포했다."[66]

303년 벽두에 첫 칙령이 포고되기 전부터, 니코메디아 교회는 무지막지한 폭력에 시달렸다. 몰수당한 성상과 성서가 불타고, 교회집기들이 약탈당했다. 차마 교회를 불태우지 못한 것은 주변에 밀집한 큰 건물들 때문이었다. 2월에 나온 첫 칙령의 골자는 이랬다. 고위직 기독교도의 직위를 박탈하고, 기독교도에게는 지위고하를 막론하고 고문을 가하며, 형사소송에서 원고자격 등 공민권을 박탈한다는 취지였다.[67] 이어서 교회지도자들의 투옥을 지시한 두 번째 칙령이 나온 것은 황궁에 일어난 몇 차례 방화사건 때문이었다(여기서도 락탄티우스의 설명은 유세비우스와 다르다. 방화는 갈레리우스가 기독교도에게 뒤집어씌우려고 저지른 짓이었다). 감옥이 주교, 장로, 부제로 가득해 죄수를 수감할 공간이 부족할 정도였다.[68]

그 부작용을 해소하기 위한 고육지책으로 나온 것이 세 번째 칙령이었다. 303년 여름, 디오클레티아누스가 즉위 20주년 기념식을 위해 로마를 방문할 때였다. 제사 드린 성직자는 석방하되, 거부한 성직자에겐 고문 등으로 강압하라는 취지였다. 분명 이때는 대상이 성직자들에 제한되어 있었다.

---

65 『모세율법과 로마법의 비교』 15. 3. 2-3.
66 유세비우스, 『전기』 2, 50.
67 락탄티우스, 『박해자들』 12-13; 유세비우스, 『교회사』 8, 2(398쪽).
68 락탄티우스, 『박해자들』 14-15; 유세비우스, 『교회사』 8, 6(402-403쪽).

그러나 디오클레티아누스가 퇴위한 뒤, 박해범위는 더 확대되었다. 이번에야말로 분명 그 주역은 동부의 새 황제 갈레리우스였다. 그는 제국주민 전체에 제사를 요구하는 칙령을 내렸다(305년). 이로써 기독교 박해는 평신도에게까지 미치는 가장 야만적인 국면을 맞았다. 락탄티우스가 그를 특히 가증스레 여긴 데는 그럴 만한 이유가 있었다. 교세가 급성장한 북아프리카와 이집트는 물론, 기독교도가 많지 않던 팔레스타인에까지 박해의 파도가 밀려왔다. 유세비우스는 자신의 고장에서 일어난 박해를 증언하기 위해『팔레스타인의 순교자들』이란 책을 썼다. 제국 전역으로 박해가 확대된 지 2년째(306년)의 상황을 그 책은 이렇게 묘사했다.

2년째 해에 우리에 대한 박해가 아주 거세졌다. 우르바누스가 총독이던 때, 황제가 칙령들을 하달했다. 도시마다 모든 주민이 제사 드리고, 우상에 헌주하게 하라는 취지의 일반포고령이었다. … 그때 테클라는 아주 고결하게 신앙의 지조를 보여 주면서 맹수 밥이 되었다. … 이 소식이 사방팔방으로 퍼지자 흑해, 페니키아, 이집트, 가자 출신의 여섯 청년이 스스로 손을 묶고 서둘러 총독에게 달려갔다. 막 경기장에서 공개처형을 집행하려던 그에게 열렬히 순교를 자청했다. 그들은 기독교임을 고백하고 … 하느님의 믿음에서 영광을 구하는 자는 맹수의 공격 앞에 굴하지 않는다고 말했다. 그 무렵 황제들이 바뀔 때여서 … 나랏일이 어지러워지기 시작했다. 로마 정부가 분열한 직후, 그들 사이에 잔인한 전쟁이 벌어졌다.[69]

이 박해는 파괴력뿐 아니라, 지속기간에서도 사상최대였다. 311년 갈레리우

69  유세비우스, 『팔레스타인의 순교자들』 3.

스 황제가 병마와 다른 요인들 때문에 마음을 바꿔, 종교관용 칙령을 포고하고서야 끝났다. 디오클레티아누스가 시작한 1단계(303-304년)에 이어 갈레리우스가 주도한 2단계(305-311년), 총 8년여에 걸친 것이었다. 박해에서 관용에 이르는 도정은 그렇게 험난했다.

제 2 부

서부제국의
황제 콘스탄티누스

# 5장 황제의 아들

앞에서 보았듯이, 305년은 4인공치제의 첫 번째 교체기였다. 디오클레티아누스와 막시미아누스 두 황제가 동반 퇴위함에 따라, 새로운 4인공치제가 출범했다. 부황제였던 갈레리우스와 콘스탄티우스가 각각 동부와 서부의 황제로 승진하고, 그 빈 자리를 막시미누스와 세베루스가 채웠다. 이 책의 주인공 콘스탄티누스가 역사 무대에 등장한 것은 바로 그 시점이었다. 콘스탄티우스의 친자였던 그도 부황제로 물망에 올랐었다고 하며, 무엇보다 그는 일 년 뒤(306년 7월) 병사한 부친의 자리를 물려받았다. 브리타니아의 에보라쿰(현재의 요크)에서 콘스탄티우스의 군대가 그를 황제로 추대했다.

콘스탄티누스의 이 벼락출세는 그 자체가 꽤 극적이지만, 그전까지의 행적이 알려져 있지 않기에 더욱 그렇다. 놀랍게도 출생, 성장 및 경력 등 그의 생애 초기를 기술한 사료가 전혀 없다. 일찍이 그를 성스러운 후견 황제로 떠받든 동시대 기독교 측의 사료도 예외가 아니다. 무릇 성자전이 그렇듯 정형화된 전기 자료를 꾸며기는커녕, 마치 약속이라도 한 듯 일제히 침묵하고 있다. 그런데 찬찬히 살펴보면 그 침묵의 궁극적 원천은 콘스탄티누스 자신이었음이 드러난다. 그는 자신의 출생과 초기 경력이 공식적으로 거론되는 것을 몹시 꺼린 듯하다. 307-321년 사이 그에게 헌정된 5건의 「황제찬양연설」, 그리고 그의 손자 율리아누스 황제가 쓴 글들에 간간히 언급된 가문의 추억, 그 어디서도 그의 부모와 어린 시절 이야기를 찾을 수 없다.

콘스탄티누스가 감추고 싶었던 것 중 하나는 출생의 비밀, 특히 출신성분이

미천했던 어머니 헬레나에 관한 것이었다. 이 점은 교회사가 유세비우스가 쓴
『전기』에 잘 드러난다. 콘스탄티누스의 출생과 성장기를 다루면서, 부친 콘스
탄티우스의 경건한 인품과 부황제로서의 통치방식에 대한 설명은 장황한 반
면, 어머니에 대해선 단 한마디도 없다. 헬레나의 이야기는 『전기』가 끝나갈 무
렵에야 갑작스럽게, 그것도 짧게만 언급된다. 그녀가 예루살렘을 순례하고 제
국 동부 곳곳에 교회를 세운 일, 그리고 콘스탄티누스가 80세를 일기로 타계
한 그녀를 극진하게 예우한 일 등이다.[1] 훗날 콘스탄티누스가 어머니에게 '최
고 귀부인'이라는 경칭에 이어 '황후(Augusta)'라는 칭호를 수여한 것도 어쩌면
헬레나의 천한 신분에 대한 세상의 소문을 불식시키려는 시도였을지 모른다.[2]

　　하지만 세간의 소문은 쉽게 사그라지지 않았다. 심지어 헬레나가 콘스탄티
누스의 부친을 만나기 전에 창녀였다는 소문이 널리 퍼져 있었다. 이교도들
만 그렇게 알고 있었던 것이 아니었다.[3] 콘스탄티누스 사후 오래지 않아, 기독
교 쪽에서도 그것은 공인된 사실처럼 이야기되곤 했다. 4세기 말, 교부 암브
로시우스는 타계한 테오도시우스 황제의 추도사에서, 헬레나가 '마구간 처녀
(stabularia)'였다고 회상했다. 당시 마구간은 여인숙에 필수적인 부대시설이었으
니, 그 말은 곧 그녀가 여인숙의 하녀 혹은 매춘부였다고 이해되기 마련이었
다. 그 점이 우려되었던 것인지, 암브로시우스는 즉각 예수가 마구간에서 탄생
한 사실을 떠올리며 이렇게 덧붙였다. "헬레나가 주님의 구유를 찾고 있던 훌
륭한 마구간 처녀였기 때문에, 훗날 아들이 황제가 되었다."[4] 그러나 그 해명은
분명 세간의 인식과 거리가 있었다. 5세기의 한 교회사가는 그냥 헬레나가 창

---

1　부친 콘스탄티우스에 대한 이야기는 유세비우스 『전기』 1, 9-18쪽 참조. 한편 어머니에 대해서는 유세비우
　스, 『전기』 3, 42-47쪽 참조.
2　아래 14장 참조.
3　유트로피우스, 『로마 약사』 10, 2; 조시무스, 『새 역사』 2, 8, 2.
4　성 암브로시우스, 「테오도시우스 황제 추도사」 42.

녀와 다름없는 평민이었다고 썼다.[5]

콘스탄티누스에겐 또 한 가지 출생의 비밀이 있었다. 출생연도가 석연치 않았다. 『콘스탄티누스의 전기』는 두 가지 엇갈린 정보를 제공한다. 한 곳에는 콘스탄티누스가 알렉산드로스 대왕이 사망한 나이(32세)에 황제로 추대되었으며, "재위기간의 두 배 정도 수를 누렸다"고 되어 있다.[6] 황제 추대가 306년이고 사망한 해가 337년이니, 출생연도는 대략 273~274년쯤으로 추정된다. 하지만 다른 가능성을 암시하는 구절이 있다. 기독교 대박해가 시작되던 해(303년), 콘스탄티누스는 '아직 소싯적'이었다는 해명이 그것이다.[7] 그리스어에서 '소싯적(pais)'이란 말이 대략 20세 미만을 뜻한다면, 그의 출생연도는 280년대 중반이 된다. 유세비우스는 같은 책에서 약 10년 차이가 나는 두 가지 출생연도를 언급한 셈이다. 그에 따라 현대학자들의 의견도 크게 두 가지로 나뉜다.

그런데, 유세비우스의 두 번째 정보는 좀 미심쩍은 구석이 있다. 만일 첫 번째 정보가 옳다면, 대박해가 시작될 무렵 콘스탄티누스의 나이는 30세 전후였다. 그렇다면, 기독교도들이 이렇게 물었을지 모른다. 이미 성년이었던 콘스탄티누스는 그 대박해 시절에 무슨 일을 했는가? 콘스탄티누스를 기독교 황제로 한껏 찬양하려던 유세비우스에게 아마 이 점은 껄끄러운 문제였을지 모른다. 그는 심지어 콘스탄티누스의 부친 콘스탄티우스가 친기독교적 부황제였으며, 그래서 디오클레티아누스의 대박해 정책에 비협조적이었음을 누누이 강조해온 터였으니 말이다.[8] 따라서 콘스탄티누스가 박해에 맞서 무언가 한 일을 거론할 수 없다면, 적어도 그러기에는 아직 나이가 어렸었다고 변명이라도 해야 했다. '소싯적'이라는 두 번째 정보는 분명 변명을 위한 임기응변의 사실 왜곡

5    필로스토르기우스, 『교회사』 2, 16.
6    유세비우스, 『전기』 1, 8.
7    유세비우스, 『전기』 2, 51.
8    유세비우스, 『전기』 1, 13-14.

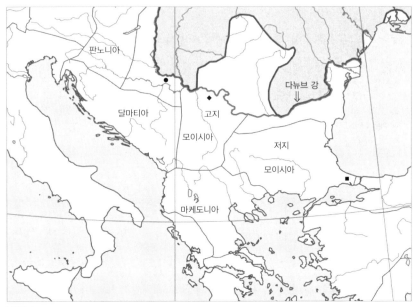

그림 5-1

그림 5-1
● 시르미움(판노니아 속주 수도)
◆ 나이수스(모이시아 속주의 소도시, 콘스탄티누스 황제의 고향)
■ 비잔티온(흑해 입구의 소도시, 콘스탄티우스 황제의 숙영지)


이었다.

5세기의 교회사가 소크라테스는 『교회사』에서, 사망할 무렵(337년) 콘스탄티누스 황제의 나이가 65세였다고 기록했는데, 그 증언이 꽤 믿을 만하다고 생각된다.[9] 그는 바로 콘스탄티누스 황제가 세운 새 수도 콘스탄티노폴리스 출신이었기 때문이다. 따라서 콘스탄티누스의 출생연도를 273년쯤이라 해 두자. 여기에 그의 출생지가 발칸 북부인 점, 그리고 부친의 최초 군경력이 황제의 경호장

---

9    소크라테스 『교회사』 1, 39. 이보다 약간 뒤에 소조멘이 저술한 『교회사』(1, 34)도 소크라테스의 증언을 따랐다.

교(protector Augusti)였다는 정보를 보태면, 콘스탄티누스의 출생의 비밀에 좀 더 다가설 수 있다.[10] 우선 콘스탄티우스가 270년대 초 황제의 경호장교로 발칸 북부에 머물렀던 정황은 언제쯤일까? 아우렐리아누스 황제의 팔미라 정복전쟁기가 안성맞춤이다. 그 황제는 272년 동방으로 출정해 팔미라를 타도한 후, 274년 말 다시 로마에 귀환했다. 당연히 오가면서 발칸 북부를 경유했으며, 특히 한해 겨울(272-273년)은 비잔티온에서 숙영했다고 전한다.[11] 어쩌면 콘스탄티우스는 그 무렵, 숙영지 근처의 여인숙에서 헬레나를 만났을 것이다[그림 5-1].

그 후 콘스탄티우스가 황제를 따라 로마로 돌아간 반면, 헬레나는 콘스탄티우스의 고향땅 일리리쿰에 남겨졌다. 그녀는 나이수스(Naissus)라는 작은 도시에서 콘스탄티누스를 낳았다.[12] 한편 콘스탄티우스는 참모장교로 복무하다가, 단명한 카루스 황제 때(282-283년) 달마티아 속주총독으로 승진했다. 처자식과 상봉했음 직한 기회였지만, 지속적인 가족생활은 어려웠다. 그는 새 황제 디오클레티아누스가 신임하는 막시미아누스 장군 밑에서(285-292년), 라인 강 전선의 게르만족과 혹은 브리타니아와 갈리아의 반군과 싸웠다. 그리고 마침내 293년, 서부 부황제로 발탁되었다. 그동안의 활약에 대한 보상이자, 무엇보다 막시미아누스의 강력한 추천 덕분이었다.

콘스탄티우스의 부황제 승진, 그리고 황제 막시미아누스의 딸 테오도라와의 결혼, 이 두 가지는 말하자면 하나의 패키지였다. 고귀한 콘스탄티우스와 미천한 헬레나 사이의 인연은 더이상 지속될 수 없었다. 그때부터 헬레나는 오랫동안 세인의 시야에서 사라졌고 아들과도 헤어졌다. 20세 전후의 콘스탄티누스는 부친의 충성을 담보하는 일종의 인질(obses)로, 니코메디아 소재 디오클

---

10  발레시아누스, 『콘스탄티누스의 기원』 1, 1.
11  조시무스, 『새 역사』 1, 50-60.
12  발레시아누스, 『콘스탄티누스의 기원』 2, 2.

레티아누스의 황궁에서 지내기 시작했다.[13] 유세비우스는 그때 콘스탄티누스의 처지를, 모세가 이집트의 파라오 궁에서 자란 것에 비유했다. "콘스탄티누스는 솜털이 보송보송하던 젊은 시절, 신의 종 모세가 그랬듯이, 폭군들의 집에 살았다."[14]

청년기의 황궁생활은 무엇보다 군사훈련의 기회였다. 동부의 황제 혹은 부황제가 원정할 때마다, 참모장교로 참전해 풍부한 야전경험을 쌓았기 때문이다. 디오클레티아누스를 따라 알렉산드리아 폭동진압에 출동했고, 갈레리우스의 페르시아 원정에 참전했으며, 다뉴브 하류 변경의 형세도 익힐 기회가 있었다. 알렉산드리아 폭동 때(296-301년)로 짐작되는데, 유세비우스는 팔레스타인을 지나가던 황제의 진압군에서 처음 본 콘스탄티누스를 이렇게 기억했다. "그분은 선임황제(디오클레티아누스)의 오른편에 서 계셨는데, 이미 존엄한 군왕의 자태로 모든 이의 찬탄을 자아냈다." 일개 신참 참모장교에 어울리지 않는 지나친 찬사지만, 콘스탄티누스의 존재감은 분명 남달랐던 듯하다. 『콘스탄티누스의 기원』은 극도로 압축된 전기였지만, 그래도 이 사실만은 빼놓지 않았다. "그는 두 황제의 아시아 전쟁에서 용맹을 떨쳤다."[15]

한편 콘스탄티누스의 청년기 문자교육에 대해서는 상반된 증언이 있다. 방금 언급한 『콘스탄티누스의 기원』은 그가 나이수스에서 어머니와 사는 동안 글공부를 별로 하지 못했다고 기록했다. 반면 유세비우스가 쓴 『전기』의 정보는 판이하다. 청년 콘스탄티누스에 대해 이렇게 묘사하고 있는 것이다. "우아하고 아름다운 용모나 큰 신장이 남달랐다. … 하지만 더 눈에 띈 것은, 그의 강한 체력보다 뛰어난 정신력이었다. 건전한 분별력을 타고났으며, 자유교양

---

13  조나라스, 『역사』 12, 33.
14  유세비우스, 『전기』 1, 12.
15  발레시아누스, 『콘스탄티누스의 기원』 2, 2.

의 이점을 익혔다." '자유교양'이란 글공부, 즉 최소한 문법, 수사학, 철학(논리학)의 교육과정을 거쳤음을 뜻한다. 그렇다면 두 가지 상반된 주장 가운데 어느 쪽이 더 진실에 가까울까?

이 점에 대해 입장을 정리해 둘 필요가 있다. 그것은 앞으로 논의되겠지만, 유세비우스의 『전기』에 인용된 콘스탄티누스의 편지나 연설을 어떻게 취급하느냐는 문제와 직결되기 때문이다. 그 편지나 연설문들은 콘스탄티누스가 직접 쓴 것인가? 다시 말해 그것들이 그의 생각과 논리를 반영한다고 믿어도 좋은가? 아니면 그것들은 그의 문서전담 비서가 대필한 것이거나, 유세비우스가 상당 부분 창작한 것인가? 따라서 그것들을 곧 콘스탄티누스의 생각과 정서를 파악하는 증거로 삼는 데 유의해야 하는가? 저자의 입장은 후자 쪽이다. 고대 세계에서는 엄밀한 기록을 중시한 역사가조차, 상황에 맞게 편지 혹은 연설문을 지어내는 것이 일반적이었다. 하물며 성자전처럼 쓰인 『전기』의 경우야 오죽했으랴!

게다가 앞에서 보았듯이, 콘스탄티누스는 청소년기에 그런 글을 직접 쓸 수 있을 만큼 글공부할 기회가 거의 없었다. 20세 이전, 헬레나와 함께 소도시 나이수스에 살 때는 적절하게 교육받을 여건이 아니었던 반면, 20세 이후 대도시 니코메디아에 있던 디오클레티아누스의 황궁에 들어간 뒤로는 군복무로 대부분의 시간을 보냈다. 이 점에서, 훗날 '기독교의 배반자'로 유명해진 그의 손자 율리아누스는 좋은 비교사례를 제공한다. 그는 황제 콘스탄티우스 2세(콘스탄티누스 황제의 아들)가 지시한 특별감호 속에서, 청소년기를 거의 글공부로 소일한 특이한 케이스였다. 그런 율리아누스가 황제가 되기 전후에 쓴 편지와 연설들을 『전기』에 인용된 콘스탄티누스의 그것들과 견주어 보라. 후자는 도저히 글공부가 짧은 콘스탄티누스가 썼다고는 믿기 어려울 정도로 세련된 것들이다. 앞서 말했듯이, 그것들은 거의 다른 사람들의 필치라고 보아야 온당하다.

콘스탄티누스는 대부분의 발칸 북부 출신의 황제들처럼 문자 교육보다는 군사훈련을 위주로 성장한 인물이었다. 오죽했으면 그 가문의 마지막 황제였던 율리아누스조차 선조 황제들을 가리켜 "아주 촌스럽고, 거칠고, 투박하며, 역겨운 사람들"이라 했겠는가?[16]

콘스탄티누스의 성장기와 관련하여 또 한 가지 검토할 점이 있다. 그의 가족, 즉 부모는 신앙의 문제에서 그에게 어떤 영향을 주었을까? 현대연구자들 중에는 콘스탄티누스의 기독교 신앙은 모태신앙으로, 그에게 굳이 '개종'의 계기가 필요하지 않았다고 주장하는 사람들도 있다. 특히 어머니 헬레나의 영향이 강조되곤 한다. 그것은 일찍이 4세기 말부터 나타나 중세를 풍미했던, 소위 '성녀 헬레나 전설'의 여파라고 생각된다. 하지만 그런 주장들은 모두 수긍하기 어려우며, 당장 유세비우스의 증언 앞에 무색해진다. 앞에서 이미 지적했듯이, 유세비우스는 어머니 헬레나가 성장기의 아들에 감화를 주기는커녕, 아예 존재하지 않는 것처럼 취급했다. 오히려 훗날 죽기 전에 그녀가 독실한 기독교 신자로 된 것은 아들 덕분이었다. 유세비우스는 그 점에 대해 이렇게 말한다. "황제 어머니는 그렇게 생의 마지막 날들을 보냈다. 영원히 기릴 만한 분이셨다. … 저토록 비범하고 찬탄할 만한 자식을 낳으셨으니 말이다. … 전에는 그렇지 않았지만, 황제의 감화를 받은 뒤로, 그분은 하느님의 독실한 경배자가 되셨다."[17]

유세비우스는 오히려 콘스탄티누스의 신앙에 끼친 부친의 영향을 강조한다. 콘스탄티우스가 친 기독교적 통치자였으며, 심지어 가정환경도 기독교적이었다는 것이다. "그분은 지존의 하느님만을 인정하고, 불경한 다신교를 단죄하면서, 가정을 성인들의 기도로 단단히 했다. … 평안했던 그분의 치세 내내

16  율리아누스, 「붉은 수염을 싫어하는 사람들」 348D.
17  유세비우스, 「전기」 3, 47.

온 가족, 자녀와 아내, 종들을 하느님 한 분에게 바쳤다."[18] 하지만 이 주장은 두 가지 점을 왜곡하고 있다. 우선 가정환경의 영향을 암시한 것은 매우 부적절했다. 앞에서 보았듯이, 콘스탄티누스의 성장기에 가족은 오직 어머니뿐이었다.

둘째, 콘스탄티우스가 기독교도였다거나 친기독교적이었다는 주장도 터무니없다. 오히려 그가 발행한 주화를 분석해 보면, 그는 4인공치제의 다른 통치자들과 거의 다르지 않았다. 아래의 표에서 드러나듯, 주화에 새겨진 것은 여전히 유피테르, 헤르쿨레스, 마르스 같은 전통 신들이었다. 특히 서부의 황제 막시미아누스처럼 헤르쿨리우스 가문에 속한 자로서, 헤르쿨레스 신을 매우 존중했음이 분명하다.[19] 콘스탄티우스는 결코 다신교를 단죄한 기독교도가 아니었다. 콘스탄티누스의 신앙문제에서 가족의 영향은 배제해야 마땅하다.

1차 4인공치제 기간(284-306년) 중에 4인의 관할지에서 발행된 주화들에 나타난 이교신들의 분포

| 신 / 황제 | 유피테르 | 헤르쿨레스 | 마르스 | 불패의 태양신 |
|---|---|---|---|---|
| 디오클레티아누스 | 184건 (76%) | 37건 (15%) | 11건 (4.5%) | 11건 (4.5%) |
| 막시미아누스 | 74건 (31%) | 149건 (62%) | 11건 (5%) | 5건 (2%) |
| 갈레리우스 | 39건 (53%) | 11건 (15%) | 9건 (12%) | 15건 (20%) |
| 콘스탄티우스 | 12건 (21%) | 34건 (60%) | 6건 (10%) | 5건 (9%) |

도표 5-1

---

18 유세비우스, 『전기』 1, 17.
19 위 표는 제1차 4인공치제(284-306년) 동안에 각 관할 구역에서 발행된 주화들의 통계이다. 이에 대해서는 스미스의 논문 "콘스탄티우스 1세의 종교" 참조.

콘스탄티우스 부황제의 실질적인 가족은 트리어의 황궁에 있었다. 테오도라와의 사이에 아들 셋과 딸 셋, 모두 6명의 자녀를 낳았다. 달마티우스, 율리우스 콘스탄티우스, 한니발리아누스, 콘스탄티아, 아나스타시아, 유트로피아.[20] 콘스탄티누스보다 20년 이상 연하였던 이들은 부친 콘스탄티우스가 사망하던 해 모두 미성년이었다. 그 배다른 형제들 중 절반은 콘스탄티누스가 일찍이(305-306년) 동거녀 미네르비나(Minervina)와의 사이에 낳은 크리스푸스와 비슷한 또래였다[도표 5-2].

콘스탄티누스의 출생과 성장, 그리고 가족사에 대해서는 이쯤 해 두고 이제 화제를 바꿔, 그가 황제로 추대되기까지의 경위를 살펴보자. 락탄티우스가 들려주는 이야기가 가장 상세한데, 간추리면 이렇다. 즉위 20주년 직후, 디오클레티아누스의 갑작스런 건강악화가 4인공치제 개편의 계기였다. 로마에서 기념식을 치른 후 발병해 니코메디아의 황궁으로 돌아온 뒤 한층 악화되었다. 한때 사망의 헛소문이 나돌 정도였다. 이를 기화로 야심에 찬 갈레리우스가 기민하게 움직였다. 먼저 전쟁을 불사하겠다고 협박해 서쪽 황제 막시미아누스의 퇴위약속을 받아낸 후, 디오클레티아누스에게도 노쇠하고 병약하니 제위에서 물러나 쉬라고 회유하고 압박했다. 디오클레티아누스는 잠시 반발했으나 갈레리우스의 집요함에 굴복했다. 락탄티우스는 그 순간을 이렇게 전한다. "디오클레티아누스는 갈레리우스의 고집에 굴복하면서 이렇게 말했다. '이제 자네가 곧 제국을 다 거머쥐게 생겼구먼. … 난 충분히 노력해 왔고, 또 내가 명령하는 동안은 국익이 훼손되지 않게 하려 애썼네. (자네가 고집한 이 결정이) 만일 향후 국익에 해가 된다면, 그건 내 잘못이 아닐 것이네.'"[21]

20    유트로피우스, 「로마 약사」 9, 22: 필로스토르기우스, 「교회사」 2, 16a.
21    락탄티우스, 「박해자들」 18.

# 콘스탄티누스 황제의 가문(플라비우스 왕조)의 가계도

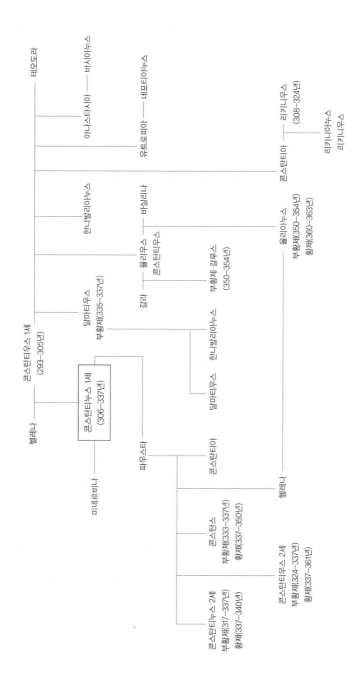

헬레나 ── 콘스탄티우스 1세 ── 테오도라
            (293–305년)

미네르비나 ── **콘스탄티누스 1세**
              (306–337년)

아나스타시아 ── 바시아누스

유트로피아 ── 네포티아누스

한니발리아누스

파우스타 ── 콘스탄티누스 1세

콘스탄티아 ── 리키니우스
              (308–324년)

달마티우스
부황제(335–337년)

한니발리아누스

콘스탄티아

리키니아누스
리키니우스

콘스탄티누스 2세
부황제(317–337년)
황제(337–340년)

콘스탄스
부황제(333–337년)
황제(337–350년)

콘스탄티우스 2세
부황제(324–337년)
황제(337–361년)

헬레나

콘스탄티아

달마티우스
한니발리아누스

갈라 ── 율리우스
       콘스탄티우스

바실리나

부황제 갈루스
(350–354년)

율리아누스
부황제(350–354년)
황제(360–363년)

새 부황제도 갈레리우스 뜻대로 결정되었다. 디오클레티아누스는 함께 퇴임하는 막시미아누스, 그리고 새 황제 콘스탄티우스와도 상의하자고 했지만, 갈레리우스는 그 조심스러운 제안을 "그들은 우리가 정하는 대로 따를 것"이라는 퉁명스러운 대꾸로 묵살했다. 디오클레티아누스는 막시미아누스의 아들 막센티우스와 콘스탄티우스의 아들 콘스탄티누스를 추천했다. 하지만 갈레리우스는 자신에게 고분고분한 다른 인물들을 내세웠다. 디오클레티아누스가 주정뱅이라 경멸한 세베루스, 그리고 갈레리우스의 친족 막시미누스 다이아. 결국 그들이 각각 서부와 동부의 부황제로 내정되었다.

락탄티우스는 디오클레티아누스의 퇴임식 때(305년 5월), 그 막후결정이 공표되던 순간을 이렇게 전한다.

디오클레티아누스와 갈레리우스는 부황제 선임을 공표했다. 모든 이의 시선이 콘스탄티누스를 향하고 있었다. 누구도 그가 선임될 것임을 믿어 의심치 않았기 때문이다. 퇴임식을 위해 소집된 병사들과 장교들도 콘스탄티누스가 부황제로 선포될 거라는 기대에 부풀어 그를 쳐다보고 있었다. … 디오클레티아누스가 눈물을 흘리며 병사들에게 연설했다. 자신은 병약하고 지쳐 쉬어야 하므로 더 유능하고 정력적인 사람에게 제위를 넘겨줄 것이며, 새 부황제들을 선임했다는 취지였다. … 갑자기 세베루스와 막시미누스가 호명되자, 모두가 경악했다. … 혹 콘스탄티누스가 막시미누스로 개명했냐고 묻는 병사도 있었다. … 갈레리우스는 콘스탄티누스를 물러서게 하고 막시미누스를 앞으로 나오게 해, 손수 그의 평복을 벗기고 상석으로 안내했다. [22]

---

22  락탄티우스, 「박해자들」 19.

303년에 시작된 대박해와 마찬가지로, 305년의 4인공치제 개편에 대해, 락탄티우스는 일관된 논리를 갖고 있다. 갈레리우스는 사악하고 난폭한 악당이며, 디오클레티아누스는 그저 무력한 하수인이라는 것이다. 다만 305년에는 핍박받는 영웅 콘스탄티누스가 새로 등장하는 점이 다르다. 이 대목에서 락탄티우스의 박해사는 호교론적 의도가 확연해진다. 최후의 적그리스도 갈레리우스와 그 하수인 디오클레티아누스에 의한 대박해, 그리고 기독교 수호영웅이 될 콘스탄티누스의 시련이라는 극적인 플롯을 지어내기 위해 락탄티우스가 사실을 크게 조작했다는 의구심을 떨쳐내기 어렵다. 후대의 교회사가들도 그렇게 판단했는지, 이 대목에서 그의 상세보고를 전혀 따르지 않았다.

그의 기록을 믿을 수 없는 이유 몇 가지만 살펴보자. 우선 치세 말 디오클레티아누스가 줄곧 갈레리우스에 휘둘린 허수아비였다는 설명부터 의심스럽기 짝이 없다. 락탄티우스 자신이 부지중에 단서를 제공한다. 갈레리우스가 주도한 두 번째 4인공치제가 몇 년 뒤 제위참칭자들에 의해 어지러워졌을 때였다. 락탄티우스에 따르면, 갈레리우스는 낙향해 있던 디오클레티아누스를 대책회의에 초청했다(308년). 그의 권위를 빌려 제위참칭자들을 단념시키겠다는 속셈이었다. 그 해법은 주효했다. 그렇다면 이런 의문이 생긴다. 디오클레티아누스가 여전히 그렇게 영향력이 있었다면, 갈레리우스에게 무력하게 퇴위를 강요당했다는 것은 이상하지 않은가?

305년의 제위교체에 대한 락탄티우스의 상세보고는 분명 심하게 왜곡되었다. 두 황제의 퇴위에 대한 설명부터 그렇다. 다른 기록에 의하면, 그것은 오래전 디오클레티아누스와 막시미아누스가 서로 합의하고 카피톨리움의 유피테르 신전 앞에서 서약했던 일이었다. "국사에 무관심하거나 태만해서가 아니라, 두 분이 형제간 신의로 오래 전에 합의한 계획 때문이었습니다. … 그리고 짐을 내려놓은 갖가지 구실을 내세우셨죠."[23] 디오클레티아누스의 병세와 갈레리우스의 협박은 4인공치제 개편의 결정적 요인이 아니었다.

부황제의 선임경위에 대한 설명도 미심쩍다. '혈연세습을 배제하고 적임자를 입양하여 부황제로 삼으면, 황제권과 왕조가 항구적으로 안정된다.' 이 방침은 디오클레티아누스가 구상한 4인공치제의 초석이었다. 그런데 락탄티우스에 의하면, 305년에 디오클레티아누스는 스스로 그 원칙을 허물었다. 퇴위하는 황제와 새 황제의 친아들을 부황제로 추천했으니 말이다. 락탄티우스에 따르면, 그는 그에 대해 아무런 해명도 하지 않았다. 그는 콘스탄티누스에 대해서만 "친화력이 좋은 사람"이라는 것을 추천사유로 언급했다. 반면, 그 추천에 반대한 갈레리우스는 막센티우스에 대해서만 이유를 밝혔다. "막센티우스는 자신의 사위이지만, 부황제감은 아니다."[24]

두 사람의 토론은 기이하게 엇박자이지만, 흥미롭게도 락탄티우스가 덧붙인 대조적 인물평과 정확히 일치한다. "막센티우스는 … 성품이 고약한 자로, 오만하고 고집스러워 부친과 장인에 순종하지 않는 반면 …, 콘스탄티누스는 인품이 아주 고매한 청년으로 부황제라는 높은 지위에 어울린다." 결국 부황제 선임경위를 보고하면서, 락탄티우스는 독자에게 이런 메시지를 주고 싶었던 것이다. '오직 콘스탄티누스만 부황제감이었으나, 부당하게 배제되었다. 악당 갈레리우스 때문에 ….'

하지만 락탄티우스보다 20년쯤 뒤 저술된 유세비우스의 『전기』에는 그와 비슷한 이야기가 전혀 없다. 4인공치제 개편경위에 대해서는, "두 황제가 알 수 없는 이유로 퇴위했다"는 한 줄 논평이 전부다. 『전기』가 대체로 콘스탄티누스에게 직접 들은 것을 전한다고 보면, 락탄티우스의 메시지는 당사자 콘스탄티누스조차 공감하지 않은 것이었다. 세상에 알려진 것과 너무 달라서였을 것이

---

23   「황제찬양연설, 307년」 7, 9, 2; 「황제찬양연설, 310년」 6, 15, 2.
24   락탄티우스, 『박해자들』 18.

다. 그러니까 디오클레티아누스가 그를 부황제로 천거하고, 갈레리우스가 그 제안을 묵살한 사태는 애당초 없던 일이었다. 아마 처음부터 세베루스와 막시미누스가 유력한 부황제감으로, 그들의 천거와 선임을 주도한 것은 갈레리우스가 아니라 디오클레티아누스였을 것이다.

305년 5월, 디오클레티아누스의 퇴임식에서 4인공치제 개편이 공식화된 뒤, 콘스탄티누스의 처지는 어떠했을까? 다시 말해, 306년 7월, 부친의 군대가 그를 황제로 선포하기까지 1년 남짓한 기간에 도대체 그에게 무슨 일들이 일어났는가? 관련 사료는 기독교, 이교 측 모두 합해 10여 개에 달하지만, 다행히 큰 줄거리가 일치한다. 아마 훗날 콘스탄티누스가 '공식' 버전으로 인정한 '일대기' 같은 것을 참조했기 때문일 것이다.

그 공식 버전에 가장 근사한 것은 역시 유세비우스의 『전기』이다. 그에 의하면 황제, 부황제들은 콘스탄티누스를 질시하고 두려워해 온갖 음모를 꾸몄다. 그래서 그는 마치 모세처럼 하느님의 뜻에 따라 탈출을 감행해 부친에게 달려갔다. 다행히 그는 부친이 죽기 직전에 만났다. 그리고 콘스탄티우스는 마지막 순간에 자녀들에 둘러싸여 이렇게 유언했다. "자연법에 따라 맏아들에게 제국을 물려주도록 하라."[25]

하지만 락탄티우스의 기록은 좀 다르다. 병이 난 콘스탄티우스가 아들을 돌려보내라 요청했지만, 갈레리우스는 이래저래 콘스탄티누스를 괴롭히며 한동안 억류했다는 것이다. 이번에도 사실관계가 너무 극적으로 조작되었다. 실제 콘스탄티누스는 스스로 탈출을 결행했고, 그것도 부친이 발병하기 한참 전이었다. 몇몇 기록에 의하면, 콘스탄티누스가 부친을 만난 것은 도버 해협에 연한 보노니아(오늘날의 불로뉴)에서였으며, 그 무렵 부친은 거기서 브리타니

---

[25] 유세비우스, 『전기』 1, 21.

아 원정을 준비하고 있었다. 305년 후반, 원정대는 하드리아누스 성벽 너머 픽트족과 싸웠고, 부친은 그때의 승리 덕분에 '브리타니쿠스 막시무스(Britannicus Maximus)'라는 칭호를 얻었다. 따라서 콘스탄티우스의 발병은 306년 초 후방에서 월동 중에 일어난 일이었다.

콘스탄티누스가 부친과 합류하려고 기민하게 움직인 것은 너무 당연한 일이었다. 그 무렵 그의 처지는 전날 디오클레티아누스의 궁정에서 인질생활 할 때와는 크게 달랐다. 30대 초에 이른 '황제의 아들'은 갈레리우스에게 요주의 대상이었으며, 따라서 콘스탄티누스가 갈레리우스 주변에 계속 머무는 것은 위험하기 짝이 없었다. 게다가 곧 드러나듯, 콘스탄티누스는 천부적으로 권력에의 의지가 강한 인물이었다. 야심을 이루기 위해서도 그는 서둘러 부친 곁으로 가야 했다.

서자 신분이 부자관계에 장애가 되지는 않았다. 콘스탄티누스에게는 다행스럽게 배다른 동생들이 너무 어렸다. 그는 브리타니아 원정 중, 부친의 믿음직한 참모였을 뿐 아니라, 대안 없는 제위 계승자였다. 드문 일이지만 이 대목에서만은 락탄티우스와 유세비우스가 대체로 비슷한 이야기를 들려준다. "콘스탄티우스는 맏아들을 병사들에게 추천하고, 통치권을 넘겨주었다."[26] 이교도들의 기록도 대동소이했다. 아마 그것이 콘스탄티누스가 선전한 공식 역사였기 때문일 것이다. 340년대에 저명한 수사학자 리바니우스는 「황제찬가」에서, 콘스탄티누스의 제위계승을 이렇게 묘사했다. "임종의 순간에 황제권을 아들에게 넘겨주신 것은 그분(콘스탄티우스)의 특권이었습니다. … 아들이 많았지만, 누가 황제권을 세심히 지킬 것인가 아셨던 것입니다. 다른 아들들은 가만있게 하시고, 합당한 그 아들을 불러 통치에 참여시켰습니다. 그 아들의 예지력이

---

26   락탄티우스, 「박해자들」 24.

아들들을 똑같이 대우하는 것보다 중요함을 아셨던 것입니다."[27]

---

27    리바니우스, 「제59 연설」 16-17(348-349년). 한편 「황제찬양연설, 310년」 6, 8, 2도 비슷한 이야기를 전한다.

## 6장 동요하는 4인공치제

306년 7월 25일, 콘스탄티우스가 숨을 거두길 기다려 군대는 지체 없이 콘스탄티누스를 황제로 선포했다. 북부 브리타니아의 식민시 요크에서 로마황제가 서거한 것은 그때가 처음이 아니었다. 근 100년 전 칼레도니아 원정에 나섰던 셉티미우스 세베루스 황제가 콘스탄티우스처럼 그곳에서 병사한 적이 있었다(211년). 하지만 요크에서 황제즉위는 이번이 처음이자 마지막이 될 대사건이었다. 현대의 요크 시는 최근, 1700년 전의 그 역사적 사건을 기려 두 차례 이벤트를 준비했다. 1998년 시민단체가 요크 민스터 성당 옆에, 왕좌에 앉은 콘

그림 6-1

**그림 6-1** 요크 민스터 성당 옆의 콘스탄티누스 대제 동상

스탄티누스 동상을 건립한 데 이어, 2006년에는 시립 박물관이 영국과 유럽 각지에서 대여한 유물로 특별전시회를 열었다[그림 6-1].

그런데 306년의 시점에서 생각해 보면, 콘스탄티누스의 즉위는 일종의 쿠데타 같은 사건이었다. 이번처럼 한 황제가 갑자기 사망한 선례가 없지만, 4인공치제의 원리상 그 후임자는 마땅히 남은 황제에 의해 선임되어야 했으며, 무엇보다 부자세습은 반드시 피해야 할 일이었다. 그 점에서 콘스탄티누스의 입장은 과거 내전과 무정부상태를 초래하곤 하던 제위참칭자에 더 흡사했다. 따라서 정통성 확보가 그에게는 가장 급선무였다. 사후라도 동부황제 갈레리우스의 승인을 받는 것 외엔 다른 방법이 없었다. 그런 상황을 락탄티우스는 특유의 드라마틱한 필치로 이렇게 묘사했다.

월계수로 장식한 자신의 초상을 야수 같은 갈레리우스 황제에게 보냈다. 그 상징을 받고 그의 황제의 지위를 인정하게 하려는 의도에서였다. 갈레리우스는 한동안 그 초상을 받기를 주저했다. 이윽고 그 초상과 그것을 가져온 자들을 화형에 처할 참이었다. 그러나 측근이 만류했다. 콘스탄티누스가 군대를 끌고 올 경우 위험하다는 점을 상기시켰다. … 그래서 갈레리우스는 아주 마뜩치 않은 태도로 그 초상을 받아들였다. 그리고 어의를 콘스탄티누스에게 보냈다. 기꺼이 그에게 권력을 나눠 준다는 취지였다. … 나이가 더 지긋한 세베루스를 황제로 임명하고, 콘스탄티누스에게는 그가 요구한 황제 지위 대신 막시미누스와 함께 부황제 지위를 주었다.[28]

한 해 전(305년 5월)에 서부 부황제로 지명되었던 세베루스는 그때까지 아직

28  락탄티우스. 『박해자들』 24.

관할지(이탈리아와 북아프리카)로 부임하지 않고 판노니아에 머무르고 있었다. 그 이유는 알 수 없으나, 어쨌든 그것이 갈레리우스가 내전을 불사하는 대신 현실을 인정하는 쪽으로 작심하는 데 한몫했다. 하지만 위 인용문이 시사하듯, 타협책은 무엇보다 4인공치제의 형식을 유지하기 위한 고육책이었다. 이제 부황제 콘스탄티누스는 과거 부친이 맡았던 갈리아, 브리타니아, 히스파니아를 다스리게 되었다.

그러나 그 수습책이 공표되자마자 새로운 문제가 불거졌다. 이탈리아에서 전 황제 막시미아누스의 아들 막센티우스가 제위를 주장하고 나선 것이다(306년 10월). 사실 수습책이 누구보다 그를 자극할 것이라는 점은 예견된 것이었다. 이교도 역사가 조시무스는 이렇게 썼다. "관례대로 로마 시에 콘스탄티누스의 초상이 공시되었다. 막시미아누스 헤르쿨리우스의 아들 막센티우스는 이런 생각을 하며 참을 수 없어 했다. '매춘부의 아들 콘스탄티누스가 야심을 실현했는데, 위대한 황제의 아들인 나는 한가롭게 있으면서, 내가 상속받을 몫을 다른 자들이 차지하도록 방관하고 있구나!' 그래서 … 그는 근위대 장교와 사병들에게 푸짐한 포상을 약속하고 그들에 의해 황제로 추대되었다."[29]

로마 시민도 막센티우스에 열렬히 호응했다. 이는 4인공치제로 더 깊어진 소외감에 대한 반작용이었다. 디오클레티아누스와 갈레리우스가 추진한 세제 개혁으로 그들은 300년 이상 누려 온 면세특전을 잃게 되었다.[30] 바야흐로 갈레리우스가 임명한 징세관이 로마로 올 태세였다. 막센티우스가 로마 시를 거점으로 삼았다는 사실도 주민의 사기와 자존심을 북돋우는 일이었다. 황제들이 로마 시를 떠난 것은 꽤 오래지만, 4인공치제가 그 추세를 더 고착화한다는 좌절감이 팽배해 있었기 때문이다.

---

29  조시무스, 『새 역사』 2. 9. 3.
30  락탄티우스, 『박해자들』 26; 아우렐리우스 빅토르, 『황제전』 39. 31.

그런 정서를 의식한 막센티우스는 '로마 재생'을 정책목표로 삼고, 그것을 다각도로 선전했다. 제정 초기 황제들처럼 여전히 시민의 활동과 관심이 집중되는 공간인 도심지 포룸에서 활발한 토목공사를 펼쳤다. 그는 포룸의 기존 건물들과 콜로세움 사이에 부지를 확보해 자신의 이름을 붙인 대공회당(basilica)을 지었으며, 그 좌측에 건국왕 로물루스의 신전을 새로 짓고, 우측에 거의 폐허처럼 방치되어 있던 신전(베누스 여신과 로마 여신을 함께 모신 신전)을 개축했다[그림 6-2]. 흥미롭게도 두 신전은 모두 로마의 기원신화와 연관된 것들이었다. 로물루스가 건국 왕이라면, 베누스 여신은 트로이에서 이탈리아로 이주한 로물루

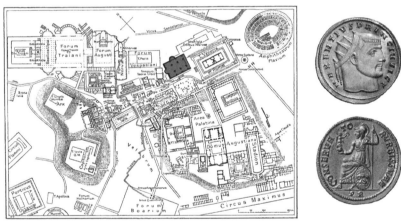

그림 6-2                                              그림 6-3

그림 6-2  위쪽의 어두운 색으로 강조한 건물이 막센티우스가 지은 공회당(basilica)이다. 그 오른편에 역시 막센티우스가 지은 베누스 여신의 신전(templum Veneris)이 보인다. 그 신전 우측에 타원형 구조물이 원형극장 콜로세움이다.

그림 6-3  상(금화): 중앙에 막센티우스의 두상. 가장자리에 '불패의 프린켑스 막센티우스(MAXENT-IUS PRINC[EPS] INVICT[US])'라는 새김글

　　　　　하(금화): 중앙에 늑대의 젖을 먹는 쌍둥이가 그려진 의자에 앉은 로마 여신(dea Roma). 가장자리에 '자신이 세운 도시의 수호자(CONSERVATOR URBIS SUAE)'라는 새김글

스의 먼 선조 아이네이스의 어머니였다. 그는 외아들에게 로물루스라는 이름을 지어 줄 만큼, 로마의 '뿌리 찾기'에 열심이었다. 로마다움(romanitas)을 각성시키고 재생의 기대를 고취하는 데, 더 좋은 수단은 없다고 여긴 것이다. 그 무렵, 막센티우스 관할지역의 조폐소들은 '영원한 로마(Roma aeterna)', '로마 시의 수호자(conservator urbis)' 같은 문구를 새긴 주화를 찍어 냈다[그림 6-3]. 막센티우스야말로 로마다운 위상을 회복하고 영원하게 할 수호자라는 취지의 선전이었다.

사실 막센티우스의 목표는 4인공치제 안에서 합법성을 획득하는 것이 아니라, 제정 초 황제권의 위상을 회복하는 것이었다. 그래서 그는 콘스탄티누스처럼 갈레리우스에게 자신의 초상을 보내 승인을 얻으려 하지 않았다. 대신 그는 이탈리아 남부에 칩거하던 부친 막시미아누스를 끌어들였다. 황제(Augustus)로 예우하겠다고 약속했으며, 사실 부친과 사이가 틀어지기 전까지 그 자신은 프린켑스(Princeps)라는 호칭에 만족했다.[31] 하지만 프린켑스 역시 제정 초기에는 황제의 비공식 호칭이었다. 그러니까 막센티우스의 행보는 신념에서든 전략적으로든 수백 년 전으로 되돌아가는 복고주의를 표방하고 있었다.

갈레리우스가 그런 막센티우스와 타협할 가능성은 아주 희박했다. 사위인 그를 인간적으로 싫어했을 뿐 아니라, 사실 뾰족한 정치적 해법도 없었다. 4인공치제에 더 이상 빈자리가 없었으며 그 체제를 고수하는 한, 막센티우스와 막시미아누스는 협상대상이 아니라 제거대상이었다. 갈레리우스는 판노니아에서 대기 중이던 서부황제 세베루스에게 이탈리아 진군을 촉구했다. 그러나 세베루스의 공격은 아주 허무하게 끝나고 말았다. 북이탈리아에서 막시미아누스의 군대와 맞닥뜨리자, 세베루스가 이끌었던 병력 태반이 적진에 투항했기 때문이다. 옛 지휘관이자 황제였던 막시미아누스와 싸울 수 없다는 이유에서

---

31　발레시아누스, 『콘스탄티누스의 기원』 4, 10; 락탄티우스, 『박해자들』 26.

그림 6-4

그림 6-6

그림 6-5

그림 6-4  트리어에 현존하는 콘스탄티누스 황궁(aula palatina)
그림 6-5  현재 교회당(bailica)으로 사용되고 있는 황궁
그림 6-6  로마 시대 콘스탄티누스 황궁의 복원개념도

였다. 부친을 끌어들인 막센티우스의 책략이 진가를 발휘한 순간이었다. 세베루스는 군대를 잃고 갈팡질팡하다 결국 라벤나에서 항복했고, 곧 죽음을 당했다(307년 초).

이탈리아의 상황이 이렇게 전개되는 동안, 콘스탄티누스는 브리타니아에서 갈리아로 돌아와 있었다. 부친이 관구중심으로 삼았던 식민시 아우구스타 트레베로룸(Augusta Treverorum), 즉 오늘날의 트리어 시가 자연스럽게 그의 거점이 되었다. 포룸, 목욕장 같은 로마식 도시 기반시설은 물론 조폐창, 군수품공장 같은 행정, 군사시설을 갖춘 것이 최대 장점이었다. 게다가 라인 강 너머로 원정이 빈번할 것에 대비해 전선에의 접근성이 좋은 점도 고려되었다. 콘스탄티누스는 서둘러 황궁건설에 착수했다. 310년에 완공된 황궁단지 가운데 본당

(aula palatina)이 고스란히 남아, 현재 교회당으로 쓰이고 있다[그림 6-4, 6-5, 6-6].

콘스탄티누스가 갈리아에 돌아온 지 몇 달쯤 지났을 때였다(307년 3월). 세베루스를 타도한 뒤, 잠시 북이탈리아의 아퀼레이아(Aquileia)에 머물던 막시미아누스가 갈리아로 콘스탄티누스를 찾아왔다. 방문목적은 명백했다. 이탈리아 사태에 대한 갈레리우스의 완고한 태도가 분명해진 이상, 그에 맞서 동맹을 확보하는 일이 시급했던 것이다. 이번에는 갈레리우스가 이탈리아 침공을 직접 진두지휘할 것이며, 동부의 부황제 막시미누스도 가세할 것으로 예상되었다. 수도 로마는 포위당할 경우를 대비해 방어시설 강화에 한창이었다.[32]

물론 막시미아누스는 콘스탄티누스에게 줄 선물꾸러미를 준비했다. 자신의 딸 파우스타와의 결혼, 그리고 그를 황제로 대우하겠다는 제안이었다. 갈레리우스로부터 겨우 부황제 지위를 승인받은 콘스탄티누스에게 그 제안은 거절하기 어려웠다. 그 조건이라면 요크에서의 황제즉위가 비로소 정당한 대우를 받는 셈이었기 때문이다. 307년 말, 한 수사학자가 막시미아누스와 콘스탄티누스에게 지어 바친 찬가를 보면, 그 협상카드는 특히 콘스탄티누스에게 득이 많은 것이었다. 부친 콘스탄티우스처럼, 그 역시 막시미아누스의 사위가 됨으로써, 헤르쿨리우스 왕조의 위엄을 함께 누릴 수 있었기 때문이다.

막시미아누스 황제시여, 당신께서는 오래전에 그분(콘스탄티우스)과 결혼의 유대를 맺고, 그분에게 황제로서 당신의 위엄을 나누어 주셨지요. 이제 당신은 또 그분의 아들(콘스탄티누스)에게 깊은 애정을 느껴 최고 권력을 약속하십니다. 그보다 더 합당하고, 당신의 혜안에 어울리는 일이 또 있겠습니까? … 콘스탄티누스 황제시여, 당신의 장인어른께 당신의 미덕을 칭송했으니, 그처럼 탁월한 지

---

32  락탄티우스, 『박해자들』 27.

도자와의 동맹으로 당신이 얼마나 영예로운지 아셔야 합니다. 그분은 가문을 창건하신 헤르쿨레스 신에게서 이름을 받으셨고, 또 그 이름에 값하는 모습을 보이셨습니다. 그분의 위업은 그저 아첨꾼들이 지어낸 것이 아니라, 그 신의 용맹에 버금가는 것이었지요.[33]

콘스탄티누스는 지체 없이 이 협상의 큰 성과를 세상에 알렸다. 무엇보다 황제의 지위를 공공연하게 표방했다. 그의 관할지에서 출토된 두 개의 이정표가 그 사실을 잘 보여 준다. 로마의 이정표에는 보통 두 가지 필수사항이 기재되었다. 기점과의 거리, 그리고 도로시공자 혹은 최고통수권자(황제 혹은 총독)의 성명이 그것이다. 문제의 두 이정표는 위 협상 전후에 각각 비엔나와 나르보넨시스 속주에서 제작된 것이다. 둘 모두 콘스탄티누스의 성명을 기록하고 있는데, 직함과 족보의 변화가 눈길을 끈다. 콘스탄티누스가 사후 신격이 된 콘스탄티우스 황제의 아들인 점은 그대로였다(①과 ③). 하지만 부황제에서 황제로 직함이 달라졌을 뿐 아니라(②와 ④), 막시미아누스의 손자라는 점(⑤)이 추가되었다. 바로 307년 초 협상이 가져온 변화였다.

① Flavius Valerius Constantinus      플라비우스 발레리우스 콘스탄티누스
② nobilissimus Caesar      매우 고귀한 부황제
③ divi Contanti Augusti filius      신격 콘스탄티우스 황제의 아들
〈306년 후반의 이정표, 비엔나 출토〉

① Flavius Valerius Constantinus      플라비우스 발레리우스 콘스탄티누스

---

33 「황제찬양연설, 305년」7, 7-8.

④ felix Augustus                      다복한 황제

⑤ Maximiani Augusti nepos        막시미아누스 황제의 손자

③ divi Contanti Augusti filius      신격 콘스탄티우스 황제의 아들

〈307년 후반의 이정표, 나르보넨시스 출토〉

갈레리우스는 기민하게 움직여, 막시미아누스가 갈리아에 머무는 동안 이탈리아 침공을 감행했다. 덕분에 그는 손쉽게 로마 근방까지 진군할 수 있었다. 하지만 정작 수도 로마의 공위는 쉽지 않았다. 로마 시의 방어태세가 강화된 데 비해, 침공을 서두른 원정군은 공성준비가 너무 부실했기 때문이다. 설상가상으로 군대 내에 세베루스의 원정 때와 같은 자중지란이 일어났다. 장인이 사위와 싸우고, 로마인이 로마 시를 공격하는 반인륜적 전쟁에 대한 거부감이 확산되고, 급기야 일부 병력은 군기를 들고 적에게 투항하기에 이르렀다. 갈레리우스는 이 같은 군대의 동요에 크게 낙담한 나머지 신속하게 철수를 결정했다. 퇴각양상은 그야말로 지리멸렬이어서, 락탄티우스는 "소규모 병력으로 추격했더라도 퇴로를 차단했을 것"이라 추측했다. 집요하게 추격하지 않은 것보다 더 의아한 점은 막시미아누스의 동태였다. 갈리아에 있던 그가 갈레리우스를 협공하거나 퇴로를 막기 위해 서둘러 이탈리아로 내려오지 않았던 것이다.

뒤늦게 이탈리아로 돌아온 막시미아누스는 그 방관의 대가를 톡톡히 치렀다. 4인공치제의 수장 갈레리우스의 공격을 홀로 막아낸 막센티우스가 더 이상 그를 상급자로 예우하지 않기 때문이다. 307년에 발행된 주화의 새김글은 그 변화를 예시한다. 거기서 그의 호칭은 전처럼 프린켑스가 아니라 황제(Augustus)였다. 막센티우스가 부친과 대등한 지위를 공식화했음을 뜻한다. 사실 그럴 만했다. 로마 시는 물론, 부친이 충성을 굳게 믿었던 군대조차 이제 아들 편이었다. 막시미아누스는 뒤늦게 그 변화를 깨달았다. "그 늙은이(즉, 막시

미아누스)는 무조건적 통치권을 인정받지 못하자 참지 못하고, 유치한 경쟁심으로 아들을 질시했다. 그리고 어떻게 아들을 축출하고 옛 관할지를 손에 넣을 수 있을까 궁리했다. … 그는 로마 인민과 군대의 집회를 열어 불온한 현 사태에 대해 일장연설을 했다. 연설을 마친 뒤 손으로 아들을 가리키며, 그가 모든 불행을 초래한 장본인이며 국가재난의 주요 원인이라고 비난했다. 이어서 아들의 어깨에서 어의를 벗겨 버렸다. 그러자 막센티우스는 단상에서 뛰어내려 병사들 품에 몸을 맡겼다. 병사들은 분격해 소리쳤고, 그에 당황한 늙은이는 … 쫓기듯 로마 시를 떠났다."[34]

308년 4월, 이탈리아에서 쫓겨난 막시미아누스는 다시 갈리아로 향했다. 사위 콘스탄티누스 밖엔 달리 의지할 곳이 없었다. 콘스탄티누스는 장인을 영접해, 수도 트리어에 버금가는 중심도시 아렐라테(오늘날 남부 프랑스의 아를) 소재의 제2황궁에 기거하게 했다. 4인공치제 안에서 적법성을 승인받은 콘스탄티누스의 입장에서 막시미아누스는 아직은 꽤 이용가치가 있었다. 서부에서 잠재적 경쟁자인 막센티우스가 제위를 주장한 근거에 비추어 볼 때 특히 그랬다. 그는 애당초 4인공치제를 거부하는 대신, 황제의 아들로서 왕조적 정통성에 기대고 있던 터였다. 이제 부친과의 결별로 그 근거마저 잃었으니, 막센티우스는 한낱 제위참칭자였을 뿐이다.

그 상황변화에 대한 반응은 즉각적이었다. 308년 5월, 막센티우스의 관할이던 북아프리카에서 반란이 일어났다. 도미티우스 알렉산데르라는 자가 막센티우스를 제위찬탈자라 비난하며 스스로 황제를 참칭한 것이다. 같은 해에 아프리카에 설치된 한 이정표의 행정문구에는 알렉산데르의 선전 전략이 잘 드러나 있다. "우리의 통수권자이자 주군이신, 황제(Augustus) 도미티우스 알렉산

---

34  락탄티우스. 「박해자들」 28.

데르와 플라비우스 콘스탄티누스의 지시에 따라 (이 도로를 보수하다)."[35] 그것은 콘스탄티누스에 대한 일종의 협상 메시지였다. 자신의 황제 지위를 인정하고, 함께 이탈리아의 막센티우스를 고립시키자는 취지였다. 실제로, 북아프리카는 식량공급을 중단함으로써 이탈리아를 굶주리게 할 수 있다는 점에서 결정적인 전략수단을 갖고 있었다. 콘스탄티누스가 알렉산데르를 어떻게 대했는지 알 수 없다. 하지만 서부제국의 권력구도상, 콘스탄티누스에게 한 가지는 분명했다. 막시미아누스를 당분간 자기 곁에 머물게 하는 것은 잠재적 경쟁자 막센티우스의 입지를 약화시키는 데 효과적이라는 점이었다.

그사이 동부제국에서는 직접 이탈리아에 원정해 막센티우스를 제거하는 데 실패한 갈레리우스가 4인공치제를 정상화시킬 다른 방안을 모색하고 있었다.

그림 6-7

1. 카르눈툼:
   고지 판노니아 속주 수도
2. 빈도보나
3. 시스키아:
   황실 조폐소
4. 스팔라툼:
   디오클레티아누스
   황궁 소재지
5. 아퀸쿰:
   저지 판노니아 속주 수도
6. 무르사
7. 시르미움:
   황궁소재지
8. 세르비눔

그림 6-7  고지, 저지 판노니아 속주, 달마티아 속주의 주요 도시

35 『라틴비문선집』 8936.

그가 짜낸 궁여지책은 은퇴한 4인공치제의 창설자 디오클레티아누스의 낡은 권위를 활용하는 것이었다. 그러기 위해 그는 발칸 서북부의 스팔라툼(오늘날의 크로아티아의 스플릿) 궁에 칩거하던 디오클레티아누스를 308년의 집정관에 임명했다. 말하자면 정계복귀의 발판을 제공한 셈이었다. 그해 가을, 그는 게르만족과 싸우기 위해 출정해 있던 고지 판노니아 속주의 수도 카르눈툼으로 디오클레티아누스를 초대했다[그림 6-7]. 두 사람이 만난 지 오래지 않아 막시미아누스가 합류했다. 죽은 콘스탄티우스를 빼면 4인공치제의 원조 구성원이 다시 모인 셈이었다.

카르눈툼 회담에 막시미아누스가 참여한 경위는 베일에 가려 있다. "화해를 가장해 갈레리우스를 살해할 셈으로" 스스로 찾아왔다는 락탄티우스의 설명은 이번에도 역시 믿기 어렵다. '초대받지 않은 손님'이었다면, 그는 아마 두 사람의 도움으로 자신의 어려운 처지를 벗어나고 싶어서 왔을 가능성이 있다. 아니면, 반대로 갈레리우스가 애당초 그를 포함한 회담을 구상했을 수도 있다. 즉 막시미아누스가 정식으로 회담에 초대받았다는 의미이다. 회담의 결론을 보면 후자의 추측이 가능하다. 3개월의 긴 협상 끝에, 308년 말 3인은 4인공치제 복원을 위한 세 가지 사항에 합의했다. 첫째, 막시미아누스는 다시 일선에서 물러난다. 둘째, 막시미아누스의 지지에 힘입어 황제 지위를 주장한 콘스탄티누스는 다시 부황제로 되돌아간다. 셋째, 죽은 서부황제 세베루스의 후임에 리키니우스를 선임한다.[36] 모두 서부제국의 재정비를 겨냥하고 있었다.

막시미아누스의 퇴진은 분명 4인공치제 정상화의 선결조건이었다. 락탄티우스는 갈레리우스가 디오클레티아누스의 황제복귀를 종용했다고 추측했지만 터무니없는 주장이다.[37] 4인공치제를 회복하기는커녕 한층 더 혼미한 정국

---

36  조시무스, 『새 역사』 2. 10. 4.
37  락탄티우스, 『박해자들』 29. 1.

을 초래했을 것이다. 오히려 막시미아누스가 디오클레티아누스에게 정계복귀를 제안하자, 디오클레티아누스가 그것을 묵살하고 동시에 그의 퇴진을 설득한 것이 더 실상에 가까웠다. 그러니까 막시미아누스는 3년 전처럼, 다시 디오클레티아누스의 권위에 순종했던 것이다. 갈레리우스는 그것을 내다보았고, 그래서 막시미아누스를 회담에 끌어들인 것이리라.

리키니우스 역시 일리리쿰 출신이었지만, 갈레리우스와 '한 막사를 쓴 친구(contubernii amicus)'라는 점 외엔 알려진 게 별로 없다.[38] 아마 갈레리우스는 그가 유능한 지휘관이란 점을 보고 황제로 천거했던 듯하다. 그가 판노니아 변경의 야전지휘를 떠맡고, 조만간 이탈리아로 진군해서 막센티우스를 제거하리라 기대했던 것이다.[39]

콘스탄티누스는 회담의 결정에 무반응으로 일관했다. 리키니우스의 황제 선임은 물론 자신의 '부황제 복귀' 지침에 대해서도 반발하지 않았다. 하지만 그것은 순응이 아니라 묵살의 표시였다. 오히려 뜻밖에 민감하게 반응한 쪽은 동부의 부황제 막시미누스였다. 갈레리우스가 사위이기도 한 그를 제쳐두고, 출신, 경력이 빈약한 리키니우스를 곧바로 황제로 선임한 데 대한 불만이었다.[40] 갈레리우스는 몇 차례 사람을 보내 그를 달랬고, 결국 미봉책을 썼다. 콘스탄티누스와 함께 그에게 '황제의 아들(filius Augusti)'이라는 공식호칭을 하사한 것이다. 그것은 새 황제 선임 시, 그들이 최우선 순위라는 일종의 약속어음이었다. 그로써 막시미누스는 반발을 그쳤다. 하지만 곧 드러나듯 리키니우스와의 경쟁과 갈등의 소지가 해소된 것은 아니었다.

콘스탄티누스는 카르눈툼 회담을 애써 외면했지만, 간접적이나마 그것의

---

38  락탄티우스, 『박해자들』 20, 3.
39  발레시아누스, 『콘스탄티누스의 기원』 5, 13; 조시무스, 『새 역사』 2, 11, 1.
40  락탄티우스, 『박해자들』 32, 1.

파장이 그에게도 미쳤다. 은퇴에 동의하고 갈리아로 돌아온 막시미아누스가 최후의 몸부림인 듯 쿠데타를 획책했기 때문이다. 막시미아누스는 콘스탄티누스가 프랑크 족의 침공을 막으러 라인 강 전선에 출정한 틈을 노렸다. 사위가 전사했다는 헛소문을 내고 아렐라테 황궁에서 탈취한 금고로 군대를 장악한 뒤, 자신이 황제임을 선언했다. 그 소식을 접한 콘스탄티누스는 밤낮으로 강행군하여 갈리아로 돌아왔다. 속은 것을 깨달은 병사들 대다수가 지지를 철회하자, 막시미아누스는 남은 병력을 이끌고 마실리아(오늘날 남프랑스의 마르세유)를 점령했다. 농성은 오래 가지 않았다. 사위는 사로잡힌 장인을 살려두었으나, 연금 상태에서 장인은 곧 스스로 목숨을 끊었다(310년 1월). 하지만 항간에는 자살이 아니라 처형된 것이라는 소문도 나돌았으며, 특히 아들 막센티우스는 콘스탄티누스를 살인자로 맹렬히 비난했다.[41]

그에 맞서 콘스탄티누스는 장인의 배은망덕과 제위찬탈의 음모를 강조하는 선전전을 펼쳤다. 교회사가 락탄티우스는 몇 년 뒤에 쓴 『박해자들』에서 그 선전을 고스란히 받아들였다.[42] 한편 막시미아누스에 대한 이 '기억의 단죄(damnatio memoriae)' 때문에 콘스탄티누스는 부득이 정통성 전략을 수정해야 했다. 더 이상 헤르쿨리우스 왕조와의 인연, 즉 자신과 부친이 막시미아누스의 사위였다는 점을 내세울 수 없었기 때문이다. 따라서 새 족보가 급조되었다. 4인공치제 출현 직전의 황제 클라우디우스(서기 268-270년 재위)를 일천한 자신의 가문의 비조로 내세웠다.

두 가지가 고려되었음 직하다. 그는 콘스탄티누스 집안과 동향(일리리쿰) 출신인 데다, 3세기 후반 아우렐리아누스와 함께 '승리의 황제'로 기억된 드문 케이스였다. 고트족을 격퇴하고 '고티쿠스'란 별칭을 얻었고, 곧이어 알레마니 족

---

41  조시무스, 『새 역사』 2, 14, 1.
42  락탄티우스, 『박해자들』 29-30.

에 승리한 뒤에는 '게르마니쿠스 막시무스'라 불렸던 것이다.[43] 콘스탄티누스와 그의 부친이 줄곧 라인 강 변경방위를 중시해 온 점에 비추어, 클라우디우스는 썩 잘 어울리는 선조였다.[44]

황제의 새 족보는 310년 가을, 트리어 시 창건 기념일에 황궁에서 열린 식전행사의 기념연설을 통해 세상에 알려졌다. 연설가는 물론 당국이 제공한 일종의 '보도지침'을 따라야 했다. 하지만 족보가 급조된 것임을 의식한 듯한 말로 연설을 시작했다. "아직 대다수에게는 생소하겠지만, 황제를 사랑하는 사람들은 이미 잘 아는 이야기"를 전하겠노라고. 요컨대 현 황제는 "최초로 로마제국의 기강을 회복하신, 신격 클라우디우스 황제의 후손"이라는 것이었다.[45] 그 '고귀한 혈통'은 수사적인 방식으로 콘스탄티누스의 황제권을 정당화하는 논리가 된다. "그분은 황제신분으로, 너무도 고귀한 혈통을 타고 태어나셨지요. 그러기에 황제자리가 그분을 더 영광스럽게 한 것이 아니며, 운이 좋아 신 같은 기품을 지니시게 된 것도 아닙니다."[46]

그러나 새 족보를 군중에게 대대적으로 선전하지는 않았던 듯하다. 대중적 선전매체였던 주화나 각종 공식비문에서 그 흔적을 전혀 찾을 수 없기 때문이다. 아마 널리 유포된 기존의 족보(헤르쿨리우스 왕조)와 충돌할 것이 너무 뻔해서였을 것이다. 하지만 황실과 그 주변에서는 시간이 갈수록 새 족보가 확고한 규범으로 자리 잡았다. 약 반세기 뒤, 콘스탄티누스 황제의 손자('배교자' 율리아누스)가 콘스탄티우스 2세(콘스탄티누스의 아들)를 위해 지은 「황제찬양연설」의 한 대목이 그 점을 잘 보여 준다.

---

43  「황제사」, 「클라우디우스 전」 1-7.
44  「황제찬양연설, 310년」 6. 11-13.
45  「황제찬양연설, 310년」 6. 2.
46  「황제찬양연설, 310년」 6. 2, 5.

당신의 고귀한 조상들에 대해서도 몇 마디 해야겠습니다만, 어디서부터 시작해야 할까요? 조부, 부모, 형제 등 모든 조상이 황제들이셨으니 말입니다. 모두 합법적으로 황제가 되셨거나, 황제 가문에 입양되셨지요. 클라우디우스 황제에게까지 거슬러 올라가 볼까요? 하지만 모두가 잘 아는 그분의 위업을 여기서 입증할 필요가 있을까요? 그분이 다뉴브 강 너머 야만족과 싸운 일이나 정당한 방법으로 제국을 수복한 이야기를 되뇌어야 할까요? 아니면 좀 더 가깝게 당신의 할아버지 황제들로부터 시작할까요?[47]

한편 이탈리아에서는 갈리아에서와 정반대로 막시미아누스에 대한 기억이 되살아나고 있었다. 막센티우스가 발행한 주화에 신격 막시미아누스(Divus Maximianus)라는 새김글이 등장했다.[48] 곧 자신이 전 서부황제의 아들임을 새삼 강조하려는 속셈이었다. 생전의 부친과 심하게 불목하고 그 존재를 부인했던 점에 비추어 큰 아이러니였다. 하지만 죽은 부친을 신격화하여 기리는 것은 분명 고립된 그가 놓칠 수 없는 선전수단이었다. 그는 이탈리아를 침공하려는 리키니우스, 서부제국의 잠재적 경쟁자 콘스탄티누스, 반란한 북아프리카의 알렉산데르에 둘러싸여 있었다. 관할 하에 남은 수도 로마와 이탈리아 주민에게 자신의 황제권이 정당함을 입증할 필요가 어느 때보다 절실하던 터였다. 전처럼 그저 4인공치제를 부인하는 정책만으로는 부족했다.

막센티우스의 전선은 두 개였다. 북으로는 이탈리아 침공에 대비하고, 남으로는 북아프리카를 수복해야 했다. 그중 후자가 급선무였다. 북아프리카의 이탈로 로마 시의 식량난이 심화되고 있었기 때문이다. 얼마나 비상사태였던지,

---

47  율리아누스, 「콘스탄티우스 황제 찬양연설」 제1권, 17쪽(로엡 고전문고).
48  서기 310-311년에 발행된 주화들에 대해서는 『로마 제정기 주화』 제6권, 382쪽(로마 조폐창), 404쪽(오스티아 조폐창) 참조. 아울러 컬레드, 『로마 시의 보호자』, 77쪽(각주 370) 참조.

**293-313년 사이 4인공치제의 구성변화**

| 연도 | 동부 황제 | 동부 부황제 | 서부 황제 | 서부 부황제 | 참칭황제 | 참칭황제 |
|---|---|---|---|---|---|---|
| 293-305 | 디오클레티아누스 | 갈레리우스 | 막시미아누스 | 콘스탄티우스 | | |
| 305-306 | 갈레리우스 | 막시미누스 | 콘스탄티우스 | 세베루스 | | |
| 306-307 | 갈레리우스 | 막시미누스 | 세베루스 | 콘스탄티누스 | 막센티우스 | |
| 307-308 | 갈레리우스 | 막시미누스<br>(황제 참칭) | 리키니우스 | 콘스탄티누스<br>(황제 참칭) | 막센티우스 | 막시미아누스 |
| 309-311 | 갈레리우스 | 막시미누스<br>(황제 참칭) | 리키니우스 | 콘스탄티누스<br>(황제 참칭) | 막센티우스 | 알렉산데르 |
| 311-312 | 막시미누스 | | 리키니우스 | 콘스탄티누스<br>(황제 참칭) | 막센티우스 | |
| 312-313 | 리키니우스 | | 콘스탄티누스 | | | |

도표 6-1

식량조달 기금조성을 위해 원로원이 모금운동을 벌일 정도였다.[49] 사태가 장기화해 민심이 이반하면, 권력 자체의 앞날을 장담할 수 없었다. 다행히 310년 중엽 아프리카는 수복되었다. 막센티우스는 비로소 북이탈리아 방면에 총력을 기울이게 되었다. 310년 초, 자신의 부친을 처형했다는 구실로 콘스탄티누스에게 선전포고했지만, 실은 리키니우스의 침공을 더 경계했다. 주력군을 북동부 이탈리아 방면에 배치하고 특히 베로나, 아퀼레이아를 요새화했다.

하지만 정작 리키니우스는 전혀 이탈리아를 침공할 태세를 보이지 않았다. 수년간(308-312년) 변함없이 그랬다. 무엇 때문이었을까? 락탄티우스 등 교회사가들의 정세판단은 이랬다. 리키니우스는 동부에서 막시미누스를 경계하는 일이 더 시급했다. 그래서 그는 서부의 콘스탄티누스와 방위동맹을 맺었다. 어

---

**49** 로마의 기근과 그에 대한 대책에 관해서는 『354년 연표』 16부(로마 시 연표)의 '막센티우스 황제' 항목과 『라틴비문집성』 6권, 37118번의 309년의 원로원 결의 참조.

쩌면 제국의 동서 분할통치까지 합의되었을 가능성이 있다. 서부는 콘스탄티누스의 몫이었으므로, 이탈리아 침공은 리키니우스가 아니라 콘스탄티누스의 과제였다. 막시미누스는 그 동맹의 첩보를 접하자, 서둘러 막센티우스와 비밀 동맹을 체결했다는 것이다.[50]

꽤 그럴싸하지만, 이 설명에는 큰 결함이 있다. 동부황제 갈레리우스의 사망 후에 벌어진 사태를 그전에도 투영한 점이다. 갈레리우스 황제의 생전에는, 리키니우스와 막시미누스 사이가 전운이 감돌 만큼 나쁘지 않았다. 그렇게 볼 증거가 전혀 없다. 게다가 리키니우스가 동부의 단독통치를 꿈꾸며 서쪽을 콘스탄티누스에게 양도했다는 것도 개연성이 없다. 만일 그랬다면, 그는 막센티우스 한 명 대신 갈레리우스와 막시미누스 둘을 상대하는 우를 범하는 셈이었다. 그 전략은 갈레리우스 사후 막시미누스와의 관계가 급격히 악화된 상황에 더 어울리는 것이었다.

그렇다면 갈레리우스가 죽기 전까지, 리키니우스가 이탈리아 침공을 지체한 이유는 무엇일까? 아마 판노니아 변경방위뿐 아니라 병든 갈레리우스 황제의 보필도 그의 당면과제였던 듯하다. 죽어 가는 갈레리우스가 처자식을 리키니우스에 맡긴 것을 보면 그렇게 짐작된다.[51] 그러니까 309-310년 동안, 그는 다뉴브 전선과 니코메디아 황궁을 분주히 오가야 했다. 막센티우스를 제거하고, 서부황제로 부임하는 일은 지체되었을 뿐, 포기한 것이 아니었다.

311년 4월, 갈레리우스의 사망은 한 황제 통치의 끝이 아니라, 4인공치제 시대의 종언이었다. 디오클레티아누스 은퇴 직후 동요하던 4인공치제는 마침내 갈레리우스의 사후 급격히 무너졌다. 제국은 이제 콘스탄티누스와 리키니우스의 2인 분할통치를 거쳐 콘스탄티누스의 단독통치의 길로 나갈 터였다[도표

---

50  락탄티우스, 『박해자들』 43. 2-4; 유세비우스, 『교회사』 8. 14(417쪽).
51  락탄티우스, 『박해자들』 35와 39.

6-1]. 종교정책에서도 마찬가지였다. 갈레리우스는 죽기 직전 4인공치제의 트레이드마크라 할 기독교 박해정책을 중단하고 관용칙령을 포고했다. 다음 두 장에서는 정치와 종교에서의 그 급변사태를 차례로 살피게 될 것이다.

# 7장 이탈리아 침공과 서부제국의 통일

　로마의 역사가나 전기작가들이 황제를 다룰 때 전형적인 서술방식의 하나
는 성격묘사였다. 타고난 성품이 황제로서의 행태와 업적을 결정한다는 생각
에서였다. 예컨대, 타키투스 『연대기』나 수에토니우스의 『황제전』이 그랬다.[52]
사실, 지도자에 대한 '성격론'은 헬레니즘 시대 이래 역사서술 혹은 전기문학의
전통이었다. 그렇기에 최후의 이교도 역사가로 불리는 암미아누스 마르켈리누
스가 쓴 역사서가 온전히 남지 않은 사실이 더욱 아쉽게 생각된다. 서기 96년
부터 378년까지를 다룬 그의 역사책에서 354년 이전 부분이 완전히 사라졌다.
콘스탄티누스 치세(306-337년)를 기술한 부분도 예외가 아니었으니, 콘스탄티
누스 황제의 연구에 크나큰 손실이 아닐 수 없다.

　팔레스타인의 주교 유세비우스가 쓴 『전기』가 남아 있지만, 전혀 그 손실을
메우지 못한다. 이 책은 전기 형식임에도 불구하고 황제의 개인적인 면모를 거
의 거론하지 않기 때문이다. 유세비우스가 보기에, 콘스탄티누스가 최초의 기
독교 황제가 된 것은 하나님이 정한 일이지, 그의 의지나 성향 때문이 아니었
다. 『전기』는 물론 『교회사』에서도 콘스탄티누스는 제2의 모세로 묘사된다.
콘스탄티누스는 모세가 그랬듯 하나님의 종(therapon)이었다.[53] 교회사가 유세
비우스는 이교 전통의 '성격론'을 기독교적 '성자전'으로 대체하고 말았다.

　그 결과, 콘스탄티누스는 문헌기록이 가장 많은 황제임에도 불구하고, 퍼스

---

52　타키투스, 『연대기』(범우, 2005); 수에토니우스, 『12황제전』(풀빛미디어, 1998).
53　유세비우스, 『전기』 1, 3; 5; 12; 38-39; 47; 유세비우스, 『교회사』 9, 9(439쪽).

낼리티에 대한 정보는 빈약하기 그지없다. 성장과정은 물론, 용모와 성품 등이 모두 베일에 싸여 있기 때문에 아쉬운 대로 단서를 찾으려면 비문헌증거로 눈을 돌려야 한다. 기념물과 주화에 새겨진, 혹은 조상(彫像)으로 남은 콘스탄티누스의 용모(즉 도상, eikon)에 주목하는 것이다. 물론 거기서 성품을 짐작할 수 있다는 관상학적 가정 하에서 말이다. 그런데 이 점에서 콘스탄티누스의 도상 자료는 매우 다행스런 편이다. 2장에서 보았듯이, 4인공치제 초기에 황제들의 도상에서 두드러진 특징은 서로 구별되지 않게 흡사하다는 것이었다. 4인 사이의 화합과 연대를 더 중시한 정책에 맞게 개성을 억제했기 때문이다. 그와는 대조적으로 콘스탄티누스의 도상증거는 아주 뚜렷한 개성을 보이며, 그것도 상당기간 일관성 있게 나타난다. 특히 그가 서부제국을 통합한 시점부터 종국에 제국 전체의 단독 황제가 될 때(310년대 초반~320년대 후반)까지 그랬다. 콘스탄티누스의 권력이 커지는 데 비례해 도상학적 개성이 더 확연해졌던 것이다.

가장 눈길을 끄는 신체적 특징은 유난히 짧고 두터운 목 부분이다. 그가 처음 황제로 추대된 때(306년)부터 단독 황제가 될 때(324년)까지 주화에 새겨진 그의 흉상을 보라![그림 7-1(A, B)] 그리스어로 '두툼한 목'을 뜻하는 트라칼라(Trachala)라는 별명은 공연히 생긴 것이 아니었다.[54] 두터운 목 끝을 가로지르는 길고 선명한 턱선은, 운동선수나 군인에 어울리는 윤곽이며, 무엇보다 강인함과 투박함을 느끼게 한다. 그런데 흥미롭게도 단독 황제가 된 뒤부터 주화에서 차츰 그 신체적 특징이 사라진다. 팍스 로마나 시대의 황제들처럼 좀 더 세련되고 명민한 이미지를 선전하려 했기 때문이라 짐작된다[그림 7-1(C, D)].

황제 두상 전체의 인상을 디테일하게 그리고 입체감 있게 음미하려면, 역시 주화의 도상보다는 조각상들을 보아야 한다. 특히 카피톨리움(현재의 캄피돌리

---

[54]  아우렐리우스 빅토르, 『황제사』 41, 16.

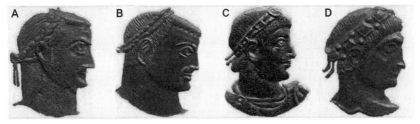

그림 7-1

그림 7-2

그림 7-1 서기 313~328년 사이, 네 개의 도시에서 발행한 주화의 콘스탄티누스 황제 흉상
    A: 알렉산드리아 서기 313년
    B: 시스키아 서기 313~315년
    C: 콘스탄티노폴리스 서기 327~328년
    D: 헤라클레아 서기 325~326년
그림 7-2 콘스탄티누스 황제 거상의 머리 부분
    A: 청동상(310년대 중엽 제작)
    B: 대리석상(310년대 중엽 제작)

오) 언덕 위의 박물관(Musei Capitolini)에 전시된 각각 청동과 대리석으로 제작한 두 개의 거상이 유명하다. 둘 모두 머리 부분의 보존상태가 완벽해서, 현대인에게 마치 콘스탄티누스 황제의 초상처럼 알려져 있다[그림 7-2(A, B)]. 부리부리한 눈매와 매부리코, 돌출한 턱에 각진 얼굴, 그리고 다소 굵직한 목이 공통된 특징이다. 거기서 이런 타입의 인물이 상상되지 않는가? 건장한 체구에 강인한 체력을 지닌 장군 타입, 단호하고 집요하게 목표로 돌진하는 카리스마 넘치는

지도자. 서기 311-312년 이후, 아니 더 일찍이 306년부터 시작해 20여 년 동안, 과감하게 그리고 거침없이 펼쳐진 콘스탄티누스의 정치, 군사적 행보가 고스란히 그 얼굴에 형상화되어 있다는 느낌이 든다.

이쯤에서 6장 끝에서 말한 갈레리우스 황제의 서거 직후, 즉 311년 중엽의 정국으로 돌아가 보자. 다시 말하지만, 갈레리우스의 사망은 명실공히 4인공치제의 종식이었다. 하지만 제국은 여전히 네 통치자에 의해 분할된 상태였다 [그림 7-3]. 갈리아의 콘스탄티누스, 이탈리아의 막센티우스, 발칸 반도의 리키니우스, 시리아의 막시미누스. 비교적 평온했던 그들의 관계가 급격히 경색되기 시작했다. 기민한 동맹외교가 그런 변화의 증거였다. 콘스탄티누스와 리키니우스가 동맹을 맺자, 그에 대응해 막센티우스와 막시미누스가 신속히 비밀협정을 체결했다. 이 정중동의 외교전쟁을 상세히, 믿을 만하게 전하는 사료는 없다. 락탄티우스의 기록을 비롯해 여기저기 흩어진 증거들을 끌어모아 상상적으로 재구성해야 한다.[55]

콘스탄티누스와 리키니우스는 둘 다 동맹확보를 서두른 이유가 있었다. 아마 리키니우스 쪽이 더 그랬을 것이다. 갈레리우스 사후, 보스포루스 해협을 사이에 두고 막시미누스와 대치하게 되었기 때문이다. 락탄티우스는 그 경위를 이렇게 설명한다. 막시미누스가 갈레리우스의 영지를 최대한 선점하기 위해, 안티오키아에서 니코메디아까지 소아시아를 가로지르는 강행군을 감행했다. 막시미누스의 이 약삭빠른 침탈 때문에, 해협 건너편 유럽 쪽에 머무른 리키니우스와 하마터면 전쟁이 벌어질 뻔했다. 하지만 다행히 둘은 타협했고, 해협의 선상에서 협정을 체결했다(소위 칼케돈 협정).[56] 갈레리우스 사후 약 한 달 뒤의 일이었다.

---

55  락탄티우스, 『박해자들』 35-43.
56  락탄티우스, 『박해자들』 36.

하지만 락탄티우스는 부지중에 자신의 설명을 무색하게 만들 에피소드 하나를 덧붙인다. 리키니우스의 감호를 받던 갈레리우스의 처자식이 막시미누스 쪽으로 피신했다는 것이다.[57] 왜 그랬는지에 대한 설명은 없다. 혹 유가족의 후견인은 리키니우스가 아니라 막시미누스였던 것이 아닐까? 다시 말해, 갈레리우스는 최후의 순간에 친구 리키니우스가 아니라 조카 막시미누스를 제1상속자로 지목한 것이 아닐까? 그래서 유가족은 리키니우스의 인질이 될까봐 법정후견인 막시미누스를 찾아간 것일지 모른다. 그리고 어쩌면 막시미누스가 소아시아를 점령한 것도, 침탈이 아니라 상속지의 접수였을지 모른다. 사실 리키니우스는 이미 막센티우스가 무단으로 점령한 영토(이탈리아와 아프리카)를 탈환할 임무를 맡고 있었으니, 갈레리우스의 상속영지 가운데 큰 덩어리인 소아시아가 막시미누스의 몫이 되었다 해서 이상할 것이 없었다. 그렇게 가정하면, 막시미누스가 신속히 보스포루스 방면으로 행군한 뒤, 리키니우스와 전혀 싸우지 않고 협상한 정황도 쉽게 납득된다. 갈레리우스의 유언이 거의 그대로 집행된 상태였으니, 어느 쪽이든 전쟁의사를 드러내는 것은 곧 유언을 무시하는 명분 없는 행위가 될 터였다. 칼케돈 회담의 의제는 평화협상이 아니라 갈레리우스 유언의 재확인이었다.

어쨌든 그 협정 이후, 리키니우스와 막시미누스는 한동안 적어도 겉으로는 평온을 유지했다. 하지만 서로 불신하고 경계하며 견제를 게을리하지 않았다. 예컨대, 막시미누스의 관할지 소아시아에서 발견된 311년의 각종 비문에는 공공연히 리키니우스를 무시하는 태도가 드러난다. 찬탈자 막센티우스를 제외한 채 합법적인 세 황제를 거명하면서 항상 막시미누스, 콘스탄티누스, 리키니우스의 순서를 취하고 있는 것이다. 막시미누스의 관할지인 만큼 그를 우선시

57  락탄티우스, 『박해자들』 39.

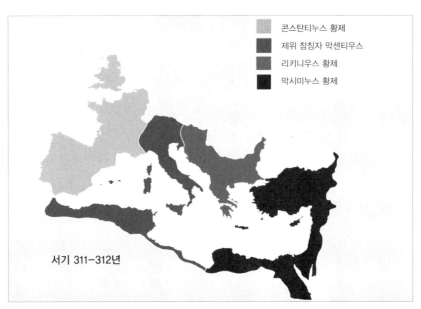

콘스탄티누스 황제
제위 참칭자 막센티우스
리키니우스 황제
막시미누스 황제

서기 311-312년

그림 7-3

한 것은 그렇다 해도, 리키니우스를 콘스탄티누스 다음에 언급한 것은 다분히 의도적인 평가절하였다. 카르눈툼 회담이 정한 서열에 따르면, 리키니우스가 더 선임이었다. 하지만 리키니우스도 역시 막시미누스를 견제하려 했고, 그 증거가 바로 콘스탄티누스와의 동맹이었다. 그것은 막센티우스뿐 아니라 막시미누스와의 전쟁에 대비한 안전장치였다.[58]

막센티우스와의 전쟁에 대비한다는 점에서, 콘스탄티누스는 리키니우스와 이해관계를 같이했다. 6장에서 보았듯이, 막센티우스가 그를 부친(막시미아누스) 살해자로 비난하며 보복을 선언한 터였기 때문이다. 하지만 막센티우스는 당장 그 선전포고를 실행할 처지가 아니었다. 그보다는 떨어져 나간 아프리카를

---

58　락탄티우스, 『박해자들』 43.

탈환하는 것이 급선무였다. 아무튼 콘스탄티누스는 리키니우스의 제안을 받아들였고, 심지어 동맹의 보증으로 이복누이 콘스탄티아를 신부로 주겠다고 약속했다. 311년 가을쯤이었다. 막시미누스는 그 동맹이 자신을 겨냥한 것이라 여겨 대책을 강구했다. 막센티우스에게 밀사를 보내 동맹을 추진한 것이다.[59]

막센티우스로 말하자면, 곧 아프리카를 탈환했지만, 사실 콘스탄티누스에 대한 보복전쟁보다는 리키니우스의 침공에 대한 대비가 더 큰 관심사였다. 콘스탄티누스는 진심이든 아니든, 적어도 그의 적개심을 달래고 '화해하려는 의지(concordiae voluntas)'를 표명하고 있었다.[60] 그에 반해, 알프스 동북 방면에서는 라이티아 속주를 둘러싼 간헐적인 소접전이 장기간 계속되고 있었던 것이다. 312년 초 막센티우스의 병력배치는 그런 정세를 잘 반영한다. 주력부대가 갈리아 쪽보다 이탈리아 동북쪽, 밀라노, 베로나, 아퀼레이아 같은 요충 도시들에 집결해 있었다.

그런데 이탈리아 문제와 관련해, 리키니우스의 태도에는 적이 미심쩍은 구석이 있었다. 그는 도대체 왜 이탈리아에 대한 총공세를 감행하지 않은 것일까? 과거 두 차례 이탈리아 침공이 실패로 끝난 데 대한 기억 때문에 주눅이 들었던 것일까? 아니면 막센티우스의 방위태세가 만만치 않았던 것일까? 만일 후자 쪽이었다면, 조만간 콘스탄티누스의 성공적인 이탈리아 침공이 리키니우스가 전략적으로 오판했음을 입증해 줄 것이었다. 아니면 리키니우스는 동쪽 막시미누스의 협공을 더 두려워했던 것일까? 어떤 이유에서든 리키니우스는 칼케돈 협정 이후 반년 이상을 허송세월하고 있었다.

콘스탄티누스는 북이탈리아를 둘러싼 이런 역학관계 속에서 자신에게 유리한 빈틈이 있음을 간파했다. 리키니우스는 그가 선수를 쳐 이탈리아를 침공할

---

59  락탄티우스, 『박해자들』 43; 유세비우스, 『교회사』 8, 14(417-419쪽).
60  콘스탄티누스의 화해 의사에 대해서는 나자리우스의 「황제찬양연설, 321년」 9, 3 참조.

것이라고 예상하지 않고 있는 반면, 막센티우스는 그보다 리키니우스를 더 경계하고 있지 않은가? 312년 봄, 콘스탄티누스는 관할지의 수도 트리어를 출발해 이탈리아 침공을 개시했다. 리키니우스와 막센티우스 모두의 허를 찌른 기습공격이었다. 콘스탄티누스가 나중에 내세운 변명은 이런 것이었다. 막센티우스가 온갖 범죄를 자행하고 있는데, 리키니우스는 아무런 행동도 취하지 않고 있다. 313년 트리어 황궁에서 행해진 전승기념 연설은 이미 그 전쟁사유를 공식화하고 있다. "황제시여, 당신은 동료 황제들이 멈칫거리며 행동하지 않을 때, 앞장서서 전쟁을 시작하셨습니다. … 너무나 탐욕스럽고, 온갖 범죄로 점철되어 있어서, 도저히 용서할 수 없었습니다."[61]

또한 콘스탄티누스는 라인 강 전선의 방위를 감안해 병력을 총동원할 수 없었는데 전승기념 연설은 전체의 4분의 1로만 원정대가 조직되었다는 점, 그리고 그처럼 적은 병력으로 눈부신 승리를 거두었음을 누누이 강조했다. 하지만 원정군의 규모가 대략 10만 명(보병 9만 명과 기병 8천 명)이었다는 정보는 다른 기록들과 일치한다.[62] 한편 막센티우스의 병력은 거의 두 배로, 보병 17만 명과 기병 1만 8천 명이었다. 북이탈리아에 배치된 8만 명, 수도 로마의 방위병력 5만 명, 그리고 상황이 종료된 아프리카에서 증파된 약 4만 명으로 구성되어 있었다.[63]

알프스를 넘은 뒤, 원정군이 이탈리아에서 치른 전쟁은 크게 두 단계였다. 첫 단계는 북이탈리아 요새 도시들과의 공방전이었다. 이탈리아 쪽 알프스 기슭을 따라 서쪽에서 동쪽으로 진군했다. 서쪽에서는 토리노가 처음으로 완강하게 저항했다. 쌍방에 엄청난 유혈과 인명손실이 있었다. 하지만 토리노가 함

61 「황제찬양연설, 313년」2, 3.
62 「황제찬양연설, 313년」3-5; 조시무스, 『새 역사』2, 15, 1.
63 조시무스, 『새 역사』2, 15, 2.

락되자, 여러 도시들이 사절을 보내와 물자와 숙영지를 제공했다. 밀라노가 대표적이었다. 313년의 승전기념 연설은 그 사실을 이렇게 전한다. "황제시여, 당신께서 밀라노에 입성하시던 날은 어떠했습니까. 도시의 지도자들은 환희에 차 있었으며, 인민 모두가 환호했습니다. 당신을 바라보는 어머니들과 처녀들의 시선은 얼마나 안도에 차 있었나요! 그들의 기쁨은 두 배였으니, 황제의 수려한 자태를 보았을 뿐 아니라, 황제의 전횡을 두려워하지 않아도 되었으니 말입니다."[64]

1단계 전쟁의 최후 결전장은 동쪽의 베로나 시였다. 앞에서 말했듯이, 막센티우스의 주력부대는 베로나와 아퀼레이아 같은 동북쪽 도시들에 집결해 있었다. 특히 베로나는 북이탈리아 방위를 책임진 근위대장 폼페이아누스의 거점으로, 그는 완강한 농성전으로 맞섰다. 그 저항을 결정적으로 무너뜨린 것은 콘스탄티누스의 위험을 무릅쓴 솔선수범이었다. 승전기념 연설은 이렇게 투덜대는 어조로 황제의 용기를 찬양했다. "어째서 당신께서는 적진에 뛰어들어, 국가의 안위를 그토록 위태롭게 하셨던가요? … (페르시아 원정 때) 크세르크세스 왕이나 (악티움 해전에서) 아우구스투스 황제는 몸을 사렸지만 안전했습니다. 하지만 우리는 당신의 승리가 기쁘기보다 당신이 처했던 위험이 더 두려웠습니다."[65] 베로나가 함락되자, 아퀼레이아가 전의를 잃었고, 다른 도시들이 줄지어 투항했다.

1단계 전쟁에서 원정군이 이처럼 파죽지세로 승리할 수 있었던 비결은 무엇일까? 탁월한 지도력 외에 군대의 우수한 전투력을 꼽아야 할 것이다. 그들 중 상당수는 변경지대에서 충원한 갈리아인, 게르만족 출신이었다. 수년간 라인 전선에서 쌓은 풍부한 전투경험, 함께 생사를 넘나들며 다진 각별한 전우애,

---

64 「황제찬양연설, 313년」7, 5.
65 「황제찬양연설, 313년」10, 1-2.

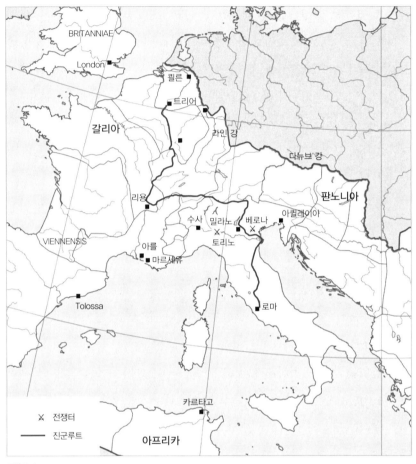

그림 7-4

BRITANNIAE
London
쾰른
트리어
갈리아
라인 강
다뉴브 강
판노니아
리옹
수사
밀라노
베로나
아퀼레이아
VIENNENSIS
아를
토리노
마르세유
Tolossa
로마
카르타고
× 전쟁터
—— 진군루트
아프리카

**그림 7-4** 콘스탄티누스의 이탈리아 침공 루트(서기 312년)

그리고 콘스탄티누스에 대한 충성심이 그들의 강점이었다. 그러나 막센티우스 측의 전략적 어려움도 간과할 수 없는 요인이었다. 리키니우스의 협공을 우려했는지, 이탈리아 동북쪽의 막센티우스 주력부대는 한 번도 서쪽으로 병력을 보내 그곳의 주둔군과 협력한 적이 없었다. 그 덕에 원정군은 거침없이 진군했고, 순탄하게 공성전을 펼쳤다. 그런 가운데 많은 도시가 순순히 원정군에 투항한 것은 지극히 당연한 결과였다[그림7-4].

그렇기에 승자는 후일 베로나 시 공위를 각별하게 기억하려 했다. 1단계 전쟁 중, 전투양상이 가장 치열했던 데다 피날레 같은 사건이었기 때문이다. 이듬해의 전승기념 연설, 그리고 수년 뒤 수도 로마에 세워진 개선문이 모두 그 사건의 의의를 강조했다. 종전 직후 이미 공식화된 전쟁기억이 마련되어 있었던 듯하다. 개선문 남쪽 면에 이탈리아 원정을 대표하는 두 개의 전투장면이 새겨졌는데, 그중 하나가 베로나 공성전이었다. 성벽 위아래에서 농성군과 공성군이 대치한 가운데, 한 병사가 성벽에서 거꾸로 추락하는 순간을 포착한 것이다[그림7-5].

이렇게 북이탈리아의 요충 도시들을 제압한 뒤, 콘스탄티누스는 아드리아 해에 연한 동북쪽 해안을 따라 남하한 뒤, 플라미니우스 가도를 따라 수도 로

그림 7-5

**그림 7-5** 콘스탄티누스 개선문 중간에 띠 모양의 프리즈 부조 가운데 남서쪽 면(베로나 시의 공성 장면)

마로 진군했다. 원정의 제2단계는 312년 10월 중에 벌어진 로마 시 공방이었다. 그와 관련해, 사료들은 하나같이 로마 성벽 북쪽 약 3km 지점, 티베르 강위 밀비우스 다리에서의 전투를 대서특필한다. 그것이 2단계 전쟁의 결전장이었다는 것이다. 이 점에서는 기독교 측과 이교 측 기록 사이에 별 차이가 없다. 그들에 의하면, 막센티우스가 보인 행태는 한심하기 그지없었다. 그는 겁먹고 성안에서 버티다 흉흉해진 민심에 밀려 출격하면서, 점술에 의존해 밀비우스 다리를 전쟁터로 택했다. 그러나 바로 그곳에서 그는 강물에 빠져 최후를 맞았다.[66] 락탄티우스가 그 기조를 잘 전한다.

콘스탄티누스는 … 로마 근방으로 병력을 이끌고 가 밀비우스 다리 건너편에 진지를 구축했다. 막센티우스의 즉위 기념일인 10월 27일이었다. … 적군은 막센티우스 없이 다리를 건넜다. 양측은 치열하게 싸우면서 물러서지 않았다. 그 사이 시내에선 소요가 일어나, 막센티우스가 국가의 안위를 전혀 걱정하지 않는다고 비난했다. 그리고 즉위 기념일에 경기장에 모였던 인민이 갑자기 외치기 시작했다. "막센티우스는 콘스탄티누스를 이길 수 없다!" 이에 당황한 황제가 … 신탁서가 준 승리의 희망에 이끌려 전쟁터로 나갔다. 하지만 (퇴각하던 중) 뒤쪽의 밀비우스 다리가 무너졌다. … 막센티우스의 군대는 패주했다. 막센티우스도 무너진 교량 쪽으로 도주했으나, 너무 많은 병사들이 몰리는 바람에 강물에 추락해 익사했다.[67]

밀비우스 다리에서의 전투는 분명 제2단계 전쟁, 아니 콘스탄티누스의 이탈

---

66  유세비우스, 『전기』 1, 33-38; 유세비우스, 『교회사』 9, 9(438-439쪽); 조시무스, 『새 역사』 2, 15-16; 『황제 찬양연설, 313년』, 14-17; 락탄티우스, 『박해자들』 44; 발레시아누스, 『콘스탄티누스의 기원』 4, 12.
67  락탄티우스, 『박해자들』 44.

리아 침공 전체를 통해 최대의 결전이었다. 실제가 그랬겠지만, 승자의 선전을 통해 그 의미가 극대화되었다. 그것이 베로나 공성전과 함께 개선문 프리즈의 남쪽 면을 장식하게 된 것은 너무 당연했다. 그뿐 아니었다. 다음 장에서 보듯, 기독교 측은 밀비우스 다리에서의 승리와 콘스탄티누스의 기독교 개종을 연결 짓는 신화를 만들었다. 훗날 중세부터 근세 초까지 기독교도들은 그 밀비우스 다리의 신화를 재현하는 상상도를 수없이 제작했다.

하지만 이 같은 승자의 선전은 너무 일방적이고 단순하다. 적어도 두 가지 점에서 사실과 다르다. 우선 막센티우스가 대책 없이 농성하다가 시내 민심을 잃었다는 주장이 그렇다. 그것은 승자 콘스탄티누스 측이 침공을 정당화하기 위해 줄곧 내세운 구호 '폭군 타도'에 따라 조작된 이야기이다. 6장에서 보았듯 이, 그는 한동안 홀대당해 온 수도 로마의 옛 영광을 회복하는 정책을 추진해 온 터였다. 주민은 자존심을 회복했을 뿐 아니라, 그 정책에 따라 벌어진 각종 토목공사로 일자리를 얻었다. 게다가 때마침 로마 시의 곡창 아프리카 탈환으로 식량난도 벗어난 상태였다. 로마 시내 인민의 지지는 견고했으며, 원로원에도 상당한 추종세력이 있었다.

게다가 농성 외엔 아무런 전략이 없었던 것도 아니다. 원정군을 플라미니우스 가도에서 차단하려던 시도가 있었다. 시 성벽 북쪽으로 약 20km 지점, 플라미니우스 가도가 지형 때문에 유난히 좁아지는 곳에 분견대를 보내 방어진을 구축했다. 삭사 루브라(Saxa Rubra), 즉 '붉은 바위'라 불린 그곳에서 자연히 대접전이 벌어졌다. 그런데 놀랍게도 이 전투를 기록한 것은 이교 역사가 단 한 명뿐이었다.[68] 밀비우스 다리 전투의 신화가 표준적인 기억으로 굳어지면서, 그 그늘에 가려진 결과였다. 하지만 적어도 승자인 콘스탄티누스 자신은 그 전투의

---

68  아우렐리우스 빅토르, 『황제전』 40, 23.

그림 7-7

그림 7-6

그림 7-8

그림 7-6　삭사 루브라: 로마 시 근교 첫 번째 교전장소
　　　　　밀비우스 다리: 로마 시 근교 두 번째 교전장소
그림 7-7　말보르게토 소재 전승 기념 관문
그림 7-8　밀비우스 다리

중요성을 알고 있었다. 그래서 '붉은 바위'의 북쪽 6km 지점, 즉 오늘날 말보르게토(Malborghetto)라 불리는 곳에 승전 기념물을 세웠던 것이다. 그것은 플라미니우스 가도의 사거리 교차지점에서 일종의 관문 역할을 했다. 그러니까 '붉은 바위'와 밀비우스 다리는 로마 시 전투의 시작과 끝이었던 셈이다[그림 7-6, 7-7, 7-8]. 승자는 그 기억을 각각 성 밖의 관문과 시내의 '개선문'으로 형상화했다.

'붉은 바위'에서의 패전 소식을 접하고서야, 막센티우스는 로마 시 성 밖으로 출격했다. 그는 근위군과 경호기병을 주축으로 하는 군대를 이끌고 티베르 강

우안으로 건너갔다. 말하자면 강을 등지고 싸우는 배수진의 결전을 각오했던 듯하다. 강을 건넌 지점은 밀비우스 석교가 있던 지점으로, 전략적으로 미리 그 다리를 파괴한 터라 배다리를 급조해야 했다. 적을 그 배다리로 유인해 수장시키려는 전술을 계획했다는 기록이 있지만, 그 역시 만들어진 신화의 한 부분일 뿐이라 생각된다.[69] '제가 놓은 덫에 스스로 걸려든 패자'의 이야기가 한결 더 그럴듯하지 않은가?

막센티우스 군대는 콘스탄티누스의 원정군을 저지하기에 역부족이었다. 수적으로 열세인 데다, 전열도 채 갖추지 못했기 때문이다. 줄곧 밀리던 그들은 배다리 쪽으로 쇄도했고, 배다리는 그 무게를 견디지 못하고 무너졌다. 퇴각하는 병사들 대부분이 강물에 휩쓸려 익사했고, 막센티우스도 그중 하나였다. 콘스탄티누스가 서부제국을 통일하는 순간이었다. 조만간 밀비우스 다리의 승전보는 기독교적으로 윤색되어 초대 기독교 황제의 웅장한 신화로 탄생하게 된다. 마치 싱겁게 끝난 옥타비아누스의 악티움 해전(기원전 31년)이 초대 로마 황제 아우구스투스와 로마 제정의 기원신화로 부풀려졌듯이 말이다.

전투 다음 날(10월 29일), 콘스탄티누스는 승리한 군대를 이끌고 시내로 입성했다. 행렬의 맨 앞에 선 기수가 높이 치켜세운 창끝에는 수습한 막센티우스의 잘린 머리가 꽂혀 있었다. 그것은 마치 로마군이 패한 적장의 갑옷과 투구를 십자형 목재에 입혀 조립하던 전승기념비(trophaion)를 연상케 했다. 하지만 그 취지는 승리의 기념이 아니라, 두려워하며 환영 나온 로마 주민, 특히 지도층을 향한 본보기로서의 경고였다.[70]

비록 개선식을 방불케 했지만, 그 행진은 결코 개선식이 아니었다. 내전의 승리로는 개선식을 승인받을 수 없었기 때문이다. 그래서 행진 후, 카피톨리움

---

69  조시무스, 『새 역사』 15, 3.
70  조시무스, 『새 역사』 17; 「황제찬양연설, 313년」 17-18.

언덕에 올라가 유피테르 신전에 제사 드리는 절차는 없었다. 대신, 콘스탄티누스는 포룸의 연단에 올라 연설을 하고, 인민에게 선물을 배급했다. 마찬가지로 몇 년 뒤(315년), 원로원이 승전기념으로 시내에 세운 개선문도 실은 참된 의미의 개선문이 아니었다. 다른 진짜 개선문과 달리, 꼭대기에 개선전차가 설치되지 않았다.

콘스탄티누스는 313년 1월까지 로마 시에 약 3개월간 머물렀다. 짧은 기간이지만, 그는 침공을 합리화하고 민심을 수습하는 데 몰두했다. '폭군 막센티우스와 해방자 콘스탄티누스'라는 이분법적 구도로 선전하는 것이 침공을 정당화하는 데는 최선이라 판단되었다. 조만간 이 선전은 여러 매체를 통해 수도 로마와 그 너머로 퍼져 나갔다. 예의 저 '개선문'이 그 매체들 중 하나였다. 멀리서도 보이는 현판과 통로 양쪽 눈높이쯤에 그 선전문구들이 새겨졌다. 현판에는 "대 황제 콘스탄티누스께서 공화국을 위해 폭군과 그 파당을 정의로운 전쟁에서 복수하셨다"라는 글이, 통로에는 '평화건설자'와 '로마 시 해방자'라는 구호가 새겨졌다[그림 7-9]. 이 구호들은 다양하게 변주되어 서부 제국 곳곳에서, 찬양연설, 기념물, 주화 등에 활용되었다. 예컨대 막센티우스는 '가짜 로물루스', '로마 시 살해자', '공화국의 적' 등으로 매도된 반면, 콘스탄티누스에게는 '안전과 자유의 애호가', '로마 시의 수호자', 심지어 '인류의 구원자' 같은 찬사가 쏟아졌다.

한편 권력 교체기에 흉흉한 민심을 달래는 데는 '관용과 선심'의 정책이 가장 효과적이었다. 그래서 우선 포룸에 '밀고행위(delatio)'를 처벌한다는 법령이 고시되었다. 그것은 곧 정치보복이 없다는 선언으로, 제정 초부터 신임 황제들이 민심을 잡기 위해 쓰던 수법이었다. 실제로 한때 막센티우스의 측근이었던 인사 몇몇은 시장 같은 고위직에 중용되었는데, 이야말로 콘스탄티누스가 취한 관용정책의 생생한 증거였다. 한편 콘스탄티누스는 막센티우스 치하에 핍박받았던 원로원의원들에 대한 복권 및 보상조치도 소홀히 하지 않았다. 콘스탄

그림 7-9

그림 7-9  좌: FUNDATORI QUIETIS(평화의 건설자에게)
　　　　 우: LIBERATORI URBIS(로마 시의 해방자에게)


티누스는 313년 1월 중순, 원로원과 민회의 연설에서 그런 정책기조를 재천명했다. 로마 시를 떠날 무렵, 민심은 이미 그에게로 돌아섰으며, '원로원과 인민(SPQR)'의 이름으로 착공하기 시작한 '개선문'이 그 징표였다.

　하지만, 콘스탄티누스의 관용 대상에는 예외가 있었다. '붉은 바위'와 밀비우스 다리에서 최후까지 막센티우스 곁을 지켰던 근위대와 기마경호대였다. 그들의 조직과 병영은 철저히 파괴되었다. 아우구스투스 황제 이래, 황제의 신변과 수도 로마의 방위를 지켜 온 그 유서 깊은 군대와 병영이 영원히 사라진 것이다. 로마식 표현을 빌리자면, 그것은 막센티우스에 대한 '기억의 단죄(damnatio memoriae)'였다. 폭군의 흔적을 기억 속에서조차 지워버리겠다는 의지의 표시였다. 폐허가 된 근위대 병영은 후일 로마 주교(즉 교황)에게 기증되어, 한동안 교황청으로 쓰일 건물이 들어서게 될 것이었다. 한편 막센티우스가 포룸에 짓고 있던 공회당(basilica) 건물이 살아남은 것은 거기에 대신 콘스탄티누스의 거상[그림 7-2(B)]이 설치되고 그의 이름이 붙여진 덕분이었다.

제 3 부

———————

황제의 신앙과
종교정책

## 8장 황제와 기독교: 두 개의 신화

콘스탄티누스 황제를 연구하는 일부 독일학자들은 '콘스탄티누스적 전환(die Konstantinische Wende)'이란 표현을 즐겨 사용한다. 아주 드물게 쓰이는 편이지만, 영어권에도 그에 상응하는 용어가 있다. '콘스탄티누스의 혁명(Constantinian Revolution)'이 그것이다. 양쪽 모두 콘스탄티누스가 이탈리아를 침공해 서부제국을 통일할 때 일어난 두 가지 사건에 그런 역사적 의미를 부여한다. 하나는 앞 장에서 살폈던 밀비우스 다리 전투 때(312년 10월)의 일이고, 다른 하나는 콘스탄티누스가 로마에서 전후처리를 끝내고 본거지인 갈리아의 트리어 황궁으로 돌아가던 도중, 밀라노 시를 방문했을 때 (313년 2-3월경) 벌어진 일이다.

두 사건을 좀 더 부연하면 이렇다. 첫 번째 사건의 핵심은 로마 시를 향해 진격하던 콘스탄티누스가 환영(幻影, vision)을 통해 승리의 표지를 받았다는 내용이다. 그 표지는 기독교의 신(이하 '하나님'이라 부른다) 혹은 예수가 준 것이어서, 콘스탄티누스는 그 환영과 승리를 계기로 기독교로 회심했다고 이야기되곤 한다. 로마 역사상 최초의 기독교 황제는 그처럼 극적인 전환을 통해 등장했다.

두 번째 사건은 콘스탄티누스가 밀라노에서 리키니우스 황제와 만나 회담한 결과, 종교관용 칙령(소위 '밀라노 칙령')을 반포한 것을 가리킨다. 이로써 기독교는 마침내 합법적인 종교의 지위를 얻고, 4세기 말경에는 로마제국의 국교로까지 성장했다. 요컨대, 밀비우스 다리의 환영과 밀라노에서 반포된 칙령은 로마제국의 기독교화에 가장 결정적인 '전환점'들이었다는 것이다.

그런데 이 '전환'의 이야기들은 과연 믿을 만한가? 그것은 너무 극적이어서 '역사적 사실'이라기보다 '만들어진 신화'로 생각되지 않는가? 관련기록들을 면밀히 살펴보면 의구심은 더 증폭된다. 이 장의 목적은 사료비판을 통해, 바로 그 '전환의 신화들'을 해체하는 것이다. 다시 말해, 두 개의 전환적 사건은 '만들어진 신화'이며, 그것도 큰 시간차를 두고 형성되었음을 논증하려 한다. 밀비우스 다리의 승전은 이미 그 직후부터 승자가 대대적으로 선전한 사건이었으며, 기독교 측에서 거기에 '환영'이라는 신화적 요소를 덧붙였다는 점은 앞에서 살핀 바와 같다. 반면, 소위 '밀라노 칙령'은 당대에 만들어진 신화가 아니었다. 놀랍게도 그것은 고대와 중세를 훌쩍 뛰어넘어 16-17세기에야 비로소 출현했다.[1]

이 신화들을 해체하는 작업은 궁극적으로 다음의 두 가지 결론을 지향한다. 첫째, 콘스탄티누스 황제의 기독교 회심은 부인할 수 없는 역사적 사실이지만, 교회사가들이 기록했듯이 한순간의 계시에 의한 '전환'은 아니었다. 이 장은 우선 교회사가들이 황제의 극적인 '전환'의 증거로 제시한 '환영'의 이야기들이 사후에 만들어진 것임을 논증할 것이다. 오히려 다음 장 이하(9-11장)의 논의에서 드러나듯, 콘스탄티누스의 기독교로의 전환은 그처럼 순간적인 계시를 통한 것이 아니라, 그가 제국을 통일하는 과정에 권력정치의 관점에서 취해야 했던 종교정책상의 결정들을 통한 점진적인 것이었다. 둘째로, 이 장에서 우리는 기독교 박해를 종식시켰다고 알려진 '밀라노 칙령'이 애당초 존재하지 않았던 사건임을 확인하게 될 것이다. 그것의 실체는 밀라노에서 만난 콘스탄티누스와 리키니우스 사이의 정치적 타협이며, 거기에 포함된 종교정책은 제국의 보편적

---

1    김경현, "밀라노 칙령, 그 신화의 해체," 『지식의 지평』 15호(2013), 184-197쪽.

종교관용이란 취지로 이미 포고되었던 갈레리우스 칙령(311년)의 집행을 재확인한 데 불과했다.

우선 '밀비우스 다리에서의 환영'부터 논의해 보자. 이 사건을 가장 먼저 기록한 것은 동시대의 교회사가 락탄티우스와 유세비우스였다. 락탄티우스의 『박해자들』(315년경 출간)과 유세비우스의 『전기』(339-340년경 출간)가 아주 자세하게 기록하고 있다. 전자가 사건에 아주 근접한 시기의 기록이라면 후자는 사건 후 10여 년쯤 지나서 콘스탄티누스 황제로부터 직접 들은 이야기였다. 두 증언은 시기뿐 아니라 내용면에서도 큰 차이를 보인다. 먼저 락탄티우스의 이야기부터 검토해 보자.

> 마침내 콘스탄티누스는 … 로마 근방으로 병력을 이끌고 가 밀비우스 다리 건너편에 진지를 구축했다. 막센티우스의 즉위 기념일인 10월 27일이었다. … 콘스탄티누스는 꿈에서 하늘의 표지를 병사들의 방패에 새겨 전투에 임하라는 지시를 받았다. 그는 지시받은 대로 방패에 예수를 가리키는 글자(즉 가로선이 교차하는, 그리고 그 끝이 둥그렇게 말린 I자)를 새겼다. 적군은 막센티우스 없이 출격해 다리를 건넜다. 양측은 치열하게 싸우면서 물러서지 않았다. 그 사이 시내에선 소요가 일어나, 막센티우스가 국가의 안위를 전혀 걱정하지 않는다고 비난했다. … 그는 신탁서가 준 승리의 희망에 이끌려 전쟁터로 나갔다. 하지만 뒤쪽의 밀비우스 다리가 무너졌다. … 그렇게 하나님의 손길이 미쳐, 막센티우스의 군대는 패주했다.[2]

락탄티우스가 기록한 그 사건의 핵심은 이렇다. 콘스탄티누스는 밀비우스

---

2    락탄티우스, 『박해자들』 44.

다리 근방에서 잠을 자다 꿈속에서 환영을 보았고, 거기서 본 글자를 병사들의 방패에 새기게 한 다음 전투에 임하게 했다. '예수를 가리키는' 그 글자, 즉 스타우로그램[그림 8-1]은 말하자면 승리의 표지였다.

그런데 흥미롭게도, 유세비우스는 같은 시기(313-315년)에 쓴 『교회사』에서 그 환영에 대해서는 일언반구도 없었다. 대신 그는 밀비우스 다리의 전투를 모세의 홍해 기적에 빗대어 묘사했다. 파라오의 군대가 홍해에 수장되었듯이, 막센티우스의 군대도 돌처럼 티베르 강 속 깊이 가라앉았다고 말이다.[3] 제국 서부에 있었던 락탄티우스와 달리, 유세비우스는 동부 제국(즉 팔레스타인)에 있었기 때문에 그 전투에 대해 아무런 상세정보를 얻지 못했기 때문이었을까?

하지만 그로부터 약 사반세기 후 『전기』를 쓸 때 유세비우스의 입장은 완전히 달라졌다. 그는 황제에게 직접 들었음을 자랑하면서 '환영'에 대해 언급했으며, 락탄티우스에 비해 한층 더 상세한 사실들을 들려준다.

> 콘스탄티누스 황제는 군세보다, 무적의 신의 도움이 더 확실할 것이라 생각해, 어떤 신의 가호가 좋을지 궁리하셨다. 과거의 많은 황제들은 많은 신들에 기대를 걸었다가 불행한 최후를 맞았으니 … 하나님만을 모셔야 한다고 느꼈다. 황제는 열심히 기도하면서, 하나님이 오른손을 뻗쳐 자신의 난관을 도와달라고 간구했다. 기도하는 동안, 하늘에서 경이로운 표지가 나타났다. 황제가 직접 내게 들려주지 않았다면 믿기 힘든 이야기였다. … 황제는 그 증언에 서약하시기까지 했다. 그분의 말씀에 의하면, 날이 이미 기울기 시작할 때, 하늘에서 태양 위로 뻗은 빛의 십자가와 함께 '이 표지로 승리하라!'는 문구를 생생히 보셨다는 것이다. 황제뿐 아니라 전 군대가 그 기적을 목격했다. 황제는 그 환영의

---

3 유세비우스, 『교회사』 9, 9(438-439쪽).

의미를 알 수 없었다. … 그러나 갑자기 밤이 되어, 잠자는 동안 예수께서 하늘에서 본 것과 같은 표지를 들고 황제의 꿈에 나타나셨다. 그리고는 그 비슷한 것을 만들어 적과 싸울 때 안전장치로 쓰라고 말씀하셨다. … 날이 밝자 황제는 공인들을 불러 금과 귀금속으로 그 표지를 본떠 만들게 하셨는데, 나 자신은 그것을 직접 볼 기회가 있었다. 그것은 이런 모양이었다. 금을 입힌 긴 창에 가로대를 붙여 십자가를 만들었다. 그 상단에는 화환과 귀금속이 부착되었다. 그 한가운데에 그리스도(Christos)라는 단어의 약어표기, 즉 P자 위에 X를 가로지른 글자가 새겨졌다. 그 십자형 창에 매달린 사각 천, 즉 군기에는 … 신심 깊은 황제와 그 자녀들의 초상이 그려져 있었다. … 이런 일이 있은 직후 황제께서는 오직 하나님만을 섬기기로 결심하셨다.[4]

위 기사는 락탄티우스의 것과 몇 가지 차이점이 있다. 첫째, '환영'을 본 시기와 장소가 밀비우스 다리 전투가 벌어지기 직전이 아니었다. 그보다 훨씬 전, 아마도 콘스탄티누스의 군대가 갈리아 혹은 이탈리아 북부에 있을 무렵이었을 것이라 짐작된다. 둘째, '환영'은 밤의 꿈속에서만 아니라, 먼저 한낮의 하늘에서 나타났다. 셋째, 표지는 예수를 상징하는 글자(스타우로그램)가 아니라, 그리스도의 약어표기(X+R=영어 알파벳으로 Chr, 즉 크리스토그램)였다. 넷째, 그 표지를 병사들의 방패마다 새긴 것이 아니라, '십자형 창에 천을 매단 군기'[이를 가리켜 통상 '라바룸(labarum)'이라 한다] 하나에만 새겼다[그림 8-1(A, B, C)].

유세비우스 자신이 직접 귀금속으로 화려하게 장식된 그 군기를 보았다고 증언하지만, 그 목격담은 이야기의 신빙성을 높이기는커녕 오히려 정반대이다. 무엇보다 군기의 사각 천에 그려졌다는 '황제와 두 아들의 초상'이 문제가 된

---

4   유세비우스, 『전기』 1, 27-32.

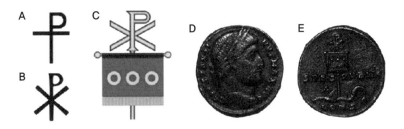

그림 8-1

그림 8-1 A는 staurogram, B는 christogram, C는 labarum, D, E는 325년경 콘스탄티노폴리스에서
발행한 동화의 앞뒷면.
앞면인 D에는 콘스탄티누스 황제의 두상과 함께 대황제(Constantinus Maximus Augustus)라는 문구가 새
겨지고, 뒷면인 E에는 군기(labarum)로 적을 상징하는 뱀을 찌른 장면과 함께, '공공의 희망(spes publica)'
이란 문구가 새겨졌다. C와 E의 군기 한가운데 사각 천에 보이는 세 개의 작은 원은 황제와 그 두 아들의
초상을 가리킨다. 황제가 그렇게 두 아들에 의해 보필된다는 점에서 공공의 희망을 갖게 되었다는 뜻이다.

다. 유세비우스가 언급한 그 초상은 분명 밀비우스 다리 전투 시기의 것이었을
리 없다. 이탈리아를 침공할 무렵, 콘스탄티누스에게는 단 한 명의 아들, 즉 미
네르비나와의 사이에 낳은 크리스푸스밖에 없었기 때문이다.[5]

　오히려 그 환영 속에서 보았다는 군기는 유세비우스가 황제를 알현하고 그
'환영'의 이야기를 들었던 해(325년경)에 발행된 주화가 묘사한 장면과 정확히 일
치한다[그림 8-1(C, E)]. 아닌 게 아니라, 그 무렵 부황제로 지명된 두 아들(크리스
푸스와 콘스탄티누스 2세)이 콘스탄티누스 황제를 보좌하고 있었다. 유세비우스
가 묘사한바, 군기에 그려진 '황제와 그 자녀들', 그리고 주화에 그려진 군기 위
의 세 점은 바로 320년대 중엽 황제와 두 부황제를 가리키는 것이었다. 게다가
그 무렵 황제 및 황실과 기독교의 연관이 매우 긴밀한 상태였다. 황제는 자신
이 하나님의 가호 아래 제국을 통일하고 나아가 교회의 통일을 후원한다는 점

5　콘스탄티누스의 부인 파우스타가 둘째, 셋째, 넷째 아들을 낳은 것은 각각 314년, 317년, 323년이었다.

을 선전했고, 황제 가족의 기독교 신앙도 공공연해지고 있었다(아래 11~12장과 14장 참조). 그렇다면, 유세비우스가 기록한 312년의 '환영' 이야기는 320년대 중반 콘스탄티누스가 주화를 통해 선전할 만큼 공식화했던 기독교 정책과 그것의 선전의도에서 재구성된 것이었을 가능성이 농후하다. 325년경 황제가 유세비우스에게 들려주었다는 312년의 '환영' 이야기는 그런 관점에서 점검할 필요가 있다.

이상의 논의에 근거해 이렇게 추측해 볼 수 있다. 밀비우스 다리 전투 직후, 이교와 기독교 양쪽에서 그때 승리한 비결을 설명하는 신화 만들기가 시도되었다. 가령 락탄티우스가 제시한 기독교적 '환영'의 신화는 그중 하나였지만, 분명 정교하지도 않았고 또 공인받지도 못한 것이었다. 그러기에 그 무렵 『교회사』를 쓴 유세비우스가 전혀 그에 대해 몰랐던 것이리라. 하지만 10여 년 뒤에는 312년의 '환영'에 관해 표준적인 기독교 신화가 완성되거나 공식화되고 있었다. 흥미롭게도 그 신화의 형식은 사도 바울이 회심할 때의 신비체험과 매우 흡사했다. 바울은 다마스커스 시 근방에 이르렀을 때, 하늘에서 찬란한 빛을 보고, 앞을 보지 못하는 가운데 예수의 말씀을 들었다고 한다.[6] 한낮에 하늘에서 본 빛과 예수의 음성 메시지, 이 점에서 바울과 콘스탄티누스가 겪은 '환영'은 서로 닮은꼴이다. 아무튼 황제는 그 '환영'의 신화를 유세비우스에게 들려주었고, 거기서 본 표지를 공식 주화에 새기게 했다[그림 8-1(D, E)]. 바야흐로 공식화된 신화가 널리 보급되기 시작한 것이다.[7]

라바룸 상단을 장식한 크리스토그램이 기독교 상징으로 일반화되기 시작한 것도 '환영' 신화가 완성될 무렵부터였다. 320년대 후반부터 주화는 물론, 석관

6　「사도행전」 9장, 22장, 26장.
7　5세기에 나온 교회사들이 모두 유세비우스의 '환영'의 신화를 따르고 있다. 소크라테스, 『교회사』 1, 2; 소조멘, 『교회사』 1, 3-4; 필로스토르기우스, 『교회사』 1, 5.

그림 8-2

그림 8-2  A: 콘스탄티누스 황제(306-337년), 315년 티키눔 발행 은제 메달
　　　　 B: 콘스탄스 황제(337-350년), 346년 시스키아 발행 통화
　　　　 C: 콘스탄티우스 2세(337-361년), 338-341년 사이 시스키아 발행 통화


과 묘비 등에 그것의 사용빈도가 눈에 띄게 늘어 났다[그림 8-2(B, C)]. 그 이전에
크리스토그램이 콘스탄티누스 황제와 직접 결부된 것은 315년 티키눔(오늘날의
북이탈리아 파비아 시)의 조폐소에서 제작된 은제 메달[그림 8-2(A)]이 유일한 사례
였다. 왕관을 쓴 황제가 로마의 건국신화(늑대가 쌍둥이에 젖을 먹이는 모습)로 장식
된 방패를 들고 말을 탄 모습이 그려졌는데, 왕관 앞쪽 상단에 원으로 둘러싸
인 크리스토그램이 보인다. 그것은 분명 기독교의 표지이지만, 공식적으로 승
인받은 것이 아니라, 기독교도였음 직한 메달 제작자가 슬며시 삽입한 것이었
던 듯하다. 그 후 10여 년간 비슷한 사례가 전혀 발견되지 않기 때문이다.
　　락탄티우스가 말한 '환영' 속의 표지 스타우로그램도 마찬가지라 생각된다.
고대 세계에서 승자가 전투 직전에 신(들)의 가호의 징표로 '승리의 환영'을 보
았다는 식의 설화는 아주 흔했다. 밀비우스 다리 전투 이듬해(313년), 리키니우
스와 막시미누스의 전투 때에도 락탄티우스는 비슷한 환영을 언급했다. 꿈속
의 천사가 "전 군대와 함께 하나님께 기도하라"고 지시했고, 그 기도 덕분에 리

키니우스가 승리했다는 것이다.[8] 이교 측의 사례도 있다. 310년의 황제찬양연설은 콘스탄티누스가 갈리아에서 본 환영에 대해 언급했다. "오, 콘스탄티누스 황제시여, 당신이 보신 환영은 이랬습니다. 아폴로 신(혹은 태양신)이 승리의 여신을 대동하고 당신께 월계관을 씌워 주셨지요."[9]

몇몇 현대학자들은 락탄티우스가 묘사한 스타우로그램의 천문학적 개연성에 근거해 그의 증언이 믿을 만하다고 주장했다. 즉 화성-토성-목성-금성이 일렬을 이룰 때, 베가-독수리-뱀의 별자리와 교차하면서 스타우로그램의 형상을 취하기도 하며, 아니면 최소한 햇무리(solar halo)의 한 현상으로 볼 수 있다는 것이다[그림 8-3]. 하지만 콘스탄티누스가 혹 그 천체현상을 보았다 해도, 그것을 굳이 '예수의 가호'의 표지로 받아들였다고 믿기 어렵다. 다만 락탄티우스가 그 현상을 기독교의 표지로 해석했을 뿐이다. 하지만 락탄티우스의 해석은 기독교 측에서조차 거의 주목받지 못했다. 유세비우스가 훗날 콘스탄티누

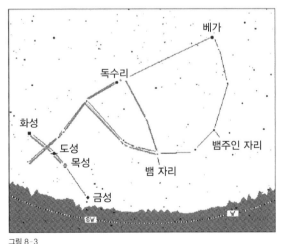

그림 8-3

---

8    락탄티우스, 『박해자들』 46.
9    「황제찬양연설, 310년」 21, 4.

스 황제에게서 직접 들었다면서 전해 준 다른 환영의 신화가 그것을 압도하고 말았던 것이다.

사실, 기독교적 '환영'의 주장은 전투 당시의 상황에 비추어 보아도 썩 어울리지 않았다. 다시 말해 콘스탄티누스 쪽에서 막센티우스에 대한 기독교 성전을 표방하기에는 명분이 약했다. 막센티우스는 통치 초기부터 기독교를 관용하고 후원해 왔으며, 이 점은 교회사가 유세비우스도 인정한 바였다. "로마에서 통치권을 얻은 막센티우스는 처음에는 인민에게 잘 보이고 아부하여 기독교도인 체했다. 그는 기독교에 대한 박해중단을 지시해, 전날의 황제들보다 자비롭고 온건해 보였다."[10] 이렇게 유세비우스가 막센티우스의 친기독교 정책을 가리켜 위선이라 매도한 것은 콘스탄티누스만을 진정한 기독교 황제로 부각하고 싶은 편파적 의도 때문이었다.

사실, 대박해 시기에 막센티우스의 관할령은 제국 전체에서 기독교에 가장 호의적인 지역이었다. 9세기에 저술된 『교황의 서(Liber Pontificalis)』에 의하면, 막센티우스 치세 동안 로마 주교 세 명(2-4대 주교인 마르켈루스, 유세비우스, 밀티아데스)이 순조롭게 선출되었다. 특히 2대 주교였던 마르켈루스는 18개월의 재임기간 중에 매우 정력적으로 활약했다. "그는 살라리우스 가도에 공동묘지를 조성하고, 시내에 25개의 교구와 관구를 설치해, 많은 회심자들이 세례 받고 회개할 수 있게 했다."[11] 그리고 311년 4월 갈레리우스 황제가 종교관용 칙령을 반포했을 때, 막센티우스는 로마 시장에게 지시해 박해기간에 몰수했던 교회 재산을 반환케 했다고 전한다.[12]

한편 로마군대로 말하자면, 이교적 성향이 아주 강한 조직이었다. 그런 군대

---

10　유세비우스, 『교회사』, 8, 14(416쪽).
11　『교황의 서』 31.
12　성 아우구스티누스, 『도나투스주의와의 간편 비교』 34.

그림 8-4

**그림 8-4** 313년 티키눔에서 발행한 금제 메달. "행복한 황제들의 행차"라는 새김글로 두 황제의 밀라노 방문을 기념. 그러나 그림에는 승리의 여신이 안내하는 콘스탄티누스 황제만을 묘사함

를 이끌고 기독교에 우호적인 막센티우스 치하의 로마 시를 공격하기에 앞서, 기독교적 '환영'을 통해 승리를 보장받았다고 주장하는 것은 결코 현명한 책략이 아니었다. 앞 장에서 보았듯이, 침공 직전부터 승전 직후까지 콘스탄티누스의 일관된 선전구호는 '폭군타도'와 '인민해방'이었다. 승전 직후 락탄티우스 같은 일부 기독교도는 그것을 기독교적으로 윤색하려 했고, 그로부터 10여 년 뒤 콘스탄티누스의 친기독교 정책이 뚜렷해질 때는, 아주 잘 다듬어진 신화가 공식적인 버전으로 통용되기에 이르렀다. 콘스탄티누스 황제가 동방의 주교 유세비우스에게 들려준 '환영'의 이야기는 바로 그렇게 '조작된 역사'였다. 다시 말해, 콘스탄티누스 황제의 기독교 회심의 결정적인 계기로 회자되어 온 312년의 '환영'은 신화에 불과했다.

이제 두 번째 신화, 소위 '밀라노 칙령'에 대해 살펴보자. 313년 2-3월경, 콘스탄티누스는 로마를 떠나 갈리아의 트리어 황궁을 향했다. 북상 도중 밀라노(옛 로마식 이름은 메디올라눔) 시를 방문했다[그림 8-4]. 리키니우스와 회담하기 위해서였다. 이교와 기독교 측을 막론하고, 대부분의 사료는 공히 두 가지를 강조한다. 콘스탄티누스 측이 회담을 주선했으며, 주요 의제는 리키니우스와 콘스탄티아(콘스탄티누스의 누이)의 혼인이었다는 것이다. 락탄티우스는 "초겨울 콘스탄티누스는 밀라노로 갔고, 리키니우스도 아내를 넘겨받기 위해 그곳에 왔다"고 기록했고, 조시무스는 "콘스탄티누스는 리키니우스를 밀라노로 불러들여 누이와 결혼시켰다"고 썼다.[13]

그 혼인은 1년여 전 콘스탄티누스와 리키니우스가 동맹을 맺을 때 약속했던 바였다. 하지만 분명 결혼식이 회담의 주목적은 아니었다. 아마 그간의 정세변화에 따른 관계 재조정이 현안이었을 것이다. 콘스탄티누스로서는 선제적으로 막센티우스를 제압한 것을 기정사실로 승인받고 싶었던 반면, 리키니우스는 막시미누스와의 전쟁이 임박한 터라 동맹의 재확인이 절실했다. 락탄티우스는 동방의 정세를 이렇게 전한다. "막시미누스는 두 사람(콘스탄티누스와 리키니우스)이 결혼식으로 분주할 때, 혹한을 무릅쓰고 시리아를 떠나 강행군하여 비티니아로 진군했다. … 그는 자신의 영토 안에 머무르지 않고, 즉각 보스포루스 해협을 건너 비잔티움 성문에 도착했다."[14] 분명 리키니우스 쪽이 더 다급한 형국이었으므로, 콘스탄티누스가 그를 불러들였다기보다, 리키니우스가 트리어로 돌아가는 콘스탄티누스를 만나기 위해 밀라노 행차를 서둘렀을 것이다.

근현대의 수세기 동안 이 밀라노 회담의 역사적 의의에 대한 인식은 다음과 같았다. 그 회담의 주요 현안은 외교협상보다 종교정책이었고, 그래서 회담의 결과 기독교에 대한 '관용칙령'이 반포되었다는 것이다. 하지만 놀랍게도 그 통념은 동시대 사료 어디에도 근거가 없었다. 기독교 측 기록에조차 '밀라노 칙령'은 한 번도 언급된 적이 없었던 개념이었다. 말하자면 그것은 근대에 비로소 등장한 신화였다. 그렇다면 도대체 무엇을 근거로 '밀라노 칙령'이라는

---

13    조시무스, 『새 역사』 2. 17. 2; 락탄티우스, 『박해자들』 45; 발레시아누스, 『콘스탄티누스의 기원』 9; 아우렐리우스 빅토르, 『황제사』 41. 4.
14    락탄티우스, 『박해자들』 45.

개념이 생겨났으며, 고대에 그것의 실체는 무엇이었을까? 이 궁금증을 풀려면 먼저 이 책의 4장 끝에서 언급한 311년 갈레리우스의 관용칙령부터 꼼꼼히 살펴야 한다.

앞에서 보았듯이 갈레리우스 황제는 디오클레티아누스와 함께 303년에 시작된 대박해의 주역이었다. 그랬던 그가 죽기 직전 종교에 대한 보편적 관용의 방침을 결심하고, 311년 4월 세르디카에서 관용칙령을 반포했다. 기독교사가들은 죽기 전 그를 괴롭힌 병마를 아주 상세히 묘사하면서 이렇게 주장했다. 그의 병마는 바로 박해자에 대한 하나님의 징벌이었으며, 칙령은 그 징벌에 굴복했다는 징표였다.[15] 유세비우스와 락탄티우스는 자랑스런 전리품처럼 갈레리우스 칙령의 핵심부분을 인용했다.[16]

우리는 항구적인 공익을 위한 법규들 중에서, 모든 것이 로마인의 옛 법과 공적 기강에 합당하도록 노력했다. 특별히 조상의 종교를 저버린 기독교도들도 올바른 생각으로 돌아오게 하는 것이 우리의 목표였다. 그들은 … 방자함과 어리석음에 사로잡혀, 스스로 법을 만들고, 크게 어긋난 신념을 가진 다른 공동체를 이루었다. 기독교도로 하여금 조상의 습속을 준수하게 하는 칙령(즉 303년의 박해칙령)이 포고된 이후, 그들 다수는 위험이 두려워 굴복했고, 또 다수는 실제 위험을 겪었다. 그런데도 여전히 다수는 완고해서 우리의 전통 신들은 물론, 그들의 하나님도 섬기지 못하고 있는 것이 현실이다. 따라서 우리가 늘 모든 사람을 관대하게 대해 온 대로, 그들에게 관용을 베푸는 것이 합당하다고 판단했다. "그들은 공공질서를 해치지 않는 한, 기독교 신앙을 갖고, 예배모임의 장소를 설치할 수 있다. 정무관들이 취할 조치에 대해서는 부칙으로 명시할 것이다." 이

---

15  유세비우스, 『교회사』 8. 16(421쪽); 락탄티우스, 『박해자들』 33.
16  유세비우스, 『교회사』 8. 17(421쪽); 락탄티우스, 『박해자들』 34.

렇게 종교관용을 포고하는 만큼, 기독교도도 그들의 안녕뿐 아니라 제국의 공
공안녕을 위해 그들의 하나님에게 기도하는 것이 도리일 것이다.[17]

유세비우스의 기록은 락탄티우스보다 두 가지 점에서 훨씬 상세하다. 첫째,
칙령의 전문(praefatio)을 인용하고 있다. 그 덕분에 우리는 갈레리우스가 발의한
칙령에 리키니우스, 막시미누스, 콘스탄티누스가 동의했다는 사실을 알 수 있
다. 그러니까 세르디카에서 포고된 칙령이 부칙(즉 시행세칙)과 함께 세 황제에게
전달되면, 그들은 다시 그것을 휘하 총독들에게 고지하게 될 터였다. 둘째, 유
세비우스는 세 황제가 각자의 관할령에서 칙령을 집행한 방식을 기술하고 있
다. 특히 막시미누스 쪽에 대한 설명이 상세한 것은, 그만큼 칙령의 집행이 순
조롭지 않았기 때문이었다.

막시미누스의 관할령 중에서 시리아–팔레스타인과 소아시아는 4장에서 보
았듯이, 제국 전역에서 기독교 교세가 가장 급속히 성장한 곳이었다. 그만큼 기
독교와 이교 사이의 갈등도 첨예했다. 이교 신전들의 터전이자, 기독교 선교의
주요대상이던 하층민이 밀집한 도시 영역에서 특히 심했다. 도시 소재 특정 신
전이 널리 알려진 숭배 장소인 경우, 그 신전의 활력은 해당 도시의 번영 혹은
침체를 좌우하는 경우가 드물지 않았다. 신전의 건축과 장식, 순례자들의 방문
과 숙박, 제사(희생물의 공급과 소비)와 축제(연극, 합창, 체육 등의 경연), 그리고 그를
계기로 발생한 수공업 공방과 장마당 등등. 이런 다양한 종교관련 경제활동은
시민의 생계는 물론 도시의 공공세입의 중요한 원천을 이루었다. 따라서 기독
교의 성장에 대한 도시 상층민의 반발은 그저 문화적 위기감의 표출이 아니었
다. 더 절박한 이유는 재정위기였다.

---

17  락탄티우스. 『박해자들』 34.

막시미누스가 처음 갈레리우스 칙령을 관할령 곳곳에 하달하자, 도시에서 소요사태가 속출했다. 칙령 반포 후 몇 달 동안 기독교도의 예배활동이 현저히 가시화된 탓이었다. "이런 조치가 시행되자, 마치 한 줄기 서광이 밤하늘을 비춘 것 같았다. 모든 도시의 교회마다 사람들이 붐볐고 … 예배의식이 적절히 거행되었다. 그러자 회심하지 않은 이교도들이 깜짝 놀랐다."[18] 이교도가 거세게 반발했고, 그 사태는 안티오키아, 니코메디아, 티로스 같은 비교적 큰 도시만의 현상이 아니었다.[19] 소아시아 서남부의 한 소도시(리키아의 아리칸다)에서 발견된 청원서 비문은 중소도시들의 사정도 비슷했음을 짐작하게 한다. 그 청원은 막시미누스, 콘스탄티누스, 리키니우스 세 황제(갈레리우스는 칙령을 반포한 지 일주일 만에 사망했다)를 향해 시내에서 기독교도의 집회와 예배는 물론, 시내 체류를 금지해 줄 것을 호소하는 내용이었다.[20]

리키니우스와의 전쟁을 앞둔 막시미누스로서는 도시들에서 이교주민의 그와 같은 반발과 소요사태를 무시하기 어려웠기에 일단 동조하는 태도로 그들을 무마하려 했다. 유세비우스가 인용한 티로스 시에 보낸 칙답이 그런 태도를 잘 예시한다. "주지하듯, 전에 없던 이런 재난들(폭풍과 홍수, 지진 등)이 빈발하고 있다. 경건하지 않은 자(즉 기독교도)들의 치명적 과오와 어리석음 때문에 그런 일들이 발생한다. … 저들이 저주받을 우행을 계속 고집한다면, 당신들이 요청한 대로, 그들을 격리시켜 도시와 인근지역에서 쫓아내 버리시오."[21] 하지만 막시미누스의 고충은 이교도의 불만에만 동조할 수 없다는 데 있었다. 갈레리우스도 기독교 박해로 인한 사회불안의 부작용을 간과할 수 없어 관용하는 쪽으로 전환하지 않았던가? 하물며 전쟁을 앞두고, 그것도 기독교 교세가 가장 강

18  유세비우스, 『교회사』 9, 1(427쪽).
19  유세비우스, 『교회사』 9, 1-7(424-434쪽).
20  『라틴비문집성』 3권, 12132번.
21  유세비우스, 『교회사』 9, 7(432-433쪽).

한 지역에서 박해를 계속해, 후방에 적대세력을 양산할 수 없었다. 게다가 곧 보게 되듯이 그의 정적 리키니우스는 갈레리우스의 관용칙령을 수용하는 입장이었다.

리키니우스와의 전쟁이 발발한 직후, 막시미누스는 관용정책으로 선회했다. 유세비우스의 『교회사』는 313년 5월경 그가 휘하 총독들에 보낸 칙서를 인용하고 있다.

(가이우스 발레리우스) 막시미누스 황제가 다음과 같이 고지한다. … 선임 황제이신 디오클레티아누스와 막시미아누스께서 내린 박해칙령을 기화로 기독교도들이 집회를 금지당하고, 관리들이 그들의 재산을 강탈했다. 그러나 지난해 나는 총독들에게 서신을 보내 이렇게 지시한 바 있다. 누군가 기독교의 관습을 따르거나 그들의 신을 숭배한다면, 그들은 아무런 방해를 받지 않고 뜻대로 할 수 있다고. 그러나 일부 재판관들이 지시를 따르지 않아 … 저들은 자유로운 예배를 주저했다. … 그래서 나는 이 지시를 공표할 것을 명령한다. 그들의 '하나님의 집'을 지을 수 있게 허락하고, 덧붙여 다음과 같이 결정한다. "박해 이전, 법적으로 기독교도가 소유했던 가옥이나 땅은 우리의 관습에 따라 원소유주에게 반환하든가, 아니면 시 참사회가 수용해 경매에 붙이거나 구호금으로 쓰게 하라."[22]

이 칙서에서 주목할 점은 종교정책이 박해에서 관용으로 바뀔 때, 그에 따른 법적 후속조치가 구체적으로 언급되어 있다는 사실이다. 종교관용은 미래와 과거 양방향의 후속조치를 수반해야 했다. 향후 자유로이 신앙을 선택할 것과

---

22  유세비우스, 『교회사』 9. 10(444-446쪽).

함께 집회장소(교회)를 설치하는 등 집회의 자유를 인정하는 한편, 과거 박해 때 부당하게 몰수한 교회와 그 귀속재산이 반환되도록 조치해야 했다. 앞에 인용한 갈레리우스 칙령이 언급한 '정무관이 취할 조치에 대한 부칙'이란 바로 그런 후속조치를 가리키며, 위의 막시미누스의 칙서는 그것을 예시하고 있다고 생각된다.

한편, 리키니우스와 콘스탄티누스는 갈레리우스의 관용칙령을 어떻게 처리했을까? 아쉽게도 이에 대한 락탄티우스와 유세비우스의 기록은 아주 모호하다. 하지만 한 가지는 분명하다. 밀라노 회담에서 갈레리우스 칙령을 대체할 새 칙령이 반포되었다는 언급은 없다. 유세비우스는 두 황제가 기독교도를 위한 "가장 완벽한 형태의 법을 제정했다"고 주장했지만, 그 문맥은 의도적이라 생각될 만큼 매우 애매하다.[23] 다른 칙령과 칙서들의 원문을 곧잘 인용하곤 하던 그가 '밀라노 칙령'의 경우에는 원문 인용은커녕, 그것의 존재조차 확실하게 언급하지 않았다. 정녕 '밀라노 칙령'이 콘스탄티누스가 주도한 '가장 완벽한 형태의 법'이었다면, 유세비우스의 그런 취급방식은 꽤 수상해 보이지 않는가?

물론 밀라노 회담에서 갈레리우스 칙령이 전혀 의제로 취급되지 않았던 것은 아니다. 적어도 리키니우스는 그것에 더 적극적인 관심을 가질 만한 입장이었다. 첫째, 그는 갈레리우스가 죽기 전까지 줄곧 그를 보필해 왔으니, 그 칙령의 결정에도 적잖이 기여했을 것이다. 둘째, 막시미누스와의 전쟁을 앞두고 그 칙령을 재확인하는 것은 리키니우스에게 전략적으로 유리했다. 앞에서 보았듯이, 막시미누스가 박해를 재개해 기독교도의 불만이 팽배한 터라, 리키니우스는 관용칙령을 수용함으로써 막시미누스 영토의 기독교도가 자신을 지지해 줄 것이라 기대할 수 있었다. 말하자면, 적진 내에 동조세력을 확보하게 되는

---

23  유세비우스, 「교회사」 9, 9(440쪽).

셈이었다.

한편, 콘스탄티누스에게 종교관용은 그리 절박한 문제가 아니었다. 갈레리우스 칙령이 반포된 뒤부터 밀라노 회담 전까지(311년 4월-313년 2월) 콘스탄티누스는 그 칙령을 휘하 총독들에게 고지한 적이 없었다. 그를 기독교의 궁극적 구원자로 여겼던 락탄티우스와 유세비우스조차 전혀 그런 사실을 언급하지 않았다. 서부제국의 기독교 교세가 상대적으로 약해, 종교적 갈등이 동부만큼 첨예하지 않아서였을까? 아무튼 그래서 밀라노에서 두 사람의 협상에 대해 이렇게 추측하게 된다. 리키니우스는 콘스탄티누스의 이탈리아 침공을 묵인하고 결혼동맹을 받아들인 대신, 막시미누스와 전쟁에서 콘스탄티누스가 자신에 협조할 것과 동부의 기독교도를 위해 관용칙령을 재확인해 달라고 요청했다.

아닌 게 아니라, 1년여 뒤, 종교관용과 관련해 밀라노 회담을 강조한 것도 콘스탄티누스가 아닌 리키니우스였다. 그는 막시미누스를 타도하고 니코메디아에 입성한 뒤(313년 6월경), 후자의 관할령 곳곳에 관용칙령을 고지하는 칙서를 보냈다. 한 달쯤 전 막시미누스가 뒤늦게 관용령을 포고했었지만, 그전까지 박해가 계속된 점을 감안할 때, 그것은 필요한 조치였다. 락탄티우스는 비티니아 총독에게 보낸 칙서를, 유세비우스는 팔레스타인의 한 총독에게 보낸 것으로 추정되는 거의 비슷한 문안의 칙서를 인용했다.[24] 아무튼 양쪽 모두 서두에 리키니우스와 콘스탄티누스가 밀라노에서 종교관용의 방침에 합의했음을 강조한다. 락탄티우스가 인용한 칙서를 음미해 보자.

① 우리는 밀라노에서 회담을 갖고 공화국의 이익과 안전을 중시하기로 합의했다. … 그리고 ② 기독교도와 다른 종교를 가진 자들이 각자에게 가장 적합해

---

24   락탄티우스, 『박해자들』 48; 유세비우스, 『교회사』 9, 5(476-478쪽).

보이는 종교를 따르게 하는 것이 바람직하다고 판단했다. … 그래서 당신에게 다음과 같이 고지한다. 과거 기독교도에 관해 내린 지시(즉 박해칙령)의 어떤 단서에도 개의치 말고, 모두에게 종교의 자유를 허용하고 … 방해하거나 괴롭히지 말라. … 동시에 기독교도는 물론 다른 사람들에게도 종교의 자유를 인정하는 것임을 알아 두라. … 더욱이 기독교도와 관련해서는, ③ 과거 그들의 집회에 적합한 장소에 대한 지시사항들이 있었다. 하지만 ④ 이제 속주 재무관 등으로부터 그 집회장소를 매입한 자는 모두 보상 없이 그것을 기독교도에게 반환하도록 하라.**25**

그러니까 리키니우스는 밀라노 회담의 합의(인용문의 ①항)에 의거해 종교관용령을 총독들에게 하달했던 것이다. 기독교도뿐 아니라 이교도까지 포함하는 보편관용령이었지만, 특히 기독교도를 위해 세세한 후속조치(③과 ④)가 마련되었다. 그 핵심사항은 앞에 인용한 막시미누스의 관용령과 마찬가지로 박해 때 몰수된 교회재산의 반환지시이다. 사실, 그것이 전제되지 않았다면, 향후 집회자유와 교회건립을 보장하겠다는 관용선언은 공허하게 들렸을 것이다. 갈레리우스의 칙령도 마찬가지여서, 부칙에 그런 후속조치를 명시해 놓았을 것이라 짐작된다. 막시미누스와 리키니우스의 관용령은 모두 그 칙령을 재확인한 것이니, 당연히 그 내용이 유사했다. 리키니우스와 콘스탄티누스가 밀라노에서 합의한 것은 갈레리우스 칙령의 재확인이지, 그것을 대체할 새 칙령(즉 '밀라노 칙령')이 아니었다.

그러므로 고대 말과 중세를 통해, '밀라노 칙령'이 한 번도 언급되지 않은 것은 결코 놀라운 일이 아니다. 4세기 말, 밀라노 시와 교회의 위상을 드높인 주

25  락탄티우스, 『박해자들』 48.

교 암브로시우스의 방대한 저술에서도 마찬가지였다. 진정 '밀라노 칙령'이 교회사의 큰 분수령이었다면, 밀라노 주교가 그토록 무심할 리 없었을 것이다. 5세기 초 오로시우스가 쓴 『이교도를 반박하는 7권의 역사』는 고대 말의 기독교도들이 '밀라노 칙령'에 대해 전혀 몰랐다는 또 다른 방증을 제공한다. 그 역사책은 기독교 박해를 종식시킨 관용칙령을 언급하면서, 갈레리우스의 칙령을 언급할 뿐, 콘스탄티누스의 '밀라노 칙령'에 대해서는 일체 언급하지 않았다.[26]

다시 말하지만 그것은 근대가 만든 신화였다. 16세기에 가톨릭 추기경 바로니우스가 『교회연대기(Annales Ecclesiasticae)』를 저술하면서 '밀라노 칙령(edictum Mediolani)'이란 용어를 쓴 것이 효시였다. 그 근거는 유세비우스가 『교회사』에 인용한 리키니우스의 관용령 칙서의 서두에 나오는 '밀라노 합의'였다. 수년 후 바티칸 서고에서 락탄티우스가 쓴 『박해자들』의 필사본이 발견되면서, 바로니우스의 '밀라노 칙령'이란 착상은 '역사적 사실'의 지위를 얻었다. 락탄티우스가 인용한 리키니우스 칙서(위의 발췌 인용문을 참조)가 바로 유세비우스가 (그리스어로 번역해) 인용한 칙서의 라틴어 원본이라 추정되었기 때문이다. 그 파장은 작지 않았다. 그때까지 신뢰성을 의심받던 유세비우스의 『교회사』가 사료로서 존중되기 시작했으며, 아울러 락탄티우스와 유세비우스가 공히 언급한 '밀라노 합의'가 역사적 비중을 얻게 되었다. 18세기 초, 프랑스의 교회사가 티유몽이 바로니우스를 따라 '밀라노 칙령'이란 용어를 사용한 이래, 오늘날까지 그것은 교회사의 획기적 사건으로 기억되어 왔다. '밀라노 칙령'은 갈레리우스 칙령을 대체한 '가장 완벽한' 관용칙령으로, 콘스탄티누스 황제가 그 주역이었다고 말이다.

---

26 오로시우스. 『이교도를 반박하는 7권의 역사』, 364-365쪽 참조.

## 9장 황제와 불패의 태양신

앞에서 간간이 언급된 소위 '콘스탄티누스 개선문'에 대해서 좀 더 자세히 살펴보자. 그것은 로마 시의 '원로원과 인민(S.P.Q.R.)'이 콘스탄티누스의 즉위 10주년(315년)에 즈음해 세운 것으로, 3년 전 전승의 기념물이었다. 다시 강조하지만, 그것은 엄밀히 말해 개선문이 아니라 그냥 아치 형태의 기념물이었다. 내전의 승리로는 결코 개선식을 치를 수 없었기 때문이다. 다만 종종 기념아치와 개선문의 형태가 비슷해, 편의상 양쪽을 다 '개선문'이라 부르곤 했다. 아무튼 황제는 즉위 10주년 기념식을 수도 로마에서 치를 예정이었다. '개선문'의 시공기간을 그 행사에 맞추느라, 과거 황제들의 기념물들에서 여러 개의 장식 부조들을 떼어다 붙였다. 하지만, 적어도 가장 시선을 끄는 두 부분에서 '개선문'의 취지가 아주 선명했다. 멀리서도 읽을 수 있을 만큼 큰 글씨로 새긴 상단 중앙의 비문,

그림 9-1

그리고 하단 중앙부를 가로지르는 프리즈의 장식부조들이 그렇다[그림9-1].

비문의 건립취지는 다음과 같았다. "임페라토르 카이사르 플라비우스(플라비우스 황가의 대장군)이시자, 경건하고 축복받은 대황제 콘스탄티누스께서는, **신의 영감과 황제의 높은 기백**으로 군대를 이끌어 의로운 무력으로 폭군과 그의 모든 패당으로부터 공화국을 구하고 복수하셨습니다. 로마의 원로원과 인민은 수도 로마를 해방하시고, 평온을 수립하신 황제께 승리의 표지로 이 아치를 지어 바칩니다." 한편, 프리즈는 이탈리아 침공에서부터 로마 시 입성까지, 312년 전쟁의 중요 순간들을 스냅숏처럼 포착한 부조들로 채워졌다. 베로나 공위, 밀비우스 다리 전투, 로마 시 입성 후 콘스탄티누스의 광장 연설 등 일종의 도상 기록물이라 할 만했다.

그런데 위에 인용한 비문에서 고딕체로 강조한 부분이 눈길을 끈다. 콘스탄티누스가 '신의 영감(instinctus divinitatis)'을 받아 싸웠다는 취지인데, 두 가지 점

그림 9-2

그림 9-3

**그림 9-2** 좌: 등쪽 측면 원형 부조의 4두전차를 탄 태양신(Sol)
　　　　　우: 서쪽 측면 원형 부조의 전차를 탄 달의 여신(Luna)
**그림 9-3** 개선문 양쪽 외측면 중앙부의 프리즈 바로 위의 원형 부조

에서 특이하다. 첫째, '신의 영감을 받았다' 식의 표현은 통상 개선문의 비문에서 볼 수 없던 것이었다. 둘째, 그 '신'이 누구인지 특정하지 않고 있다. 혹시 '개선문'의 장식도상들에서 그 '신'에 대한 상세정보를 얻을 수 있을까? 그러나 기대와 달리 각별히 부각된 신의 이미지가 없다. '개선문' 좌우 측벽에 부착된 두 개의 원형 부조들에 그려진 태양신(Sol)과 달의 여신(Luna)이 고작이다[그림 9-2와 9-3]. 두 도상의 위치가 너무 주변적인 데다, 서로 대등하게 묘사된 터라, 어느 쪽이 '영감을 준 신'이라고 단언하기 어렵다. 하지만 '개선문'의 도상들에서 적어도 이 점만은 분명하다. 기독교적 상징이 전혀 없다. 콘스탄티누스 황제가 로마 시를 공격할 때 기독교적 환영을 보고 승리했다는 주장은 그 사건을 기념한 '개선문' 앞에서 무색해지는 것이다.

아닌 게 아니라, '신의 영감을 받아'란 라틴어 문구는 이교 문학의 상투적 표현으로, 공화정 말(기원전 1세기)의 문필가 키케로가 효시였다. 그의 『점술론』에는 이런 대목이 있다. "점술에는 기술에 의한 것과 자연에 따르는 것, 두 가지가 있네. … 벼락 같은 현상을 해석하거나 별점을 치는 것은 기술적인 것이고, 꿈이나 탁선을 해석하는 것은 자연적인 것이지. 그것들은 원인보다 결과를 더 살펴야 한다고 생각되네. 실로, 자연의 힘은 때로는 오랜 동안 관찰된 표지들을 통해 혹은 어떤 **신의 영감을 통해**(instinctu divino), 우리에게 미래를 말해 주곤 하지."[27] 그러니까, 희생동물의 내장 모양, 새가 나는 모양, 혹은 별들의 위치 같은 표지들에 대한 점술가의 해석과, 행위 당사자가 꿈이나 탁선을 통해 신으로부터 직접 영감을 얻는 경우를 구별한 것이다. '개선문'의 문구는 물론 후자에 해당된다.

같은 시기의 사례도 있다. 갈리아의 한 웅변가가 트리어의 콘스탄티누스 황

---

27  키케로, 『점술론』 1, 12, 1-10.

궁에서 행한 어전연설이 그것이다. 때는 콘스탄티누스가 로마를 떠나 갈리아로 귀환한 직후(313년)로, 지난해 황제가 거둔 두 번의 승리가 찬양의 골자였다. 라인 강 전선에서 프랑크족을 격퇴하고, 이어서 이탈리아를 침공해 로마 시를 해방시킨 일이다. '개선문' 공사는 아마 그 어전연설이 행해질 무렵에 시작되었을 것이다. 연설 내내 '신의 영감' 혹은 '신의 뜻(mens divina)'이 거듭 강조되지만, 다음 대목이 가장 인상적이다.

> 친구들과 장군들이 대부분 수군거리며 불평했고 … 또 점술가들이 경고했지만, 당신은 혼자서 로마 시를 해방시킬 때가 되었다고 판단하셨지요. 콘스탄티누스 황제시여, 당신은 우리들의 걱정일랑 아래 신들에게 맡기시고, 당신에게만 드러난 신의 뜻과 은밀히 통하셨던 것이 분명합니다. 오, 용맹하기 그지없는 황제시여, 만일 그런 게 아니라면, 이런 사실을 우리가 어찌 납득할 수 있겠습니까? 당신은 라인 강 전선이 안전하도록 병력을 남겨 두셨지요. … 당신은 당신이 치르셔야 할 전쟁보다 우리의 안전을 더 든든히 보강하셨던 겁니다.[28]

고딕 부분은 다음의 사실을 알려 준다. 웅변가는 이교도이며, 그는 콘스탄티누스가 어떤 높은 '신의 영감'에 이끌려, 라인 강 전선을 떠나 이탈리아 침공을 감행했다고 믿고 있다. 그 점에서 웅변가와 '개선문'의 정신은 서로 통한다. 흥미롭게도 웅변가 역시 '개선문'의 비문처럼 영감을 준 신을 특정하지 않는다. 다만 이렇게 말할 뿐이다. 그분은 '아래 신들'이 아니라 '세계의 창조주(mundi creator et dominus)'이시며, "때론 슬픈 소식을, 때론 기쁜 소식을 주신다."[29] 분명 '개선문'을 세운 로마 시 주민과 갈리아의 웅변가는 물론, 찬양과 기념의 대상

---

28 「황제찬양연설, 313년」 2, 4-5.
29 「황제찬양연설, 313년」 13, 1-2.

그림 9-4

이던 황제 자신까지, 312년의 이탈리아 침공에 대해 같은 인식을 공유하고 있었다. 황제 쪽에서 어느 높은 신의 가호 아래 승리한 것이라고 선전한 결과였을 것이다.

같은 시기에 콘스탄티누스 관할 하의 조폐소들에서 발행된 주화들은 그 '높은 신'을 더 구체적으로 보여 준다. 황제는 막센티우스를 타도한 뒤, 이탈리아와 북아프리카의 4개 조폐소를 접수해 모두 9개 조폐소를 갖고 있었다[그림 9-4]. 발행된 주화는 크게 세 종류로 소액화폐인 동화와 귀금속 화폐인 금화와 은화, 그리고 즉위 10주년에 황실 선물용으로 제작한 금메달이다. 그 주화들에서 310년부터 320년대 초까지 '불패의 태양신(Sol Invictus)'이 황제의 동반자(comes)로 나타난다.

고대세계에서 대중적 유통수단인 주화보다 더 좋은 선전매체는 없었다. 그래서 통치자가 발행을 독점했으며, 유통규모가 큰 소액화폐일수록 선전 메시지 변화에 민감하게 반응했다. 콘스탄티누스의 '불패의 태양신'도 동화에서 제일 먼저 나타났다가, 가장 일찍이 사라졌다. 동화가 주로 군인봉급으로 지불되었던 점, 그리고 태양신이 군대에서 가장 인기 있었던 점과 무관하지 않았다. 황제에게는 '높은 신'의 가호만이 아니라 병사들의 충성과 지지도 중요했다. '높은 신'은 바로 태양신이라고 말해 줄 필요가 있었다.

황제와 태양신과의 직접적인 인연은 310년부터였다. 그해 트리어의 황궁에서 행한 황제 찬양연설이 그 계기를 들려준다. 콘스탄티누스가 장인 막시미아누스의 반란을 진압하고 라인 강 전선으로 돌아가다가 갈리아의 한 아폴로 신전에 들렀을 때였다.

> 황제께서 잠시 길을 벗어나 세상에서 가장 아름다운 신전, 아니 당신께 모습을 드러낸 신께 다가갔을 때였지요. 오 황제시여, 아폴로 신께서 승리의 여신을 대동하시고, 당신께 월계관들을 씌워 주셨다지요. 월계관은 하나하나 30년간의 길조를 뜻하니, 그 인간의 여러 세대에 해당하는 그 기간 동안 당신의 통치가 무사할 것임을 가리킵니다. … 당신께서는 가인들이 세계의 지배가 임박했음을 예언하는 노래를 바쳤던 바로 그 아폴로 신에게서 당신 자신의 모습을 보신 것입니다.[30]

인용문에서 연설가가 아폴로라 부른 것은 사실 태양신(Sol)을 가리킨 것이었다. 그 무렵 아폴로는 수세기 전 그리스에서 로마에 들어올 때와는 사뭇 다른 신이었다. 300여 년 전, 로마의 첫 황제 아우구스투스가 자신의 황궁 옆에 수

---

30 「황제찬양연설, 310년」 21, 3-6.

그림 9-5

그림 9-5  A: 콘스탄티누스 황제 관할 트리어 조폐소 발행 동화(313년)
      좌: 월계관을 쓴 콘스탄티누스 황제
      우: 가장자리에 '황제의 동반자인 불패의 태양신에게(SOLI INVICTO COMITI)'라는 새김글. 그 안쪽으로
      발광 관모를 착용하고 오른손을 쳐들고, 왼손에 세계지배를 상징하는 공을 든 태양신
    B: 콘스탄티누스 황제 관할 티키눔 조폐소 발행 동화(318~319년)
      좌: 월계관을 덧씌운 투구를 쓴 콘스탄티누스 황제
      우: 가장자리에 '(황제의 영원한 지배를) 기뻐하시는 승리의 여신에게(VICTORIAE LAETAE PR PERP)'
      라는 새김글. 그리고 그 안쪽으로 마주 선 두 승리의 여신이 함께 제단 위로 방패를 든 모습. 방패
      위에 '황제를 위한 서원(VOT PR)'이란 새김글
    C: 리키니우스 황제 관할 알렉산드리아 조폐소 발행 동화(314년)
      좌: 월계관을 쓴 리키니우스 황제
      우: 가장자리에 '황제들의 수호자 유피테르 신에게(IOVI CONSERVATORI AVGG)'라는 새김글. 그리고
      그 안쪽으로 오른손에 공을 디디고 선 승리의 여신을 들고, 왼손에 왕홀을 든 유피테르 신

호신 아폴로의 신전을 지을 때만 해도, 그 신은 다분히 그리스적인 신이었으며, 신탁과 치료의 권능을 갖고 시가(詩歌)를 주관한다고 알려져 있었다. 종종 '빛나는'이란 뜻의 포이부스(Phoebus)라는 별명으로도 불렸지만, 그리스의 태양신 헬리오스(Helios)나 로마의 토착 태양신(Sol Indiges)과는 엄밀히 구별되었다. 하지만 로마인들 사이에서 아폴로 신 자체에 대한 관심이 별로 없었던 데다 '빛나는' 신이라는 그의 속성이 태양신과 동일시되었기 때문에 시간이 흐르면서

서서히 아폴로와 태양신을 혼동하는 경향이 나타났다. 이와 같은 혼동을 확산시키는 데는, 특히 시가를 주관하는 신 아폴로를 직업의 수호신처럼 떠받들던 문필가들이 큰 역할을 했다. 위 연설도 바로 그런 경우로, 태양신을 아폴로라는 이름으로 부른 것이다.

310년대에 발행된 주화 도안과 대조해 보면, 연설 속의 아폴로가 곧 태양신이었음이 더 분명해진다. 예컨대 313년 트리어 조폐소에서 발행된 주화[그림 9-5(A)]를 보자. 앞면에는 승리의 월계관을 쓴 콘스탄티누스 황제가 있고, 뒷면에는 가장자리에 '황제의 동반자이신 불패의 태양신(Sol Invictus Comes)'이란 새김글과, 그 안쪽으로 발광형의 왕관을 쓰고 왼손에 세계를 상징하는 공(globus)을 든 태양신이 그려져 있다. 이 주화의 메시지는 명료하다. 황제가 세계를 지배할 때까지, '불패의 태양신'이 그의 승리를 돕는다는 것이다.

연설내용과 주화의 메시지가 거의 일치하지만, 한 가지 미세한 차이가 있다면 전자에 아폴로가 거느린 '승리의 여신'이 언급된 것과 달리, 후자에는 그에 해당하는 도상이 없다. 하지만 그럴 만한 이유가 있었다. '불패(invictus)'라는 형용사에 강조된 태양신의 권능 때문에 승리의 여신을 굳이 내세울 필요가 없었다. 같은 시기에 동쪽의 리키니우스 황제가 발행한 주화[그림 9-5(C)]의 도안과 대조하면 그 점이 잘 드러난다. 역시 '황제의 승리'라는 메시지를 담은 그 주화에는 유피테르 신이 승리의 여신과 함께 등장한다. 한편 319년쯤, 콘스탄티누스가 '불패의 태양신'과 거리를 두기 시작할 때, 주화 도안[그림 9-5(B)]에 일어난 변화도 눈길을 끈다. 거기서는 마주 선 두 승리의 여신과 '황제의 영원한(세계지배를) 기뻐하시는 승리의 여신'이라는 새김글이 '불패의 태양신'의 자리를 대신하고 있다. 요컨대 310년의 연설과 310년대에 발행된 주화는 한 가지 사실을 가리킨다. 콘스탄티누스는 310년부터 한동안 '불패의 태양신'을 숭배했다는 것이다.

그런데 콘스탄티누스가 태양신을 선택하게 된 계기로는 갈리아의 '아폴로 신전'에서 본 환영보다 한층 더 복잡한 사정이 있었다. 다름 아니라 같은 해에 장인이 일으킨 반역의 파장이었다. 그 반란을 진압한 직후, 콘스탄티누스가 서둘러 자신의 족보를 개조했다는 사실은 이미 앞에서 이야기했다(6장 참조). 그때 그는 장인의 가계(헤르쿨레스 왕조)를 버리고, 반세기 전 황제였던 클라우디우스의 가계를 택했다. 콘스탄티누스의 선친 콘스탄티우스가 바로 클라우디우스의 조카 손자였다는 주장이 족보개조의 핵심이었다.[31]

그런데 클라우디우스 황제의 수호신이 바로 태양신이었다. 『황제전』에 수록

그림 9-6

그림 9-6  A: 로마 조폐소 발행(268-270년)
　　　　　좌: 발광 관모를 쓴 클라우디우스 황제
　　　　　우: 가장자리에 '영원한 황제권(AETERNIT AVG)'이라는 새김글. 그 안에 발광 관모를 쓰고, 오른손을 쳐
　　　　　　들고, 왼손에 세계지배를 뜻하는 공을 든 태양신
　　　　B: 세르디카 조폐소 발행(274년)
　　　　　좌: 발광 관모를 쓴 아우렐리아누스 황제
　　　　　우: 가장자리에 '불패의 태양신에게(SOLI INVICTO)'라는 새김글. 그 안에 발광 관모를 쓰고, 오른손을 쳐
　　　　　　들고, 왼손에 공을 든 태양신. 그 발 아래 사로잡힌 두 명의 포로

31　유트로피우스, 『로마 약사』 9, 22; 조나라스, 『역사』 12, 26.

된 「클라우디우스 전기」에는 그 점에 관해 일언반구도 없지만, 대신 주화가 그 사실을 생생히 알려 준다. 비록 재위기간(268-270년)이 무척 짧았던 황제였지만, 그 사이에 발행된 동화가 남아 있다. 그것의 앞면에는 발광형 왕관을 착용한 클라우디우스 황제가, 뒷면에는 세계를 지배하는 '황제권의 영원함'을 보증하는 태양신이 그려져 있다[그림 9-6(A)].

사실, 황제들의 태양신 숭배는 더 일찍이 시작되었지만, 그 신을 승리의 수호자로서 선호한 것은 특히 3세기 중엽의 황제들이었다. 그 무렵 로마 제국에서 태양신 숭배는 종교적 혼합주의 속에서 형성된 '단일신교'들 가운데 하나였다. 로마의 토착 태양신(Sol)과 동방 기원의 유사 태양신들, 예컨대 시리아 기원의 바알(Baal)신, 페르시아에서 들어온 미트라(Mithra)신이 뒤섞였다.[32] 특히 미트라 숭배는 페르시아, 시리아, 소아시아, 그리스를 거치면서 꽤 완성된 혼합주의 교리와 의식 및 신도들의 조직을 갖추고, 변경을 따라 주둔지가 바뀌던 로마 군대를 통해 제국 곳곳에 급속히 확산되었다. 미트라는 일찍이 '불패의 신(invictus)'으로 불릴 만큼, 군대의 안전과 승리를 보증하는 그야말로 '군대의 신'이었다.

하지만 3세기 중엽에 황제들이 잇달아 태양신을 수호신으로 삼자, 태양숭배의 격이 달라졌다. 그것은 가령 지방색과 직업적 연관이 강하고, 희생동물의 선혈이 낭자한 제사를 수반하던 미트라 숭배와 구별되었다. 오히려 태양신은 전통적 공식숭배의 꼭대기에 있던 유피테르, 마르스, 헤르쿨레스 같은 '높은 신'의 지위를 누렸다. 아니 태양신이 그 유서 깊은 신들의 지위와 권능을 흡수했다는 편이 옳다. 3세기 중엽, 고르디아누스(238년 재위) 이후 일련의 황제들이 그 변화에 기여했으며, 아우렐리아누스 치세(270-275년 재위)는 절정에 달했다. 그

---

32　예컨대 엘라가발루스 황제의 바알 신 숭배에 대해서는 기번, 「로마제국쇠망사」 1권, 169-171쪽 참조.

A                B

그림 9-7

그림 9-7  A: 313년 콘스탄티누스 황제 관할 티키눔(북이탈리아) 조폐소 발행
                 B: 278년 프로부스 황제 관할 시스키아(오늘날의 크로아티아) 조폐소 발행

는 태양신의 핵심 권능을 '불패'로 규정하고, 수도 로마에 정식사제단을 갖춘 신전을 지었으며, 4년제 태양신 기념경기(Agon Solis)까지 도입했다. 그를 후계자로 지목한 클라우디우스 황제(268-270년 재위)는 그 절정에 이르는 중요한 징검다리 역할을 했다.[33]

두 황제가 발행한 주화들에서 그 사실이 역력히 드러난다. 클라우디우스의 주화 도안[그림 9-6(A)]은, 태양신이 황제의 영원한 세계지배를 보증한다는 메시지를 담고 있다. 한편 아우렐리아누스의 주화의 경우[그림 9-6(B)], 뒷면 가장자리에 새겨진 '불패의 태양신에게'라는 글을 빼면 모든 점에서 클라우디우스의 것과 동일하다. 그것을 위에서 보았던 콘스탄티누스의 태양신 주화(313년 트리어 발행 동화)와도 비교해 보라. 이번에는 황제가 월계관 대신 발광형 왕관을 쓴 것 외엔 모든 점이 같다. 하지만, 이 차이도 동일한 메시지가 다르게 표현된 데 불과하다. 즉 황제가 태양신의 기운(발광형 왕관)을 받아 승리(월계관)를 거둔

---

33  기번, 『로마제국쇠망사』 1권, 379쪽.

다는 뜻이다. 그러니까 콘스탄티누스는 선조 클라우디우스 황제의 태양신을 선택하면서, 아우렐리아누스 황제가 완성한 개념을 따른 것이다.

313년에 티키눔에서 제작된 금메달의 도안[그림 9-7(A)] 역시, 콘스탄티누스의 태양신 숭배가 3세기의 유산에 크게 의존했음을 잘 보여 준다. 그것은 같은 해 그의 밀라노 방문을 기념하는 주화였다. 메달의 앞면 가장자리에는 '불패의 황제 콘스탄티누스(invictus Constantinus)'란 새김글이, 안쪽에는 왼쪽을 향해 나란히 선 두 남성이 보인다. 뒤쪽은 발광형 왕관을 쓴 태양신이고, 앞쪽은 월계관을 쓰고 방패와 창을 든 황제이다. 그런데 이는 30여 년 전 역시 태양신 숭배자였던 프로부스 황제가 발행한 금메달의 도안[그림 9-7(B)]을 거의 그대로 복제한 것이다. 태양신과 황제가 오른쪽을 향하고 있고, 그래서 황제가 왼손에 든 방패에 장식그림을 넣을 수 없었다는 점만 다를 뿐이다.

3세기 중엽 황제들이 이처럼 승리를 보증하는 태양신에 집착한 것은 말할 것도 없이 시대상황 때문이었다. 앞에서(1장) 설명했듯이, 제국은 만성적인 대내외적 위기를 겪고 있었다. 특히 다뉴브 강 변경 너머 고트족과 스키티아인의 침공이 빈발했고, 제국 안에서는 갈리아와 시리아에서 분리주의가 기승을 부렸다. 황제들의 급선무는 전쟁이었고, 황제권의 명운이 그것의 성패에 달려 있었다. 당연히 승리가 최고의 가치였고, 몇몇 황제는 태양신의 가호로 승리를 거두었다. 클라우디우스 황제가 고트족을 물리쳤고, 아우렐리아누스 황제는 분리주의를 진압하고 제국의 재통합에 성공했다. 승리를 보증한 태양신이 '불패의 신'으로 불리게 된 것은 이처럼 필연적이었다.

하지만 그들은 왜 옛 황제들처럼 유피테르나 마르스 신을 승리의 수호신으로 삼지 않았을까? 그들 모두 변방인 발칸 북부 출신이었기 때문이다. 즉 그들은 제국의 중심부인 수도 로마와 이탈리아에서 시작된 전통적인 공식숭배를 모르거나 존중하지 않았다. 그들에게는 제국의 변경에 주둔하는 군대의 사병

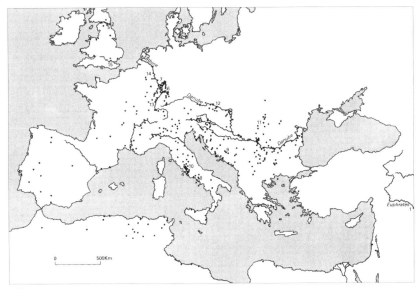

그림 9-8

**그림 9-8** 지도에서 점들은 모두 미트라 사당(Mithraeum) 혹은 숭배의 다른 흔적들이 발견된 곳들을
가리킨다. 발칸 반도 북부와 갈리아 지역에서는 주로 라인 강과 다뉴브 강 변경의 주둔지
혹은 약간 후방에 위치한 군사 식민시들이다. 미트라 숭배가 주로 군대의 이동 경로를 따
라 확산되었다는 증거이다. 한편, 북아프리카와 이탈리아의 미트라 숭배지들은 아시아 출
신의 상인이나 노예들이 많이 이주한 곳이며, 미트라 숭배 확산의 다른 경로를 시사한다.

과 장교들을 결속시키던 미트라 숭배나 시리아 전쟁터에서 발견한 바알숭배
가 훨씬 더 친숙했다[그림 9-8]. 변경에서 나고 자라, 변경주둔군의 장교를 거쳐
황제에까지 오른 그들이, 태양신의 가호로 군대의 충성과 전쟁의 승리를 보장
받으려 한 것은 지극히 자연스런 일이었다. 그 결과 태양신 숭배는 한층 공적
이고, 보편적인 종교로 격상하게 될 터였다.

이쯤에서 콘스탄티누스 황제가 태양신을 선택한 동기와 배경을 종합해 보
자. 첫째, 그것은 310년 족보를 개조할 때 불가피한 선택이었다. 클라우디우스
황제의 수호신을 따르면, 그 후예라는 주장이 더 그럴듯해 보일 것이라 생각했

던 것이다. 둘째, 태양신 숭배는 4인공치제와의 결별선언이었다. 2장에서 보았듯이, 4인공치제를 구상한 디오클레티아누스는 3세기 중엽의 태양신 숭배를 외면하고 로마 전통숭배의 재생을 꾀했다. 유피테르, 헤르쿨레스, 마르스 신을 더 중시했다. 콘스탄티누스가 이 묵계를 깨고 다시 3세기의 태양신 숭배로 돌아간 것은, 더 이상 4인공치제를 존중하지 않겠다는 선언이었다.

이처럼 콘스탄티누스의 족보개조는 가계 및 수호신의 변경과 함께 정치적 야심도 담고 있었다. 따라서 310년 무렵 그는 아마도 리키니우스보다 먼저 이탈리아 침공에 대한 생각을 굳혔을 것이다. 312년 마침내 그는 그 계획을 실행에 옮겨 4인공치제를 결정적으로 무너트렸다. 하지만, 그의 궁극적 목표는 제국의 통일이었다. 그리하여 과거 제국을 재통합한 아우렐리아누스 황제처럼, 그도 '불패의 태양신'의 가호로 그 꿈을 실현하고 싶었다. 310년 태양신의 선택, 그것은 콘스탄티누스의 군사적, 정치적 야심의 표현이었다.

그런데 319년 이후, 콘스탄티누스가 발행한 소액화폐(동화)에서 태양신은 급격히 사라졌다. 동시에 진행된 화폐개혁이 그 변화를 부추겼다. 새 동화의 은 함유량을 약간 늘리면서, 명목가치를 2배로 인상했던 것이다. 평가절하 된 옛 동화가 빠르게 퇴장해, 그만큼 황실 재정수입의 증대효과를 거두었다. 그 결과 동화를 주로 사용하던 병사와 서민들은 그 뒷면에서 익히 보던 '불패의 태양신'을 더 이상 볼 수 없었다. 아래의 도안들에서 보듯, 그것은 방패를 든 승리의 여신, 군기와 포로, 월계관 같은 이미지들로 대체되었다[그림 9-9].

분명 중요한 변화였지만, 그렇다고 황제가 태양신 숭배를 완전히 단념한 것은 결코 아니었다. 금화나 기념메달에는 324년까지 국지적, 간헐적으로 '불패의 태양신'이 나타나거니와, 더 주목할 점은 321년 '태양일(dies solis)'을 공휴일로 지정한 사실이다. 비록 사료는 충분하지 않지만, 이 법령의 배경과 의의를 좀 상세히 따져 볼 필요가 있다.

그림 9-9

그림 9-9  A: 319년 트리어 조폐소. 가장자리에 '영원한 황제권을 기뻐하시는 승리의 여신'이란 새김
글과 마주 선 두 승리의 여신이 제단 위로 방패를 든 모습

B: 320-321년 런던 조폐소. '군대의 용기'란 새김글과 앉아 있는 두 포로 사이에 세워진
군기

C: 324-325년 안티오크 조폐소. 월계관과 그 아래로 '콘스탄티누스 황제'란 새김글

D: 330-331년 트리어 조폐소. 왼손으로 방패를 붙들고 오른손에 왕홀을 든채 뱃머리를
딛고 서 있는 승리의 여신


유스티니아누스 법전의 기록에 의하면, 그 법령의 골자는 "존경할 만한 태양
일에는 모든 재판관들과 도시평민, 그리고 각종 업무의 종사자들이 일을 멈추
고 쉰다"는 것이었다. 아쉽게도 법제정의 동기와 배경은 완전히 생략되고, 오
직 두 개의 예외조항만 상세히 기록되어 있다. "파종과 포도나무 심기에 더 좋
은 날이 없을 수도 있으니" 농민은 휴식하지 않아도 되었고, 또한 가장의 자녀
해방과 주인의 노예해방은 공휴일이라도 법적 효력을 인정받는다는 내용이었
다.**34** 예외규정들은 태양일이 원칙적으로 휴일이라는 점을 한층 더 선명하게

---

34  『유스티니아누스 법전』 3, 12, 3; 『테오도시우스 법전』 2, 8, 1.

부각시킨다.

비록 기록은 빈약했지만, 이 법령은 거의 천년에 걸친 로마인의 생활리듬을 바꾼 매우 중대한 혁신이었다. 잘 알려져 있듯이, 로마인의 초기 달력은 태음력이었다. 공공생활의 리듬 역시 달의 주기에 맞춰져 있었다. 한 해는 12개월 외에, '장날(nundinae)'이 돌아오는 8일 단위로 구획되었다. '장날'은 '달'보다 서민의 일상생활에 더 친숙한 요소여서, 항상 달력의 필수 기재사항이었다. 종종 축제가 열렸지만 장날은 공휴일이 아니었다. 농민이 모처럼 시내 장터에 오는 때여서, 오히려 공공집회나 법정의 일정은 '장날'에 맞춰져 있었다. 하지만 장기적으로 태음력은 계절의 순환과 크게 어긋났고, 그 보완책이 바로 기원전 40년대에 율리우스 카이사르의 태양력 개혁이었다. 오래지 않아 '태양일'을 기준으로 삼고, 행성의 이름을 붙인 7일 단위의 행성주일이 서서히 보급되었다. 하지만 유서 깊은 '장날'은 여전히 중요한 생활리듬으로 살아남았다. 마치 현대 한국에서 구정과 신정이 그렇듯, 로마 제국에서 장날과 행성주일은 수 세기 동안 어정쩡하게 공존했다.[35]

콘스탄티누스의 '태양일' 법령은 그 오랜 공존을 깨고, 행성주일을 기본으로 삼으려 한 시도였으며, '태양일'의 공휴일 지정은 혁신의 촉매제였다. 사실 고대세계에서 주기적 돌아오는 공휴일은 아주 낯선 제도로, 유대인의 안식일(Sabbath)이 유일한 예외였다. 당연히 이 법령은 도시에서 주민생활의 패턴과 여건을 크게 바꾸어 놓았을 것이다. 관청과 법정의 업무가 중단되었고, 시내 상점과 공방들도 모두 문을 닫았다. 사회, 경제부문에 미친 파급효과가 적지 않았겠지만, 그에 관한 기록이 전혀 없다. 고대의 지식인은 대개 그런 사회학적 이슈에는 별로 관심이 없었던 것이다.

---

35  이에 대해서는 뤼프케, 「시간과 권력의 역사」(알마, 2011), 27-102쪽 참조.

321년 대혁신의 필요조건은 말할 것도 없이 당시 꽤 널리 보급되어 있던 '행성주일'이었다. 하지만 이 혁신의 충분조건이자 결정적 계기는 역시, 법조문의 표현처럼 콘스탄티누스의 남다른 '태양신 숭상(veneratio solis)'이었다. 사실 그의 태양신 숭배는 군대와 주민에게 황제숭배를 조장하는 데까지 나아갔다. 태양일에 병사들은 황제와 황실을 위해 태양신에게 이렇게 기도하도록 지시받았다. "우리는 당신의 가호로 승리했고, 적보다 더 강력해졌습니다. 당신의 은혜에 감사드리며, 앞으로도 축복해 주실 것을 믿습니다. 우리는 함께 당신에게 기도하며, 콘스탄티누스 황제와 그의 강건한 아들들을 오래 안전하고 승리하게 지켜 주실 것을 간청합니다."[36]

그래서 다시 이렇게 묻게 된다. 어째서 이 혁신적 법령이 제정되기 직전에 소액주화에서는 '불패의 태양신'이란 새김글과 도상이 급격히 사라진 것일까? 다음과 같은 설명이 불가피해 보인다. 황제는 태양신에서 가시적 특징과 명백히 군사적 속성을 탈색시켜 더 보편적인 '높은 신'의 속성을 갖게 할 셈이었다. 그 선택의 이점은 자명했다. 황제가 숭배하는 최고신이 더 넓은 범위의 주민에게 충성을 요구할 수 있을 터였다. 다음 장에서 더 논의하겠지만, 가령 태양일은 기독교도에게 '주의 날(dies dominica)'로 통용된 지 이미 오래였다. 마침 320년대 초 콘스탄티누스는 기독교 교세가 강한 동로마의 리키니우스와 최후 결전을 준비하고 있었다. 그 상황에서 태양신이 좀 더 추상적 최고신으로 고양되면, 기독교도가 콘스탄티누스 황제에 반감을 가질 가능성은 낮아질 터였다. 태양신 숭배와 기독교가 서로 섞이는 혼합주의는 황제의 전략적 선택의 배경이자, 동시에 그로 인해 더 거세질 추세였다. 다음 장에서 그 문제를 다룬다.

36  유세비우스, 『전기』 4, 18-20.

# 10장 거대한 소용돌이: 태양신 숭배와 기독교

앞(8장)에서 우리는 콘스탄티누스 황제의 극적인 회심(312년)이 만들어진 '신화'였음을 보았다. 동시대 교회사가 유세비우스는 콘스탄티누스 황제를 모세 같은 영웅에 견주었다. 모세가 히브리인을 예종의 땅 이집트에서 탈출시켜 축복의 땅 가나안으로 나아가게 했다면, 황제는 기독교가 박해의 오랜 질곡에서 벗어나 급속한 성장 국면으로 전환하게 한 결정적 위인이었다.

하늘의 계시와 영웅의 회심, 그 뒤 도래한 영광스런 새 시대. '콘스탄티누스 황제와 기독교'에 관한 한, 현대학자들 대다수는 여전히 그런 영웅적 서사를 선호한다. 아니 그것에 '사로잡혀' 있는 듯하다. 왜냐하면 그들은 대체로 그처럼 극적이고 선명한 플롯을 어지럽히는 증거들을 백안시하기 때문이다. 특히 앞 장에서 검토한 '불패의 태양신'에 관한 증거들을 대하는 태도가 그렇다. 대개는 그것들을 모호하게 얼버무리지만, 아예 그 증거가치를 부인하는 경우도 있다. 그들이 보기에 주로 주화에 등장하는 태양신은 그저 "강한 관성 덕분에 살아남았을 뿐, 이미 의미를 잃은 전통적 도안(圖案)"에 불과하다.[37] 이렇게 단호한 입장은 대체로 유세비우스와 같은 동시대 기독교 측 증언을 크게 신뢰하는 경향과 맥을 같이한다.

그런데, 콘스탄티누스 시대에 '불패의 태양신'이 한낱 퇴색한 전통적 도안이었을 뿐이라는 주장은 참으로 수긍하기 어렵다. 무엇보다 로마 제정기의 주화

---

37  반즈, 『콘스탄티누스와 유세비우스』, 48쪽; 드레이크, 『콘스탄티누스와 주교들』, 183쪽.

는 통치자의 가장 효과적인 선전수단이었다. 도안 및 새김글은 발행 당시의 정치사정과 통치자의 생각을 민감하게 전달하곤 했다. 20세기 영국에서 로마 제정기 500여 년간의 주화들에 대해 도록과 해설을 담은 방대한 총서 『로마 제정기 주화』를 간행한 것은, 말할 나위 없이 사료적 가치 때문이었다.[38] 게다가 '불패의 태양신' 도안은, 4인공치제와 그 직전의 주화에는 거의 보이지 않던 것으로, 콘스탄티누스 치세에 들어와 약 반세기 만에 되살아났다. 그것도 그 황제 관할하의 서부 제국 조폐소 여러 곳에서, 짧게는 5년(313-317년) 길게는 10년(313-324년) 동안 사용되었다. 어느 모로 보든 그 도안의 재생은 통치자의 정치적 행위였다. 그것을 그저 퇴색한 전통도안을 재활용하기로 한 조폐소 차원의 기술적 결정쯤으로 치부하는 것은 너무 몰역사적이다.

'312년 황제의 회심'에 근거한 영웅적 서사를 쫓는 학자들은 그렇게 310년대 후반 황제의 종교정책에 관한 중요한 물적 증거를 외면하는 한편, 기독교 측 사료에서 황제의 친기독교적 활동의 증거를 찾으려 한다. 그러나 그들에게는 불운하게도 동시대 역사가 유세비우스는 큰 도움을 주지 않는다. 『교회사』와 『전기』 모두 310년대 후반 황제의 교회 관련 활동에 관한 정보가 매우 빈약하다. 『전기』는 교회에 사재를 기증한 일과 속주에서 일어난 교회분규를 조정하기 위해 주교회의를 소집한 일을 아주 짧게 소개한다. 반면 『교회사』는 후자에 관련된 황제의 칙서 세 가지를 맥락 없이 열거할 뿐이다.[39] 분명 유세비우스는 해당 기간에 황제의 기독교 정책에서 특기할 만한 것을 찾지 못한 듯하다.

오히려 『전기』의 그 부분에 다음과 같은 기묘한 논평이 삽입되어 있다. "황제는 빈민에게 돈을 나눠 주시고, 이교도들에도 자애로움을 보여 주셨다. …

---

38 『로마 제정기 주화』 전10권(런던, 1923-1994). 이 총서는 10권, 만여 쪽 분량으로, 기원전 31년부터 서기 476년까지 발행된 주화들을 포괄한다. 제정기 주화는 통상 이 총서 제목의 이니셜(RIC)을 취한 분류법(예, RIC 679번)으로 식별된다.

39 유세비우스, 『전기』 1, 43-45; 유세비우스, 『교회사』 10, 5-7(479-483쪽).

요컨대 마치 태양이 지상에 떠올라 그 빛을 두루 나누어 주듯, 그분도 새벽 일찍이 황궁에서 나오셔서, 말하자면 태양처럼 창공에 떠올라, 찾아오는 모든 이에게 은혜의 빛을 비춰 주신다."[40] 황제가 기독교도와 이교도를 가리지 않고 만인에게 태양 같은 존재였다는 이 묘사는 과연 어찌 된 것인가? 그것은 혹시, 앞 장에서 본 대로 태양신과 자신을 동일시하던 황제의 모습을 넌지시 암시하는 것은 아닌가? 그렇다면 유세비우스는 비록 '312년 회심'의 신화를 만들기는 했으나, 역시 세상이 다 아는 일, 즉 황제가 310년대 내내 태양신을 최고신으로 모셨던 사실을 완전히 외면할 수 없었던 것일까? 그래서 310년대 후반 황제의 기독교 정책에 대해서도 말을 아낀 것이 아닐까?

하지만 '312년의 회심'을 금과옥조로 삼는 현대학자들은 310년대 황제의 친기독교 정책을 보여 줄 수 있다고 믿는다. 보다 후대의 사료로 유세비우스의 빈약한 정보를 보완하려는 것이다. 특히 두 가지가 강조된다. 하나는 아프리카에서 일어난 교회 내부의 갈등, 즉 도나투스(Donatus) 분규에 황제가 개입한 일이고, 다른 하나는 로마 시에 최초의 교회를 지어 준 일이다. 그들이 보기에 두 사례는 '밀라노 칙령'에 못지않게 콘스탄티누스 황제가 회심한 사실을 보여 주는 강력한 증거이다. 하지만 과연 그 후대의 사료들은 믿을 만한가? 또한 도나투스 논쟁 같은 교회문제에 개입한 사실만으로 황제가 기독교도라고 단정 짓는 것은 온당한가? 개입의 동기를 달리 해석할 여지는 없는가?

먼저 도나투스 분규를 살펴보자. 이 사태에 관한 가장 상세한 사료는 70여 년 뒤 분규가 거의 막바지에 달했을 때, 누미디아 속주에 속한 작은 부락 밀레비스(Milevis)의 주교 옵타투스(Optatus)가 집필한 『도나투스파에 대한 반박』이다.[41] 제목에서 알 수 있듯, 그는 분쟁 당사자로서 말하자면 역사기록을 투쟁

---

40    유세비우스, 『전기』 1, 43.
41    옵타투스, 『도나투스파에 대한 반박』(런던, 1917).

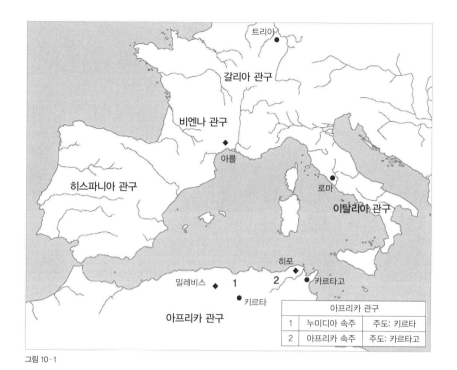

그림 10-1

**그림 10-1** 서기 310년 중엽 콘스탄티누스 황제 관할 서부 제국의 행정체계

의 한 수단으로 삼았다. 거기에는 황제, 속주총독, 로마, 갈리아 및 아프리카의 주교들 사이에 오고 간 각종 공문서가 축약 혹은 가필의 형태로나마 수록되어 있어서, 사건의 재구성에 매우 귀중한 자료이다.**42**

분쟁의 발단은 대규모 기독교 박해들의 후유증이었다. 3세기 중엽 데키우스 대박해 때, 교부 키프리아누스가 순교 전에 쓴 「타락자에 대하여」란 팸플릿이 초기양상을 잘 보여 준다. 사제와 평신도는 '순결한 자'와 '타락자', 즉 순교를

---

42  성 아구스티누스가 397년에 쓴 편지는 그 분규의 역사를 훨씬 소략하게 소개하고 있다. 성 아우구스티누스 의 『고백록』과 『서간문』(NPNF1-01), 635-646쪽(제43 서간).

각오하고 당당히 신앙을 고백한 자, 반대로 관헌에 성서를 내주고 황제를 위해 제사를 드러서 신앙을 부인한 자로 분류되었다.[43] 말할 것도 없이 이 이분법은 타락자의 교회복귀를 거부하는 순수파 입장의 반영이었다.

아프리카 교회의 분열은 303년 마지막 대박해를 겪은 뒤, 향후 100년 넘게 지속될 고질병이 되었다. 비록 단기간(303-304년)이었지만 대박해로 인한 피해 규모가 전에 없이 컸고, 그만큼 순수파의 목소리가 커진 탓이었다. 대주교는 물론 주교들의 압도적 다수가 순수파였다. 305년부터 종교회의는 서로 배반자(혹은 타락자)와 분파주의자(혹은 영웅주의자)로 성토하는 싸움판이 되곤 했고, 대개 상대편 사제에 대한 숙정운동과 얽혀 있었다. 특히 307년에 카르타고 교회의 주교가 된 카이킬리아누스의 경우가 첨예한 쟁점으로 떠올랐다. 순수파는 그 주교직을 인정하지 않았는데, 타락자인 선임자에 의해 축성되었다는 것이 이유였다. 그들은 대신 도나투스란 인물을 새 주교로 선임했지만, 정작 카르타고 교회의 회중은 자신들이 뽑은 카이킬리아누스를 지키려 했다.[44]

갈레리우스의 관용령(311년) 이후, 교회가 공인종교로서 각종 권리를 누리게 된 사정도 순수파의 투지를 부추긴 요인이었다.[45] 박해 때 몰수당한 재산의 회수뿐 아니라, 다른 종교들처럼 황제 교부금과 성직자에 대한 공직면제 같은 특전을 타락자와 공유하는 상황을 그들은 도저히 용납할 수 없었다. 그리하여 그들은 누미디아 속주총독 아눌리누스를 통해 콘스탄티누스 황제에게 아프리카에 사절을 파견해 판정해 달라는 취지의 청원서를 제출했다. 황제는 처음 교회분쟁에 휘말리기를 꺼려, 로마 주교 밀티아데스가 주재하는 종교회의에 그 문제를 위임하고,[46] 로마 시 소재 황후궁(속칭 '라테라누스 저택') 일부를 회의장으

---

43  한스 폰 캄펜하우젠, 『라틴교부 연구』(대한기독교출판사, 1979), 58-68쪽.
44  옵타투스, 『도나투스파에 대한 반박』, 27-42쪽.
45  유세비우스, 『교회사』, 10, 5-7.
46  4세기의 사료에 로마 주교라 언급된 직위는 후대의 개념으로 로마 교황이다. 6세기에 작성된 『교황의 서』

로 제공했다. 로마 종교회의는 카이킬리아누스의 주교 축성이 적법했으며, 도나투스는 교회재산을 침해했다고 판결했다(313년 10월).

순수파, 즉 도나투스파는 그 판결에 불복하고, 재심을 호소하며 소요를 일으켰다. 결국 이번에는 콘스탄티누스 황제가 개입해, 갈리아 남부의 아를(로마식 지명은 아렐라테)에 종교회의를 소집했다. 여행 편의를 제공하며 양측 당사자를 소환하는 한편, 황제도 재판을 참관했다(314년 4월). 아를에 모인 주교들은 예상대로 로마회의의 판결을 재확인했지만, 그로써 사태가 종결되지 않았다.[47] 카이킬리아누스와 도나투스가 1년 이상 갈리아에 머무는 동안, 황제 자신도 다소 오락가락하며 타협책을 모색했다. 하지만 종래의 결론이 뒤집히진 않았다. 315년 10월 황제는 밀라노에서 다시 카이킬리아누스의 무죄를 선고했다. 그리고 약 1년 후, 황제는 아프리카 관구총감에게 도나투스파 교회의 몰수를 지시했고, 다시 몇 달 뒤 로마군대가 도나투스파 교회를 습격했다. 바야흐로 도나투스 분리주의에 대한 긴 박해시대가 시작된 것이다. 하지만 그 무렵 아프리카 교회문제는 황제의 관심 밖이었다. 그는 316년부터 라인 전선에서 프랑크족과 싸운 데 이어, 동부제국의 리키니우스 황제와 내전에 휩쓸렸기 때문이다.

312-317년 동안 콘스탄티누스 황제가 아프리카의 교회분규에 개입한 경위는 대략 그러했다. 개입했다는 사실, 특히 개입한 방식은 과연 황제 자신의 기독교 신앙에서 비롯된 것이라 할 수 있을까? 현대학자 대다수는 명시적이든 암묵적이든 그렇게 믿지만, 문제는 그렇게 단순하지 않다.

무엇보다 황제가 아프리카 교회문제에 깊숙이 개입한 동기는 다분히 정치

---

에 의하면 교황 밀티아데스의 재위 기간은 314-316년이었다.

47  옵타투스, 『도나투스파에 대한 반박』, 382-398쪽; 유세비우스, 『교회사』 10, 5(480-481쪽); 유세비우스, 『전기』 1, 44.

적이었다. 아프리카 속주는 곡창지대로, 수도 로마와 이탈리아에 생명선 같은 곳이었다는 점을 간과할 수 없다. 이 전략적 관계는 수 세기에 걸친 것이지만, 앞(6장)에서 보았듯 가까운 선례도 있었다. 308년 막센티우스에 반기를 든 알렉산데르가 갈리아에 있던 콘스탄티누스에 동맹을 제안한 것은, 바로 아프리카의 그런 전략적 가치를 십분 활용하려던 시도였다. 콘스탄티누스 치하에 발생한 도나투스 분파운동은 아프리카 관구를 다른 방식으로 위협하고 있었다.

도나투스 분파운동은 단순한 종교갈등이 아니었다. 카르타고의 주교 카이킬리아누스를 지지하는 소수파 주교들은 대체로 아프리카 속주, 그중에서도 도시화된 지역에 분포했다[그림 10-1]. 외부 정복자의 언어인 페니키아어와 라틴어를 사용하는 그곳 주민은 이탈리아와 문물교류가 활발해 상당히 친로마적이었다. 카르타고, 우티카, 히포 같은 해양도시들이 대표적인 중심지였다. 반면 다수파인 도나투스계 주교들은 도시화가 미약한 지역, 특히 누미디아 속주의 내지에 기반을 두었다. 그곳 주민의 대다수는 농업과 목축을 생업으로 삼던 토착인 베르베르족이었다.[48] 그러니까 아프리카의 종교분쟁은 종족과 언어, 사회경제 조건, 문화성향에서 사뭇 이질적인 두 집단 사이에 드러난 복합적 갈등의 일면이었다.

이러한 아프리카 속주의 특성이 기독교 박해 동안에는 순교의 광풍과 급진주의 교부문학(예컨대 테르툴리아누스와 키프리아누스)에 투영되었다면, 관용령 이후에는 도나투스 분파운동과 '편력농민들(circumcelliones)'과 '신의 전사들(agonistae)'의 무장활동으로 분출되었다. 사태가 장기화되어, 5세기 초 히포의 주교 아우구스티누스는 여전히 그 문제들과 씨름해야 했다.[49] 도시화, 로마화를 거부하

48   브라운, 『아우구스티누스』(새물결, 2012), 48-49쪽.
49   한스 폰 캄펜하우젠, 『라틴교부 연구』, 10-85쪽; 포시디우스, 『아우구스티누스의 생애』(분도출판사, 2008), 61-71쪽; 브라운, 『아우구스티누스』, 301-319쪽.

고 엘리트 집단에 적대적인 점에서, 아프리카의 그 분리주의 세력은 1세기 무렵 유대사회의 열심당과 매우 흡사했다.[50] 처음 교회의 자체적 해결을 기대했던 황제가 결국 직접 개입하고, 그것이 지속된 데는 그럴 만한 이유가 있었다. 황제는 여전히 대신관(pontifex maximus)이었으며, 그 직권으로 회의조직, 여행수단 및 회의장 제공 같은 조처들을 취할 수 있었다.

하지만 교회사 서술의 전통 속에서, 이 아프리카 사태는 거의 주목받지 못했다. 유세비우스뿐 아니라, 소크라테스, 소조멘, 테오도레투스, 필로스트라투스 같은 후배 역사가들이 모두 그랬다. 옵타투스와 아우구스티누스가 상세기록을 남긴 것은, 바로 그들이 아프리카인으로 사건의 당사자였기 때문이다. 바꿔 말해, 도나투스 분파운동은 교회사의 큰 흐름이나 신학의 관점에서 그리 대수로운 사태가 아니었다. 하물며 그것이 방금 회심한 황제가 교회문제에 각별히 관심을 가졌던 증표라는 시각은 더더욱 없었다.

다음으로, 콘스탄티누스 황제가 310년대에 로마 시에 교회를 지어 주었다는 주장을 검토해 보자. 일종의 역대교황 집단전기인 『교황의 서』가 그 주장의 유일한 근거였다. 6-15세기 사이에 여러 손을 거쳐 편찬된 것으로, 성 베드로 이래 역대 로마 교황의 간략한 연보(전기와 업적)를 기록했다. 그것에 의하면, 33대 교황 실베스테르의 재임(314-335년) 중, 콘스탄티누스 황제가 로마 시 곳곳에 성당을 세우고 필요한 장식품들을 풍성하게 기증했다. 그중 효시는 '콘스탄티누스 성당(basilica Constantiniana)'이었다. 황제는 그 밖에도 제국 도처에서 교회를 짓고, 각지의 토지를 기진해 교회의 주 수입원이 되게 했다.[51]

'콘스탄티누스 성당'이란 곧 라테라누스의 성 요한 성당을 가리키며, 현대학자들은 그것의 시공기간을 314-324년으로 추정한다. 몇몇 학자들은 한걸음

---

50   요세푸스, 『유대전쟁사』(생명의 말씀사, 1987), 369-455쪽; 아슬란, 『젤롯』(와이즈베리, 2013), 289-368쪽.
51   몸젠, 『교황의 서』(베를린, 1898), 171-201쪽.

더 나아가 그 성당이 곧 교회건축의 원형이라고 주장하기도 한다.[52] 하지만 사료를 면밀히 살피면, 놀랍게도 그 추론은 매우 허술했음이 드러난다.

우선 실베스테르 교황 때, 콘스탄티누스 황제가 교회에 건물, 토지, 물품 등 여러 형태로 기증했다는 기록은 5세기 이후 형성되기 시작한 소위 '실베스테르 교황 전설'의 일환임에 유의해야 한다. 그 전설의 핵심은 그 교황에 의한 황제의 세례였다.[53] 그러나 앞으로(16장) 상세히 논의하겠지만, 그것은 사실이 아니라 의도적인 왜곡이었다. 교회건축과 재산기진의 사례들 역시 상당 부분 과장 혹은 허구였다. 그 전설은 시간 속에서 눈덩이처럼 커져, 중세(8-9세기)에는 소위 『콘스탄티누스 기진장(Constitutum Constantini)』이라는 위조문서를 낳았다. 동부 제국을 다스리기로 작정한 콘스탄티누스 황제가 로마 시와 서부 제국을 교황에게 기증했다는 내용이었다. 15세기의 인문주의자 로렌초 발라는 그 문서가 날조된 것임을 문헌학적으로 구명한 것으로 유명하다.[54] 『교황의 서』에서 실베스테르 교황에 대한 기록 역시 그런 날조, 신화 만들기에 적잖이 오염되어 있다.

하지만 성 요한 성당이 310년대에 착공되었다는 통설은 어떤가? 거기에는 좀 더 견실한 근거가 있는가? 유감스럽게도 결코 그렇지 않다. 그 추정의 주요 근거는 아무런 인과관계 없는 세 가지 사실이었다. ① 앞(7장)에서 보았듯이, 콘스탄티누스 황제는 막센티우스의 경호기병대를 해산하면서, 라테라누스 근방 소재의 병영을 철저히 파괴했다(312년). ② 위에 언급했듯이, 313년 로마 주교 밀티아데스(실베스테르의 선임자)가 도나투스 분쟁 때문에 종교회의를 조직했을 때, 라테라누스에 있던 황후궁의 일부가 회의장으로 제공되었다. ③ 라테라누

---

52  로덴, 『초기 그리스도교와 비잔틴 미술』(한길 아트, 2003), 34-37쪽.
53  13세기에 저술된 『황금전설』(크리스챤 다이제스트, 2007)도 그 전설을 따랐다. 이 책의 114-116쪽 참조.
54  곤잘레스, 『중세교회사』(은성, 2012), 274쪽.

스에는 4세기 어느 시점부터 성당과 교황청(domus Dei)이 자리 잡았다.

이 조각난 사실들은 곧 이런 논리로 연결되었다. 황제는 폐허가 된 기병대 병영을 실베스테르 교황의 취임(314년)에 즈음해 교회에 기증하고, 거기에 즉각 성당을 짓기 시작했다는 것이다. 그러나 이 가설에 중요한 반증이 있다. 동시대의 증인 유세비우스의 『전기』에 310년대 중엽 황제의 교회지원 활동으로 언급된 것은 재산 기증과 교회 증개축이 전부이며, 그 사건은 일절 언급되지 않았다는 점이다. 오히려 그는 황제의 활발한 교회신축활동이 동부제국의 리키니우스를 타도한 뒤(320년대 중엽)부터 시작된다고 기록했다.[55] 흥미롭게도 『교황의 서』에 기록된 황제의 로마 시 교회신축 사례들도 대부분 그 시기에 집중되었다. 바티카누스 언덕의 성 베드로 성당, 성벽 밖의 성 바울 교회, 그리고 모후 헬레나 궁터의 성심 교회 등이 그것인데 그들의 시공기간이 320년대 중엽 이후라는 것이 통설이다.

성 요한 성당의 신축도 마찬가지였을 것이다. 오직 그 성당만 예외적으로 310년대 중엽에 건축되었다는 통설은 전혀 확증이 없다. 그저 황제가 312년에 기독교로 회심했다는 가설에 기대어 만들어진 또 다른 가설일 뿐이다. 앞장에서 보았듯이, 그 무렵 황제는 '불패의 태양'을 공공연히 선전하고 있던 상황에서 로마 시에 성당신축은 어불성설이었다. 콘스탄티누스 황제의 종교정책에 변화가 생긴 것은 320년대 초반이었다. 공식선전 매체에서 태양신이 사라지고 있었던 반면, 로마 시와 제국 동부 곳곳에서 황제의 교회신축 지원이 본격화되고 있었다. 다음 장에서 상세히 다루겠지만, 이 종교적 '전환(conversion)'의 계기는 동부 제국의 황제 리키니우스와의 내전이었다.

여기서는 그 '전환'의 성격과 조건에 관해 논의를 좀 더 진전시켜 보자. 우선,

---

55  유세비우스, 『전기』 1, 42; 3, 28-53.

종교적 '전환', 그것은 황제의 신앙의 변화, 즉 회심(conversion)을 반영하는가? 그렇지 않다. 사실 콘스탄티누스 황제에 관한 한, 그의 신앙 혹은 '회심'의 결정적 증거는 없다. 아마 죽기 직전 세례를 받은 사실이 유일한 확증일 것이다. 하지만 더 중요한 점은 혹 황제 개인의 신앙을 확인한다고 해도 그것이 곧 종교정책의 이해에 결정적 요인이 아니라는 사실이다. 로마인에게 종교는 믿음이 아니라 행위, 즉 신에게 어떤 식으로 경배하는가의 문제였으며, 특히 공직자(정무관 혹은 황제)에게 점술, 기도, 제사 같은 종교행위는 항상 정치행위의 일부였기 때문이다.

콘스탄티누스 황제의 경우도 마찬가지였다. 우리는 이미 그가 서부 제국을 통일할 즈음(310-312년) 정략적으로 태양신 숭배로 전환했음을 확인했다. 한편 이 책의 남은 부분(11-16장)에서 다룰 것이지만, 320년대 초반 이후, 그가 기독교와 관계한 방식도 마찬가지였다. 교세가 강한 동부 제국을 정복하기 위해 기독교 후원자를 자처했고, 또 제국 통일 후에는 정통교리를 확립해 교회를 통일하고, 제국과 교회에 대한 황제의 통치권을 기독교 정치신학으로 강화했다.

이제 '전환'의 조건, 즉 당시의 종교지형에 대해 생각해 보자. 핵심적인 문제는 이것이다. 태양신 숭배에서 기독교로의 '전환', 그것이 가능할 만큼 두 종교 간 거리가 좁혀져 있었던가? 성 아우구스티누스가 '회심'하기까지의 과정이 좋은 비유 사례이다. 마니교에 심취했던 그가, 플라톤 철학(회의주의와 신플라톤주의)을 통과하는 지적 편력 없이 곧바로 기독교로 '전환'할 수 있었을까? 가능성은 아주 희박하다. 황제의 종교정책의 '전환'도 마찬가지였다. 그것이 비록 정략적 선택이라 해도, 태양신 숭배에서 기독교로 건너가는 징검다리들이 있어야, '전환'이 한결 용이했을 것이다. 말하자면 '미끄러지듯' 건너갈 수 있는 생태계가 필요했다. '거대한 소용돌이' 같았던 혼합주의가 바로 그런 생태계를 조성해 놓고 있었다. 특히 이교 일신론의 공격에 맞서 기독교가 개발한 변증론, 그중에서도 '차이'보다 '같음'을 강조했던 부분이 중요했다. 최고신 개념과 태양 상징성의 활용이 그것이다.

최고신의 개념과 관련해서는 『박해자들』의 저자 락탄티우스의 역할에 주목할 필요가 있다. 그는 본시 아프리카 출신의 라틴어 수사학 교사로, 일찍이 디오클레티아누스 황제가 그의 역량을 인정해 그의 거점도시 니코메디아의 석좌 교사로 임명했다. 그러나 니코메디아가 대박해의 진원지가 되자, 그는 그곳을 떠났다. 당분간 아프리카로 돌아간 듯하지만, 다시 트리어 소재 콘스탄티누스 황궁의 교사로 임용되었다. 그 시기는 콘스탄티누스가 막센티우스를 타도하고 아프리카를 접수한 직후라 짐작된다. 아마 서부 제국에서 그만한 역량과 경력을 가진 라틴어 수사학 교사를 찾기 어려웠을 것이다. 그는 열 살이 채 되지 않은 황제의 맏아들 크리스푸스를 가르쳤다.[56]

락탄티우스는 대박해의 충격 속에서 일련의 변증론을 썼다. 하지만, 그의 주요 저술들은 갈레리우스의 관용령 이후, 콘스탄티누스 황궁에 체류하는 동안 세상에 나왔다. 특히 『기독교 신학강요(Institutiones Divinae)』와 『박해자들』이 중요한데, 모두 콘스탄티누스 황제를 위해 쓴 것이었다.[57] 비록 전자에만 황제에 대한 헌정사를 썼지만, 앞에서 보았듯이 후자의 내용은 콘스탄티누스 영웅 만들기였다. 기독교의 오랜 박해의 시대가 콘스탄티누스 황제에 의해 종식된다는 줄거리였다.

『기독교 신학강요』의 가장 두드러진 특징은 철학적 혹은 이교적 일신론이다. 기독교의 하나님을 이교적 '일신'으로 설명하려는 것이다. 특히 플라톤, 그리고 신플라톤주자들이 플라톤 철학의 원천으로 간주한 이집트의 현자 헤르메스 트리스메기스투스의 가르침이 한껏 활용된다. 예컨대 다음 대목을 음미

---

56  한스 폰 캄펜하우젠, 『라틴교부 연구』, 86-94쪽, 108쪽.
57  전자는 313년에 초판이 324년에 개정판이 나왔고, 후자는 313-315년 사이에 집필되었다.

해 보자.

모든 철학자들의 생각은 적어도 하나의 섭리가 있다는 데서는 의견이 일치한
다. … 명칭은 문제가 되지 않는다. 그중에서 가장 현명하다고 알려진 플라톤은
대놓고 신들의 세계의 군주제를 지지했다. 그 일신이 이 완벽하고 경이로운 세
상을 만들었다는 것이다. … 이집트인이 토트(Thouth)라고 부르는 헤르메스는
… 비록 인간이지만 아주 학식이 높아 아주 위대하다는 뜻에서 '트리스메기스투
스'라 불리기도 한다. 그는 많은 책을 썼는데, 거기서 하나이시고 유일하신 최고
신의 우월함을 주장했으며, 그 최고신을 우리 기독교도처럼 '주 아버지'라고 불
렀다. … 그는 이렇게 말했다. "신은 하나이시며, 그렇기에 이름이 없다. … "[58]

게다가 위의 인용문에도 잘 나타나듯, 락탄티우스는 '일신'을 가리켜 '최고
신'이란 수식어를 매우 즐겨 사용한다. 이 책에서만 유사용례가 50회를 상회하
는데, 이는 라틴 교부문학 속에서 극히 이례적인 편이다. 락탄티우스가 이 용
어를 그처럼 애호한 것은, 바로 그것이 310년대에 '불패의 태양신'의 대명사처
럼 통용되었던 사정을 의식했기 때문이라 짐작된다. 콘스탄티누스 황제와 그
측근의 정책결정자들에게 태양신=최고신이 본질상 기독교의 유일신과 다르지
않음을 일깨워 주려 했던 것이다. 그리고 그 메시지를 더 널리 보급하기 위해,
320년경 그는 스스로 『기독교 신학강요』의 축약본을 만들었다.[59]

3위1체설이 기독교의 정통교리로 굳어질 때까지, 이교 일신론에 대한 기독
교의 입장은 일종의 '적과의 동침'이었다. 예수와 성령의 위격이 문제시되기 전
에는, 적어도 최고의 일신을 상정한다는 점에서 양자는 서로 통했다. 390년경,

---

58  락탄티우스, 『기독교 신학 강요』(리버풀 대학출판부, 2003), 68-69쪽.
59  락탄티우스, 『간편 기독교 신학 강요』(에딘버러, 1871) 제2권, 92-163쪽.

이교 지식인인 막스무스가 아우구스티누스에게 보낸 편지에서 그런 공감대가 느껴진다.

내가 늙어서 너무 완고하다고 여기서도, 내 말을 경청해 주시기 바랍니다. 올림 포스 산이 신들의 거처였다는 그리스 신화는 증거가 없습니다. 그러나 내가 사는 읍의 장터에는 이로운 신들이 가득하다는 것을 우리는 잘 알고 있습니다. 하지만 어느 누가 최고의 신은 시작이 없는 오직 한 분이며, 그분은 인간 세계의 아버지들처럼 자식을 낳지 않았다는 것을 모를 만큼 어리석거나 제정신이 아닐까요? 그분의 권세는 그분이 만드신 세상 구석구석에 미치고 있지요. 우리는 그저 그분의 이름을 알지 못하는 까닭에 제각기 다른 이름으로 부르고 있을 뿐입니다. 최고이신 그 한 분은 모든 종교에 공통이며, 그래서 우리는 마치 그분의 사지를 나누어 가지듯, 각기 다른 기도로 그분을 찾곤 하지만, 실은 그 한 분 전체를 모시는 것이지요.[60]

위 두 개의 인용문을 보면, 신플라톤주의자나 헤르메스주의자 같은 철학적 일신론자가 기독교로 개종하거나, 더 드물지만 그 반대현상이 왕왕 일어날 수 있었음을 상상하게 된다. 락탄티우스의 스승 아르노비우스가 그런 경우였으며, 락탄티우스도 마찬가지였을 것이다.[61] 한편 최고신파(hypsistariai)라 불리던 카파도키아의 기독교도들처럼 독특한 종파를 이룬 사례도 있었다. 유대교와 토착종교가 뒤섞여 형성된 최고신 숭배자들의 최종 정착지는 기독교였다. 그곳 출신의 유명한 교부 나지안주스의 그레고리우스는 자신의 부친이 바로 그

---

60 성 아우구스티누스, 『서간집』(로엡 고전총서), 16-20쪽(제16 서간).
61 한스 폰 캄펜하우젠, 『라틴교부 연구』, 88-89쪽.

런 사람들 중 하나였음을 알려 준다.[62]

뿐만 아니라, 이교 일신론은 비가시적 존재인 최고신을 종종 태양의 속성에 비유하곤 했다. 트리스메기스투스는 지고의 '일신'을 이집트 헬리오폴리스 창조신화의 원천인 태양신 아톰(Atum)에 빗대어 설명했다. "아톰은 만물을 포괄하는 전체이다. 그분은 둘이 아니라 하나이다. 여럿이 아니라 전체이다. … 하나와 전체는 동일하다. … 만물은 가장 높은 것에서 가장 낮은 것까지 존재의 연쇄로 서로 연결되며, 아톰의 뜻에 따른다."[63] 신플라톤주의의 태두 플로티누스도 '일자'를 태양에 비유했다. "태양도 귀감이 된다. 태양은 거기서 나오는 빛의 중심이며, 빛은 태양과 단절됨이 없이 도처에 미치기 때문이다. … 어떻게 다른 모든 것이 태양을 향하는 것일까? 마치 영혼이 없는 사물이 영혼(psyche)을 향하고, 영혼은 다시 지성(nous)을 통해 선(善) 자체인 '하나(hen)'를 향하듯 말이다."[64]

기독교 역시 태양숭배와 무관하지 않았다. 3세기의 라틴 교부 테르툴리아누스가 쓴 『변증론』에 이런 구절이 있다. "태양이 그 전체의 일부처럼 빛을 발하지만, 그 빛 속에 곧 태양이 있다. … 그처럼 하나님에서 나오는 것도 마찬가지여서, 그분의 아들과 하나님은 둘이면서 하나이다." 태양을 최고신 하나님에, 빛을 그 아들 예수에 빗대어 기독론, 즉 예수의 존재론을 설명하고 있다. 하지만 기독교와 태양숭배의 연관은 무엇보다 기독교 쪽에서 콘스탄티누스 황제가 제정한 법정 휴일 태양일(dies solis)을 받아들인 방식에서 잘 드러난다. 동시대인이었던 유세비우스는 그날 병사들이 황제를 위해 암송했다는 기도를 이렇게 기록했다.

---

62  한스 폰 캄펜하우젠, 『희랍교부 연구』(대한기독교출판사, 1984), 141-142쪽.
63  트리스메기스투스의 가르침을 모은 문서를 지혜서(Hermetica)라 부른다. 그중에서 최고신 아톰의 존재론에 해당하는 부분을 참고할 것. 프레케와 갠디(편), 『헤르메스 지혜서』(뉴욕, 1997), 46-47쪽.
64  플로티노스, 『엔네아데스』(지만지 고전선집, 2009), 65-66쪽.

우리는 그대를 유일한 신으로 받듭니다. 우리는 그대를 우리의 왕이요 구원자로 받듭니다. 그대의 가호로 우리는 승리했고, 적보다 더 강력해졌습니다. 그대의 은혜에 감사드리며, 앞으로도 축복해 주실 것을 믿습니다. 우리는 함께 그대에게 기도하며, 콘스탄티누스 황제와 그의 강건한 아들들을 오래 안전하고 승리하게 지켜 주실 것을 간청합니다. 황제의 군대는 이런 맹세를 신에게 바치도록 명 받았습니다.[65]

말할 나위 없이 유세비우스의 설명은 아전인수였다. 콘스탄티누스 황제가 312년에 기독교로 회심했다고 주장했듯, 태양신을 섬기는 군대가 매년 태양일에 황가의 안녕을 위해 기도한 것을, 마치 기독교적 의례인 듯 왜곡했다. 하나님을 섬기는 군대가 황제 가문을 위해 하나님에게 축원했다고 말이다.

하기야 그 아전인수가 전혀 황당한 것은 아니었다. 항성주일이 보급된 이래, 지역에 따라 유대교와 달리 일요일(즉 태양의 날)을 안식일(혹은 축일)로 삼는 사례가 꽤 일찍부터 나타났다. 태양일은 하나님이 흑암을 뒤집고 세상을 창조한 날일 뿐 아니라, 예수가 부활하신 날이기도 했다. 태양일은 곧 주님(하나님과 예수)을 기리는 날(dies dominica)이었다. 하지만 그것이 상식이 되려면 꽤 긴 시간이 필요했다. 5세기 초에 이르러서야, 로마 법전에서 태양일이란 말이 사라지고 대신 주일이란 말이 쓰이기 시작했다.[66]

그러나 사실 교회의 관습 속에서, 하나님보다는 예수와 태양의 연관이 한층 더 돈독했다. 아주 상투적인 기독론에 의하면, 예수는 가시적 태양과 구별되는 '정의의 태양' 혹은 '참된 태양'이었다. 4세기 말, 밀라노의 주교 암브로시우스는 〈창세기 주해〉에서 창조 4일째에 대해 이렇게 썼다. "하나님 아버지께서 '태양

---

65  유세비우스, 『전기』, 4, 18-20.
66  『테오도시우스 법전 외』(2001), 44-45쪽(공휴일에 관한 항목).

이 있으라!' 하시자, 그 아드님이 태양을 만드셨다. 그러니까 '정의의 태양'이 세계의 태양을 만드신 것이다. 아드님은 그 태양을 빛의 제국에 들여오셔서, 거기에 빛을 주신 것이다.'[67]

오락가락하던 예수 성탄일이 마침내 미트라 혹은 불패의 태양신의 탄생일(12월 25일, 동짓날)로 낙착된 것도 그런 연관 때문이었다. 초대 교회에서는 본시 성탄일보다 부활절을 중시했고, 성탄일은 지역과 시기마다 천차만별이었다(3월, 4월, 5월, 11월). 그러나 콘스탄티누스 치세 후기에 이르러, 로마 시에서 처음으로 12월 25일을 성탄일로 기념했고, 4세기 후반에는 제국 전역에 널리 보급되었다. 386년, 안티오키아의 주교 요한 크리소스토무스는 성탄절 설교에서, 복잡한 계산까지 들먹이며 신도들에게 서부 지역에서 통용되는 새로운 성탄일이 옳다는 것을 역설했다.[68]

같은 시기(3-4세기경)의 도상들에서도 예수와 태양신의 동일시가 확인된다. 모두 로마 시에 소재한 기독교 공동묘의 사례들로, 하나는 바티카누스 언덕의 성 베드로 성당 밑에서 발굴된 율리우스 가묘의 궁륭 모자이크[그림 10-2(A)]이고, 다른 하나는 순교자 성 마르켈리누스와 성 베드로의 이름이 붙여진 로마 근교의 지하묘(카타콤)의 프레스코화[그림 10-2(C)]이다. 그림에서 보듯, 머리에 발광 관을 착용하거나 광배를 두른 예수는 불패의 태양신 혹은 미트라[그림 10-2(B)]를 거의 그대로 복제한 듯한 모습이다.

지금까지의 논의를 토대로 이렇게 말할 수 있을 것이다. 측근 락탄티우스에게 받은 영향 때문이든, 아니면 더 넓게 그 시기의 특이한 종교생태계(적극적으로 태양 숭배의 요소들을 흡수, 활용하려던 기독교의 환경적응) 때문이든, 콘스탄티누스 황제가 태양신 숭배에서 기독교로 전환하려 작정했다면, 그것은 전혀 놀

---

67 암브로시우스, 『6일간의 창조에 대해』 4. 2. 5.
68 브랜들레, 『요한 크리소스토무스: 고대 교회 한 개혁가의 초상』(분도출판사, 2016), 57쪽.

그림 10-2

그림 10-2 A: 4두 전차를 타고 승천하는 예수. 머리에 발광관 착용(성 베드로 성당 지하에서 발굴된
         율리우스 가묘의 궁륭 모자이크, 서기 3-4세기)

     B: 4두 전차를 타고 승천하는 태양신. 머리에 발광관을 착용(스위스의 오르베 소재 한 빌라의
        바닥장식 모자이크의 일부. 1주일 중 일요일, 즉 태양일에 해당되는 부분, 서기 3세기)

     C: 4두 전차를 탄 예수의 모습. 머리에 발광관 대신 광배를 묘사함(로마 근방의 성 마르켈
        리누스와 성 베드로의 지하묘, 서기 3-4세기)


랍거나 급격한 행보가 아니었다. 문제는 다만 그가 언제 그 계기를 찾느냐였
다. 다음 장은 그에 관해 이야기한다.

제 4 부

제국과 교회의 통일

# 11장 제국 통일 전쟁

313년 중반, 리키니우스가 경쟁자 막시미누스를 제거하고 동부 제국을 장악하면서, 디오클레티아누스가 도입했던 4인공치제는 명실상부하게 끝났다. 제국은 다시 그전에 종종 출현했던 2인공치제로 돌아갔다. 돌이켜 보면, 과거 이 체제는 막연하게 역할이나 영토를 분담한, 순전히 임기응변의 산물이었고, 예외 없이 단명했다. 콘스탄티누스와 리키니우스의 공동통치도 결국 그 숙명을 거스르지 못했다. 공치제가 시작된 지 불과 3년 만에 콘스탄티누스가 현상 변화를 꾀하자 즉각 내전이 벌어졌다.

하지만 처음에는 짧은 기간이나마 두 황제의 관계는 아주 원만했다. 콘스탄티누스의 누이와 리키니우스의 정략결혼이 아직 효력을 갖고 있었던 데다, 둘 모두 각자의 현안에 몰두했기 때문이다. 새로 획득한 영토를 재정비하고, 또 게르만족을 저지하는 북부 변경의 전선에 자주 출정했다. 콘스탄티누스는 라인 강 전선에서 프랑크족, 알레마니족과 싸웠고, 리키니우스는 다뉴브 강 변경을 넘는 고트족 및 사르마타이족을 퇴치해야 했다. 두 황제는 종종 공동의 외적에 맞서 합동군사작전을 펼치기도 했다. 동부 제국의 트라케 관구에 세운 한 전승기념비가 그렇게 증언한다(아래 비문 참조).

Romanae Securitas libertatisq(ue) vindicibus

dd(ominis) nn(ostris) Fl(avio) Val(erio) Constantino

et Val(erio) Liciniano Licinio piis felicibus aeternis

Augg(ustis) quorum virtute et providentia edomitis

ubique barbarum gentium populis ad confirmandum

limitis tutelam etiam …

로마의 안전과 자유를 지키기 위해 우리를 다스리시는

영원히 경건하고 축복 받으신 두 분(플라비우스 발레리우스)

콘스탄티누스와(발레리우스 리키니아누스) 리키니우스 황제께서

용기와 지혜로 도처에서 야만족 인민들을 진압해 변경의

안전을 확고히 하셨으며 …

(314년, 트라케 관구의 스키티아 지역에 설치된 전승 기념비)

위 기념비는 두 황제의 우호관계의 또 다른 비결을 알려 준다. 공문서에서
거명되는 순서는 곧 공인된 서열이었다. 그런데 리키니우스는 자기 관할지에
공시되는 비문에 콘스탄티누스를 먼저 거명한 것이다. 하지만 콘스탄티누스
는 한 걸음 더 나아갔다. 315년부터인가 '최고(maximus)'라는 단어를 자신의 호
칭에 덧붙이기 시작했다. 곧 '최고 황제'를 자처한 것인데, 이는 매우 파격적인
행보였다. '최고'와 '최선'은 모두 유피테르 신에게만 붙여지는 신성한 용어였기
때문이다. 비슷한 선례라고는 '최선 황제(Optimus Augustus)'라 불린 트라야누스
황제가 유일했다. 하지만 그는 제국의 판도를 사상 최대로 확장한 정복 황제
였다. 원로원이 그 공로를 인정해 '최선'이라는 이례적 호칭을 수여했던 것이지
만, 콘스탄티누스는 그런 예외를 주장할 구실이 없었다. 아마 즉위 10주년을
맞아, 스스로 지위를 격상하기로 작심한 듯했다.

파격은 종교정책에서도 드러났다. 콘스탄티누스가 한동안 불패의 태양
신을 수호신으로 삼았다는 것은 앞에서 거듭 확인했다. 리키니우스로 말하
자면, 그는 재위 중(311-324년) 한 번도 유피테르 숭배를 중단하지 않았다. 그

그림 11-1

그림 11-1 A: 콘스탄티누스 관할 아를 조폐소 발행, 315년
　　　　좌(앞면): 월계관을 쓰고 흉갑을 착용한 리키니우스 황제의 두상과 리키니우스 황제라는 새김글
　　　　우(뒷면): 왼손에 왕홀과 오른손에 번개를 들고 독수리 등에 올라탄 유피테르 신의 모습과 '황제의 수호
　　　　　　신 유피테르에게'라는 새김글
　　　B: 리키니우스 관할 시스키아 조폐소 발행, 315~316년
　　　　좌(앞면): 월계관을 쓴 콘스탄티누스 황제와 콘스탄티누스 황제라는 새김글
　　　　우(뒷면): 오른손에 공을 올라탄 승리의 여신을 왼손에 왕홀을 든 유피테르 신의 입상과 '수호신 유피테
　　　　　　르에게'라는 새김글

의 관내 7개 조폐소에서 발행된 주화들에는 대부분 '수호신 유피테르에게(Iovi
Conservatori)'라는 글이 새겨졌다. 유피테르 숭배는 4인공치제 때 디오클레티아
누스가 채택한 이래, 갈레리우스를 거쳐 리키니우스까지 줄곧 동부 제국의 전
통이었다. 리키니우스와 대조적으로, 콘스탄티누스는 막시미아누스에서 친부
콘스탄티우스를 거쳐 물려받은 서부 황제들의 유산 헤르쿨레스 숭배를 철저
히 폐기하고 대신 태양신을 숭배했다.

　그렇다면 두 황제는 상대방의 종교정책에 어떻게 반응했을까? 콘스탄티누
스의 관내 조폐소에서 발행된 주화는 리키니우스를 언급할 때마다 꼬박 '수호
신 유피테르에게'란 글을 함께 새겼다[그림 11-1(A)]. 곧 리키니우스의 입장을 존

중한 것이다. 반면, 리키니우스 측은 달랐다. 그의 관내에서 발행된 주화 중, 콘
스탄티누스 황제와 '불패의 태양신'을 함께 새긴 것은 전무했다. 대신 콘스탄티
누스의 수호신도 줄곧 유피테르라고 홍보했다[그림 11-1(B)]. 그러니까 리키니
우스는 콘스탄티누스의 최근 종교혁신을 외면했던 것이다.

비록 313년 초, 밀라노에서 갈레리우스의 종교관용령을 존중한다는 데 콘
스탄티누스와 합의했지만, 황실의 종교 기반에 대해 그는 매우 보수적인 입장
이었다. 따라서 콘스탄티누스나 리키니우스의 밀라노 합의가 기독교 신앙에서
비롯된 것이었다는 락탄티우스나 유세비우스의 기록은 왜곡에 가까운 아전인
수였다.[1]

하지만 그런 종교적 입장 차이 때문에 불화가 생기진 않았다. 오히려 원만했
던 둘의 관계를 깨트린 원인은 역시나 권력암투였다. 그에 관해서는 4세기 말
의 저술로 추정되는 소책자 「콘스탄티누스의 기원」의 기록이 가장 상세하다.

> (밀라노에서 리키니우스와 콘스탄티아가 결혼식을 치른 지) 얼마 후, 콘스탄티누스는
> 리키니우스에게 사절을 보내, 콘스탄티아의 자매(즉 아나스타시아)와 결혼한 바
> 시아누스에게 부황제의 지위를 주자고 제안했다. … 그러나 리키니우스는 그
> 의도를 좌절시켰다. 리키니우스의 충신인 세네키오(바시아누스의 동생)를 부추
> 겨, 바시아누스가 콘스탄티누스에 반기를 들게 했다. 하지만 그는 그 음모를
> 집행하려다가 사로잡혀 콘스탄티누스의 명령에 따라 처형당했다. 콘스탄티누

---

1  유세비우스는 밀라노에서 종교관용에 대한 합의를 가리켜 "콘스탄티누스와 리키니우스 두 분이 기독교를
   위하여 가장 완벽한 형태로 법을 제정하였다"고 기록했고, 그 뒤에 벌어진 리키니우스와 막시미누스의 내
   전에 대한 긴 서술을 이런 문장으로 끝맺었다. "리키니우스는 콘스탄티누스와 함께, 하나님의 적들을 세상
   에서 내쫓는 것을 첫 번째 임무로 여겼다"(「교회사」 9. 9-11). 한편 락탄티우스는 리키니우스가 막시미누스
   와 전투 직전 기독교적 계시를 받았다고 기록했다. "그의 꿈속에 주님의 천사가 나타나, 전 군대와 함께 최
   고신에게 기도하면 승리할 것이라 계시했다"(「박해자들」 46). 하지만, 이 기록은 312년 콘스탄티누스가 이
   탈리아를 침공할 때 보았다는 '십자가 환영'의 이야기와 마찬가지로 날조된 것이었다.

스가 주모자 세네키오의 처벌을 요구하고, 리키니우스가 거부하자, 두 황제의 화합은 깨졌다. 또 다른 분쟁사유는 리키니우스가 아이모나에 있던 콘스탄티누스의 흉상과 조각상을 철거하게 했다는 것이었다. 그리하여 전쟁이 시작되었다.[2]

물론 이 기사를 액면 그대로 받아들일 수 없다. 모든 이교 역사가들이 콘스탄티누스의 권력욕과 배신행위를 지적하기 때문이다. 유트로피우스는 "콘스탄티누스가 온 세상에 대한 지배를 갈망해, 리키니우스에 전쟁을 걸었다"고 썼고, 조시무스는 "불화의 빌미를 준 것은 리키니우스가 아니라, 콘스탄티누스였다. 그는 언제나 그랬듯 약속을 어겨 신뢰를 깼다"고 썼다.[3] 그래서 이런 의문을 갖게 된다. 과연 바시아누스와 세네키오 형제의 음모는 진실이었을까? 더 근본적으로, 바시아누스를 부황제로 추천한 콘스탄티누스의 저의는 무엇이었을까?

이런 의문을 풀려면, 315-316년에 두 황제에게 아들이 하나씩 출생한 사실에 유의해야 한다. 리키니우스의 아내 콘스탄티아가 리키니아누스를 출산할 무렵, 콘스탄티누스의 아내 파우스타는 몇 달 내 출산예정이었다. 바로 그 시점에 콘스탄티누스가 바시아누스를 부황제로 추천한 것이다. 왜 콘스탄티누스는 맏아들 크리스푸스(당시 10세)와 리키니우스의 신생아를 추천하지 않았을까? 미성년이었기 때문일까? 하지만 이 변명은, 콘스탄티누스가 리키니우스와의 1차 내전 직후(317년), 크리스푸스와 생후 1년도 지나지 않은 둘째 아들(콘스탄티누스 2세)을 부황제로 지명한 사실 앞에 무색해진다.

혹 바시아누스 카드는, 두 황제가 직계 혹은 교차 방식으로 친자식(크리스푸

2    발레시아누스, 『콘스탄티누스의 기원』 4, 14-15.
3    유트로피우스, 『로마 약사』 10, 5; 조시무스, 『새 역사』 2, 18.

스와 리키니아누스)을 부황제로 임명하는 사태를 막으려는 계략이었을까? 콘스탄티누스가 제국통일의 야심을 품고 있었다면, 통일과정을 복잡하게 만들 그 가능성을 우려했음 직하다. 그랬기에 당장 자신의 맏아들을 부황제로 추대하는 것도 자제한 것이 아닐까?

이런 추측이 다 부질없다 해도 한 가지는 분명했다. 리키니우스는 그동안 처남의 우위를 공공연히 인정해 왔지만, 그렇다고 제위계승 구도를 좌지우지하도록 묵인할 수 없었다. 바시아누스를 부황제로 추대하자는 제안을 그는 그렇게 해석했고, 당연히 반발했다. 하지만 위 기사가 전하듯, 과연 리키니우스가 세네키오를 사주해 음모를 꾸미고, 또 아이모나 시의 콘스탄티누스 동상을 훼손하게 지시했을까? 그래서 콘스탄티누스에게 전쟁의 빌미를 주었을까? 진실은 그 반대였을 것이다. 음모적발과 동상훼손은 모두 리키니우스를 궁지에 몰아넣기 위해 준비된 함정이었을지 모른다.

결국 내전이 벌어졌고, 이탈리아 북부에서 만반의 준비를 갖추고 있던 콘스탄티누스가 리키니우스를 향해 진군했다. 리키니우스는 황궁이 있던 거점 도시 시르미움의 서북쪽 산간도시 키발라이에 병력을 집결시키고 기다렸다. 기록에 의하면 리키니우스 측 병력이 1.5배였으나, 졸속으로 조직된 탓인지 전혀 전투력을 발휘하지 못했다. 하룻밤 새, 보병 3만 5천 명 중 2만 명이 전사했으며, 살아남은 자들은 리키니우스가 피신할 낌새를 보이자 대열을 이탈했다.[4] 리키니우스는 기병을 이끌고 야음을 타 도주했다. 시르미움을 거쳐 세르디카에 이른 뒤, 트라케에서 병력을 모았다. 아울러 다뉴브 변경사령관 발렌스에게 부황제 지위를 제안했는데 이는 부족한 병력과 지휘력을 확보하려던 고육지책이었다.[5]

4    발레시아누스, 「콘스탄티누스의 기원」 5, 16.
5    조시무스, 「새 역사」 2, 18-19.

그림 11-2

추격해 온 콘스탄티누스 군대는 하드리아노폴리스에서 합세한 리키니우스와 발렌스의 군대와 조우했다. 일진일퇴의 백중세였으나, 이번에도 리키니우스가 먼저 물러섰다. 콘스탄티누스가 그를 추격했으나, 후방과 연락이 두절되자 그의 제안을 받아들여 평화협정을 체결하였다. 세르디카에서 정식으로 체결된(317년 3월) 협정내용은 사실상 리키니우스의 항복조건과 다름없었다. 부황제 발렌스를 처단하고, 발칸 반도의 대부분을 콘스탄티누스에게 양도하기로 했다[그림 11-2].

협정 후, 두 황제 사이의 불균형한 관계는 더 심화되었다. 콘스탄티누스는 리키니우스와 상의 없이 모든 중대사를 결정했다. 특히 317년 자신의 두 아들과 리키니우스의 아들을 부황제로 임명할 때가 그랬다.[6] 게다가 리키니우스의

---

6    317년의 부황제 선임에 대해 4세기 말에 저술된 두 개의 증언이 일치한다. 발레시아누스, 『콘스탄티누스의 기원』 5, 19와 아우렐리우스 빅토르, 『황제전』 41, 4.

아들은 마지못해 포함시켰다는 사실이 부황제 취임 5주년(321년) 기념행사에서 여실히 드러났다. 갈리아 출신 연설가 나자리우스는 식전연설을 온통 콘스탄티누스와 두 아들에 대한 찬사로 도배하면서, 리키니우스 황제와 그 아들에 대해서는 한마디도 없었다.[7] 부황제 임명 직후(318년), 황비 파우스타가 아들 하나(콘스탄티우스 2세)를 더 출산한 뒤, 콘스탄티누스는 더더욱 리키니우스 부자를 거추장스럽게 여겼을 법하다. 아닌 게 아니라, 또 한 차례 내전으로 리키니우스를 제거하자마자, 콘스탄티누스는 서둘러 그 신생아를 부황제로 임명했다 (324년).

집정관직의 배정도 다르지 않았다. 비록 이 정무직(매년 2명)은 공화정기의 낡은 유물이었지만 황제, 제위계승후보자, 황제의 측근 인사가 돌아가며 맡는 것이 관행이었다. 그런 까닭에 명부는 권력서열이나 제위의 후계구도를 어느 정도 반영하기 마련이었다. 내전 전후 10년간(313-324년)의 집정관 명부에서 이런 흐름이 포착된다[도표 11-1]. 내전 직전(313-315년)에 두 황제가 대등했다면, 직후 3년간(318-320년)은 확실히 콘스탄티누스 쪽으로 기울어져 있다. 리키니우스의 아들이 간신히 한 자리를 얻었을 뿐이다. 결국 리키니우스가 반발한 것인지, 동부 제국은 수년간(321-323년) 별도로 집정관을 선임했다. 내전의 재발은 시간문제였다.

한편 두 황제의 갈등에 대한 기독교 측 시각은 전혀 달랐다. 「콘스탄티누스의 기원」은 내전이 재발하기 직전의 상황을 기술하면서, 전혀 맥락 없는 문장 하나를 던져 준다. "리키니우스가 갑자기 광기에 사로잡혀 황궁에서 모든 기독교도를 내쫓았다."[8] 기독교 박해가 내전의 원인이라는 이 논리는 교회사가 유세비우스의 주장을 그대로 답습한 듯하다. 『전기』에서 그는 내전의 발단을

---

7    「황제찬양연설, 321년」.
8    발레시아누스, 「콘스탄티누스의 기원」 5, 20.

| 연도 | 서기 313-324년 서부 제국과 동부 제국의 집정관 역임자 | |
|---|---|---|
| 313 | Constantinus Augustus (3) | Licinius Augustus (3) |
| 314 | Caeionius Volusianus (2) | Petronius Annianus |
| 315 | Constantinus Augustus (4) | Licinius Augustus (4) |
| 316 | Antonius Sabinus | Vettius Rufinus |
| 317 | Ovinius Gallicanus | Caesonius Bassus |
| 318 | Licinius Augustus (5) | Crispus Caesar |
| 319 | Constantinus Augustus (5) | Licinianus Caesar |
| 320 | Constantinus Augustus (6) | Constantinus Caesar |
| 321 | Crispus Caesar (2) | Licinius Augustus (6) |
| 321 | Constantinus Caesar (2) | Licinianus Caesar (2) |
| 322 | Petronius Probianus | Licinius Augustus (연임) |
| 322 | Anicius Julianus | Licinianus Caesar (연임) |
| 323 | Acilius Severus | Licinius Augustus (연임) |
| 323 | Vettius Rufinus | Licinianus Caesar (연임) |
| 324 | Crispus Caesar (3) | Constantinus Caesar (3) |
| 비고 | * 위 표는 로마 역대집정관 명부(Fasti consulares)에 의거<br>** 괄호 안의 숫자는 동일인물의 집정관 역임 횟수 | |

도표 11-1

이렇게 설명했다.[9]

　동부 제국에서 한 마리 야수가, 독실한 콘스탄티누스 황제의 위업에 거스르기 위해 교회와 다른 주민을 괴롭히고 있었다. 제국의 두 부분이 마치 밤과 낮을 닮은 듯했다. 동쪽에는 어둠이 드리우고, 다른 쪽은 아주 밝은 대낮과 같았다.

---

9　유세비우스, 『전기』 1, 49-2, 3. 한편 유세비우스, 『교회사』 10, 8은 비슷한 내용을 더 간결하게 기술하고 있다.

한쪽에서 하나님의 손길로 온갖 축복을 받고 있는 모습이 … 다른 쪽의 폭군에게는 견디기 힘들었다. (이하 리키니우스의 기독교 탄압 사례들을 길게 열거하고 있지만, 여기서는 생략) … 콘스탄티누스는 리키니우스가 더 이상 참을 수 없는 악행을 저지른 것을 알고, 천성적으로 관대했지만 어느 정도 엄격해져야겠다고 작심하고, 탄압으로 괴로워하는 사람들을 구하러 나섰다.

그런데 리키니우스는 얼마 전 동부 제국을 평정한 뒤, 서둘러 기독교도에 대한 관용령 시행을 촉구했던 인물이 아닌가? 그런 그가 어째서 갑자기 기독교 박해자로 돌변했을까? 유세비우스는 이 사태를 그저 권력투쟁 탓으로 설명하려 하지 않았다. 그가 생각해 낸 이유는 단 한 가지였다. 리키니우스가 돌연 미쳐서 기독교를 탄압했고, 하나님에 충실한 종 콘스탄티누스는 그것을 응징했다는 것이다. 이 설명은 내전의 기원과 본질에 대한 기독교 측 서술의 규범이 되었다.[10]

유세비우스의 내전 서술의 편향성은 또 다른 방식으로 드러난다. 그는 내전을 두 단계가 아니라 단 한 차례 싸움이며, 또 리키니우스의 기독교 박해가 결정적인 전쟁사유였던 듯 기술한다. 이런 설명방식은 312년의 내전을 취급할 때와 다르지 않다. 이 내전 역시 기독교를 수호하기 위한 성전이며, 콘스탄티누스가 그 전쟁의 궁극적 영웅이어야 하는 것이다. 하지만 기독교 측조차 이 비역사적 기록을 맹신하지 않았다. 반세기 쯤 뒤에 나온 「콘스탄티누스의 기원」의 설명이 좀 더 현실적이다. 거기서 기독교 문제는 2차 내전부터 제기되었으며, 그것도 여러 가지 전쟁원인들 중 하나였을 뿐이다. 사실 이 관점이 콘스탄티누스의 종교정책의 추이와도 잘 부합한다. 1차 내전이 터진 316년경, 콘스탄

---

10  소크라테스, 「교회사」 1, 3; 오로시우스(5세기), 「이교도를 반박하는 7권의 역사」 7, 28, 18. 한편 비잔틴 제국 시대(12세기)의 역사서인 조나라스, 「역사」 13, 5에도 같은 논리가 보인다.

티누스는 한창 태양신을 섬기고 있었다. 그가 기독교 탄압에 맞서 성전을 표방했다면, 2차 내전 직전(320년대 초)의 상황에 더 어울린다. 그 무렵부터 그는 차츰 태양신과 거리를 두기 시작했고, 곳곳에 교회를 짓는 등 기독교 후원에 적극적이었다.

하지만 대체 리키니우스는 왜 기독교에 대한 관용에서 박해로 돌아선 것일까? 유세비우스가 장황하게 열거한 박해 사례를 세심히 살펴볼 필요가 있다. 그것은 대략 다음 세 가지였다. ① 제사를 거부한 황궁의 관리와 군장교를 면직시켰다. ② 종교회의 등 주교들의 집회장소와 횟수를 제한했다. ③ 소아시아, 시리아, 팔레스타인의 몇몇 도시에서 교회파괴와 순교 등이 일어났다.[11]

유세비우스가 이런 사례들을 거론한 뒤 '기독교도에 대한 전반적 박해'를 운운한 것은 지나친 과장이었다.[12] 리키니우스는 일반 박해령을 포고한 적이 없으며, 그의 탄압은 ①이 예시하듯 황궁과 군대에 집중되어 있었다. ③의 사태는 황제가 지시한 것이 아니라, 지역별로 만성적인 종교갈등의 양상이었다. 동부 제국의 기독교는 교세가 컸던 데다, 관용령 후 더 빠르게 성장해, 곳에 따라 이교도 주민과 첨예한 충돌이 발생하곤 했다. 아마 ②의 규제는 그런 배경에서 나왔을 것이다.

게다가 리키니우스는 결코 주교들을 적대시하지 않았다. 5세기에 나온 몇몇 교회사들에 의하면, 동방 최대교구(니코메디아, 알렉산드리아, 안티오키아)의 주교들은 황궁과 가깝게 지냈으며, 특히 니코메디아의 주교 유세비우스는 황비 콘스탄티아의 총애를 받았다.[13] ①의 조처는 어떤 특수 상황에서 취한 비상조처였을 것이다. 혹 콘스탄티누스와의 정치적 갈등에 따른 파장이 아니었을까?

---

11  유세비우스, 『전기』 1, 49-2, 2; 유세비우스, 『교회사』 10, 8(484-486쪽).
12  유세비우스, 『전기』 2, 2.
13  필로스토르기우스(4-5세기), 『교회사』 1, 9; 테오도레투스(5세기), 『교회사』 1, 2; 소크라테스(5세기), 『교회사』 1, 25; 소조멘(5세기), 『교회사』 2, 27.

리키니우스는 320년경부터 콘스탄티누스의 독단적 행태에 반발하기 시작했다. 황궁과 군대에서 기독교도 숙정은 그 일환으로, 특히 권부에서 콘스탄티누스의 동조세력을 제거하려던 시도였을 것이다. 이교도의 완강한 저항에 부딪친 동부의 기독교도들과 제국통일을 꿈꾸는 콘스탄티누스 황제가 어떤 식으로든 담합하고 공조할 가능성, 그것은 리키니우스를 예민하게 반응하게 한 불안요인이었다. 콘스탄티누스의 323년 입법은 실제로 그런 효과를 겨냥한 전략이었다고 짐작된다. "기독교 성직자에게 이교 제사에 참여하라고 강요한 자는 누구든 처벌한다"는 취지였다.[14]

아마 콘스탄티누스가 종교정책 전체를 수정한 것도 바로 그런 맥락 속에서였을 것이다. 태양신 숭배자의 이미지를 줄이고, 기독교 후원자를 자처하는 것, 이는 동부 제국의 기독교 주민이 리니키우스보다 그에게 더 충성하게 할 수 있는 좋은 전략이었다. 나아가 기독교도에 대한 리키니우스의 의구심과 탄압을 부추겨, 그 주변을 혼란스럽게 만드는 효과도 거둘 수 있었다. 2차 내전이 끝나자마자, 콘스탄티누스가 서둘러 동부 제국의 기독교도들이 겪은 각종 폐해를 시정, 보상하는 조치를 취한 것은 바로 그런 전략의 자연스러운 마무리였던 셈이다.[15]

하지만 종교문제는 내전의 유일한 원인도 결정적 계기도 아니었다. 전쟁이 재발한 직접원인은 상대방의 권력과 권위에 대한 도발이었으며, 이번에도 먼저 빌미를 준 쪽은 야심과 우월감이 컸던 콘스탄티누스였다. 323년 봄 사르마타이족이 다뉴브 강을 넘어와 트라케와 모이시아 속주를 유린했을 때였다. 콘스탄티누스는 즉각 출동해 그들을 강 너머로 쫓아냈다. 하지만 고의였는지 부득

---

14  「테오도시우스 법전」 16, 2, 5. 법조문의 번역과 해설을 위해서는 남성현, 「콘스탄티누스 가문의 기독교적 입법정책(313-361)」(한국학술정보, 2013), 311-313쪽 참조.
15  이 조치에 대해서는 13장의 앞부분 참조.

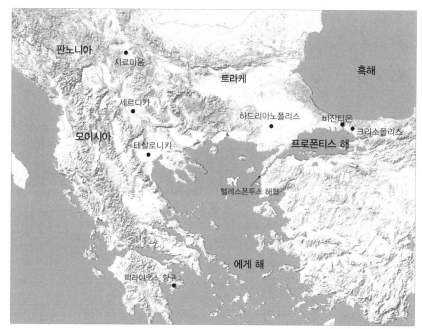

그림 11-3

이했는지, 그는 작전 중 리키니우스 영역을 침범했다. 리키니우스는 즉각 콘스탄티누스의 배신행위를 규탄했다.[16]

본격적인 전쟁준비가 시작되었다. 콘스탄티누스는 테살로니키에 새 항구를 조성하는 한편, 아테나이의 피라이우스 항구를 기지 삼아 에게 해 함대를 취역시켰다. 전함 200여 척의 지휘를 맡은 것은 그때까지 트리어 궁에 남아서 갈리아를 관리해 온 큰 아들 크리스푸스였다. 콘스탄티누스 자신은 보병 약 12만 명을 지휘했다. 정보를 입수한 리키니우스도 백방으로 병력을 끌어모았다. 수적으로 우세했으나(보병 15만 명, 함선 350척), 잡다한 구성이 문제였다. 특히 해군

16   발레시아누스, 「콘스탄티누스의 기원」 5, 21.

은 이집트, 페니키아, 그리스 여러 지역, 소아시아, 아프리카 등에서 보내온 '무지개' 연합군으로, 아만두스 제독의 지휘 아래 헬레스폰투스를 장악했다. 콘스탄티누스의 에게 함대가 흑해 쪽으로 진입하는 것을 봉쇄하는 것이 임무였다.[17]

324년 초 마침내 전투가 벌어졌다. 첫 격전지는 하드리아노폴리스를 관통하는 헤브루스 강변이었다. 강 건너편에 있던 콘스탄티누스가 강을 따라 대형을 펼친 리키니우스를 기습적으로 공격했다. 그 와중에 콘스탄티누스는 허벅지 부상을 입었지만, 이번에도 전처럼 사기와 기강에서 우월했던 콘스탄티누스 측이 수적 열세를 넘어 상대를 압도했다. 리키니우스의 군대는 사방으로 흩어졌고, 그 자신은 비잔티온 쪽으로 도주했다. 그곳에서 헬레스폰투스 해협을 지키는 함대의 지원을 받아, 지상군 공격을 한동안 버텨 낼 작정이었다[그림 11-3].

그러나 기대는 곧 환멸로 바뀌었다. 아만두스의 해군이 갑작스런 풍향변화로 좌초하거나 난파하는 등 혼란에 휩싸여 있을 때, 때마침 헬레스폰투스 해협에 진입한 크리스푸스 함대가 기회를 놓치지 않았다. 아만두스의 함대는 거의 궤멸했다. 제해권 상실의 여파는 심각했다. 비잔티온이 지상과 해상에서 협공당하고, 무엇보다 식량공급이 중단될 것은 불을 보듯 뻔했다. 리키니우스는 부득이 비잔티온을 버렸다. 해협 건너 아시아 쪽의 해안 도시 칼케돈을 새 기지로 정하고, 병력확보에 안간힘을 썼다. 고트족 정착민을 보조군에 편입시키는 한편, 해군확보를 위해 총리대신 마르티아누스를 헬레스폰투스 해협으로 급파했다. 아직 남아 있을지 모를 함선을 수습하라는 특명과 함께, 보상으로 부황제 자리를 수여했다.[18]

하지만 리키니우스의 필사적인 재기 시도는 허망하게 끝났다. 콘스탄티누

---

17 조시무스, 「새 역사」 2, 22.
18 조시무스, 「새 역사」 2, 27.

스 군대는 쉽사리 칼케돈까지 추격해 와, 인근 크리소폴리스 전투에서 리키니우스에 마지막 일격을 가했다. 리키니우스는 니코메디아로 도주했고, 그 사이 황비 콘스탄티아는 오빠 콘스탄티누스를 찾아가 남편의 구명을 호소했다. 콘스탄티누스가 관용의 뜻을 내비치자, 리키니우스가 직접 나와 그 앞에 무릎을 꿇고, 자신의 황제복장을 바쳤다(324년 가을).[19]

리키니우스와 그의 가족은 테살로니키의 황궁에 유폐되었다. 하지만 그의 운명은, 15년 전 아를의 황궁에 유폐되었던 콘스탄티누스의 장인 막시미아누스와 꼭 같았다. 곧 리키니우스는 반란을 획책했다는 혐의를 받았고, 지체 없이 교수형에 처해졌다.[20] 장인의 경우든 매제의 경우든, 콘스탄티누스는 애당초 그들에 대한 구명 약속을 지킬 생각이 없었다. 권력을 하나로 모으고, 그것을 빈틈없이 장악하려는 의지, 그것이 바로 황제 콘스탄티누스의 남다른 속성이었다. 실로 오랜만에 로마제국 전체가 한 황제 밑에 통일된 것은 그의 강철 같은 의지가 이루어 낸 위업이었다.

19   조시무스, 『새 역사』 2, 28.
20   소크라테스, 『교회사』 1, 4; 유트로피우스, 『로마 약사』 10, 6.

# 12장 니카이아 종교회의

324년 가을, 콘스탄티누스는 마침내 제국을 통일하고, 홀로 제국을 다스리게 되었다. 당연히 그 앞에 놓인 과제는 과거와 180도 달랐다. 이제는 통일을 위한 내전의 가능성에 대비하기보다, 통일 제국의 효과적 통치 방안을 구상해야 했다. 군대보다 신민이, 전쟁 대신 평화와 안정이 더 중요해졌고, 또 늘 유동적이던 황제의 거점 대신 항구적 수도를 마련하는 일이 시급했다. 결국 모든 것은 한 가지 문제로 귀결했다. 통일 제국의 중심을 어느 쪽에 둘 것인가? 동부인가, 서부인가?

어찌 보면, 답은 처음부터 자명했다. 콘스탄티누스가 서부에서 지낸 세월이 20년 가깝지만, 여러모로 동부가 비교우위였다. 황궁이 있던 요크와 트리어가 변경 근처의 임시사령부 같았다면, 유서 깊은 옛 수도 로마는 그에게 이질감이 가득한 곳이었다. 게다가 그가 변경출동과 내전준비로 분주했던 탓에 주민과 돈독한 유대도 만들지 못했다. 서부에 미련을 가질 이유가 별로 없었다. 반면 동부는 달랐다. 유럽과 아시아를 잇는 발칸 북동부와 소아시아 서북부 지역은 황제의 고향에 가까웠고, 무엇보다 지난 내전의 최후 결전장이었다. 콘스탄티누스는 과거 몇몇 황제들처럼, 최대 전승지에 자신의 이름을 붙여 영원한 기념비로 남기려 했는데 그곳을 제국의 새 수도로 삼겠다는 구상도 아마 한순간의 결정이었을 것이다. 324년이 저물기 전에, 비잔티온이 신수도로 확정되었고, 성벽을 세울 시 경계를 구획하는 엄숙한 의식과 함께 대공사가 시작되었다. 수년 뒤, 그리스의 궁벽한 도시 비잔티온은 로마 제국의 새 수도 콘스탄티노폴리스로 탈바꿈할 것이었다(15장 참조).

하지만 동부를 선택함에 있어서, 신수도 후보지보다 더 중요했던 요인은 통치 기반에 대한 고려였다. 즉 그곳의 기독교도가 믿을 만한 지지기반이 될 것이라는 전략적 판단이 작용했다. 사실 그들은 동부 전체 인구의 절반에도 채 미치지 못했지만 직업, 계층 및 지역별로 파편화된 이교도와는 비교가 되지 않을 정도의 응집력을 갖고 있었다. 게다가 콘스탄티누스는 이미 리키니우스와의 내전 때부터 그들의 후원자를 자처해 온 터였다. 이제 그들을 충성스러운 신민의 중핵으로 포섭할 프로그램이 필요했다. 그들과 '같음'을 강조하는 것보다 더 좋은 선전수단은 없어 보였다.

콘스탄티누스는 종전 직후 가장 서둘러 동부의 기독교도를 위한 일련의 시책을 고시했다. 그것은 그저 리키니우스 치하에 자행된 박해의 피해를 시정, 보상하는 차원을 넘어, 모든 기독교도 죄수에 대한 대사면에 가까웠다. 박해의 피해자들에 대한 보상뿐 아니라 추방형, 광산형, 군역, 노예 강등의 처벌을 받은 기독교도를 포괄적으로 사면했던 것이다.[21] 유세비우스에 의하면, 콘스탄티누스는 이례적으로 총독들에게 친필 서신을 보내 그 시책을 알렸다고 하는데, 머리말에 황제의 의도가 잘 나타나 있다.[22]

① 나 자신 신을 섬기도록 선택된 도구로, 그분의 뜻을 이루기에 합당하다고 판단되었습니다. 따라서 ② 저 멀리 브리타니아의 대양과 자연의 법칙에 따라 지평선 아래로 해가 지는 지역부터 (이곳에 이르기까지), 신의 도움을 받아 득세하던 모든 악을 철저히 몰아냈습니다. 나는 인류가 나의 도구됨에 깨달음을 얻어, 신의 성스러운 법을 바르게 준수하게 되길 희망합니다. … 나는 신의 은총에 대한

---

21  유세비우스, 『전기』, 2, 30-41; 소조멘, 『교회사』, 1, 8-10.
22  유세비우스, 『전기』, 2, 28-29.

감사를 결코 잊지 않을 것입니다. 나는 그 훌륭한 부름이 내게 주어진 특별한 선물이라 믿고, 심각한 재앙의 압박을 받고 있던 동부 지역들이 내 손으로 제대로 치유될 것이라 여겨 이곳에까지 왔습니다. 나는 내 생명, 숨결, 내 깊은 상념이 모두 오직 최고신의 은총 덕분이라고 확신합니다. … 나는 한동안 그분들(즉 기독교도)이 겪은 고난과 부당한 처사를 철저히 제거하는 것이 내 임무라고 생각합니다.

시책의 배경으로 리키니우스의 박해는 전혀 언급되지 않았다. 오히려 ①과 ②에서 보듯, 황제는 그보다 훨씬 원대한 동기를 내세웠다. 자신은 신의 도구이며, 그 뜻을 받들어 제국 전역에서 악의 세력을 몰아냈다는 것이다. ②는 심지어 그가 브리타니아에서 처음 제위에 오를 때부터 기독교도였음을 암시하기까지 한다. 이는 분명 거짓말 같은 과장이지만, 어차피 그 맥락은 기독교도에 동질감을 주기 위한 선전이 아니었던가? 사실 머리말은 거의 황제의 신앙고백과 다름없었다. 이제 그의 최고신은 더 이상 태양신이 아니라 기독교의 신이었다. 사실 통일제국의 황제에게 불패의 태양신보다는 기독교의 평화의 신이 한결 어울렸다. 태양신 주화가 320년대 중반부터 완전히 소멸한 것은 결코 우연이 아니었다.

콘스탄티누스는 324년 겨울부터 328년 봄까지, 소아시아 북서부에 위치한 니코메디아에 머물렀다. 그곳에는 콘스탄티누스가 소싯적 여러 해 동안 디오클레티아누스 황제 곁에서 생활했던 황궁이 있었다. 거기서 그는 소아시아 속주를 순행하거나 각종 민원을 처리하며 매우 분주한 시간을 보냈는데 특히 최초의 기독교 황제를 맞은 큰 기대 탓인지, 지역교회 안의 해묵은 분규를 중재해 달라는 요청이 쇄도했다. 황제는 교회 민원에 관한 한, 현지조사와 조정의 임무를, 서부에서 그랬던 것처럼 스페인 코르도바 출신 호시우스(혹은 오시우스) 주교에게 맡겼다.[23] 그는 일찍이 아프리카의 도나투스 분쟁 때 주교회의를 조직하는 등, 황제 대리인 역할을 톡톡히 해낸 인물이었다. 한편 콘스탄티누스는 동부의 성직자들 중에서 아직 믿을 만한 자문역을 찾지 못하고 있었다. 이미 리키니우스와의 내전 때부터 동부의 기독교 세력과 공조해 온 점을 감안하면 꽤 의외이지만, 분명 현실이 그랬다.

가령 황궁 가까이에 있던 니코메디아의 주교 유세비우스는, '폭군 리키니우스의 하수인'이었다는 이유로 불신의 대상이었다. 오히려 살아남은 것 자체가 기적이었는데, 오랜 친분을 쌓은 콘스탄티아의 구명운동 덕이었다.[24] 그러나 황제가 동부의 교회분규에 관심을 가지고 깊숙이 개입하면서, 사정은 크게 달라졌다. 황제는 동부의 몇몇 주교들과 급속히 가까워졌으며, 니코메디아의 주교 유세비우스도 극적으로 황제와 관계를 회복했다. 나중에 자세히 이야기하겠지만, 죽기 직전 콘스탄티누스는 그에게 세례를 받았다(16장 참조).

호시우스가 보고한 동부 교회의 분열은 생각보다 심각했다. 얼마 후, 황제가 분쟁 당사자들에 보낸 편지에 그로 인한 상실감이 잘 나타나 있다. 무엇보다 동부의 기독교공동체를 안정된 통치 기반으로 삼으려던 기대가 훼손되었기 때문이다. "최고신의 자애로움으로, 빛의 힘과 성스러운 종교의 법이, 말하자면 동쪽의 온상에서 자라나, 온 세상을 환하게 비춰 주니, 나는 당연히 당신들이 앞장서 다른 민족들의 구원을 도모하리라 믿었습니다. … 그런데 당신들 사이에서 시작된 분열이 내가 두고 온 곳(즉 서부)보다 한층 심하다는 소식에 내 귀, 아니 내 마음이 받은 상처가 너무나 큽니다. 내가 다른 곳에 쓸 약을 구하려던 곳이 더 치료가 시급합니다."[25] 황제는 평화와 화합을 위해 적극 개입하기로 작

---

23  소크라테스, 『교회사』 1, 7; 소조멘, 『교회사』 1, 16.
24  테오도레투스, 『교회사』 1, 19. 콘스탄티아는 리키니우스의 미망인이자, 콘스탄티누스의 이복누이이다.
25  유세비우스, 『전기』 2, 67-68(콘스탄티누스 황제가 알렉산드리아의 주교 알렉산드로스와 장로 아리우스에 보낸 편지).

정했다.

분쟁의 진원지는 이집트, 특히 알렉산드리아 교구였다. 그곳에도 북아프리카의 도나투스 분쟁과 비슷한 갈등이 있었다. 303년에 시작된 대박해 때, 당국의 요구대로 이교 제사를 드린 자들, 즉 배교자들(lapsi)의 교회 재입교의 승인 여부와 절차가 쟁점이었다. 알렉산드리아의 주교 베드로와 시골 교구의 주교였던 멜리투스는 함께 감옥생활을 할 때부터 의견차를 보이더니, 주교직에 복귀한 뒤로 더 첨예하게 다투기 시작했다.[26] 베드로는 관용의 입장이었다. 고문을 받은 배교자에게는 40일간 단식을, 투옥 중에 배교한 자는 1년의 회개기간을 조건으로 재입교를 허용하려 했다. 반면 멜리투스는 배교자와는 결코 화해할 수 없다는 엄격한 거부입장이었다. 멜리투스는 베드로를 비난하는 데 그치지 않고, 배교했던 주교들 대신 성직자 서임을 주관하는 등 파란을 일으켰다. 베드로는 결국 이집트 주교들의 회의를 소집해 그를 파문해 버렸다. 하지만 멜리투스는 기가 꺾이기는커녕 "순교자들의 교회"를 따로 조직해 투쟁을 계속했다. 오래지 않아 베드로는 순교했고, 그 뒤 두 번이나 주교가 바뀌었지만, 멜리투스는 알렉산드리아 교구에 대한 적개심을 삭히지 못하고 있었다. 오히려 알렉산드로스가 주교로 부임할 무렵, 이집트 주교들 사이의 여론은 조금씩 멜리투스 쪽으로 기울고 있었다.[27]

하지만 그즈음(318년), 알렉산드리아의 신임주교 알렉산드로스는 또 다른 문제로 골머리를 앓았다. 사실 그것은 향후 멜리투스 분쟁보다 훨씬 큰 파급력을 가질 터였다. 다름 아니라, 23명의 교구사제 중 하나였던 아리우스가 교리를 근거로 주교의 권위에 도전했던 것이다. 성부와 성자의 본질, 그리고 그 양자의 관계에 대해, 주교의 입장이 위험스럽다면서, 자신의 '올바른 의견'을 제시

---

26  아타나시우스, 『아리우스파에 대한 변명』 59; 소크라테스, 『교회사』 1. 6.
27  에피파니우스, 『이단 반박서』 68.

했다. 교회사가 소크라테스는 아리우스의 견해를 이렇게 세 문장으로 요약했다. "성부가 성자를 낳으셨다면, 태어난 성자는 존재의 시작을 가지게 된다. 그렇다면 성자가 존재하지 않았던 시간이 있었음이 분명하다. 따라서 결국 성자는 아무것도 없는 상태에서 본질을 얻으신 셈이 된다."[28] 요컨대 성부가 절대적으로 완전한 신이라면, 성자는 '무에서 태어난' 열등한 신이라는 것이 아리우스의 주장의 핵심이었다.

대부분의 소박한 기독교도는 아리우스의 생각에 경악을 금치 못했다. 성자, 즉 예수가 인류를 구원하려는 하느님의 은총에 의해 육화된 존재이며, 그 신성은 하느님과 다름없다는 것이 상식이었다. 그래야만 기독교도의 믿음과 성사가 거룩함을 지킬 수 있을 터였다. 온전한 신으로서 예수의 수난과 부활을 믿지 않는다면, 과연 교회와 거기서의 모든 의례가 무슨 의미를 가지겠는가? 예수를 무에서 창조된 신으로 취급하는 아리우스의 입장은 예수의 인성론 못지않게 이단이 아닐 수 없다. 주교 알렉산드로스가 100여 명의 주교를 소집해 문제를 제기했을 때, 주교회의가 내린 결론은 그와 같았다. 아리우스와 그의 동조자들이 파문당했다.[29]

알렉산드리아와 이집트에서 벌어진 교회사상 초유의 이 사태는 곧 동부의 다른 지역으로 파급되었다. 콘스탄티누스 황제를 놀라게 하고, 또 적극 개입하게 한 것은 바로 그 분쟁의 광역성이었다. 황제는 교리싸움이 그처럼 널리 번진 것을 도저히 납득할 수 없어서 "사소하고, 유치하며, 쓸모없는 짓"이라 투덜댔다. 하지만 생각해 보면, 그 사태는 교회의 오랜 생존과정에서 누적된 문제의 필연적 귀결이었다.[30] 역설적이게도, 우호적인 황제의 개입이 어쩌면 더 오래

28   소크라테스, 『교회사』 1, 5.
29   샤츠, 『보편공의회사』(분도출판사, 2005), 36쪽.
30   황제가 아리우스의 교리를 둘러싼 다툼을 가리켜 사소하다고 한 데 대해서는 유세비우스, 『전기』 2, 7(콘스탄티누스 황제가 알렉산드리아의 주교 알렉산드로스와 장로 아리우스에 보낸 편지) 참조.

잠복했을지 모를 문제들을 대폭발하게 한 측면이 있었다.

부연하자면, 교리분쟁은 2세기 말 이래 성장한 교부철학의 유산이었다. 교부철학이란 이교 지식인들의 기독교에 대한 멸시와 공박에 맞서 기독교의 우월함을 논증한 담론 전통이었다. 그 과정에서 교부들은 성서에만 의존하지 않고, '적의 무기', 즉 이교의 문학과 철학 등을 최대한 활용했다. 특히 '일신론'에 입각한 그리스 철학, 특히 중기 및 후기 플라톤 철학은 기독교 신앙의 고유함을 해설하는 데 거의 필수적인 자원이었다. 라틴어를 쓴 서부보다 그리스어를 사용한 동부가 교리논의에서 한층 앞서 간 것은 당연한 결과였다. 그리스 문헌을 읽을 수 있는 서부의 신학자는 극히 드물었으며, 4세기 말까지 라틴어로 번역된 신플라톤주의 철학서는 거의 전무했다. 아프리카의 도나투스 분규가 교리분쟁과 얽히지 않은 것, 또 앞으로 보듯 서부 교회가 동부의 대논쟁을 철저히 외면한 것은 지극히 자연스러운 양상이었다.[31]

3세기 중엽, 주로 알렉산드리아에서 활약한 오리게네스는 동부 기독교 신학의 원조였다.[32] 예수의 본성에 관한 입장(즉 기독론)에서 그는 사벨리우스주의나 영지주의 같은 양극단을 단호히 거부했다. 『요한복음 주석서』에서 그들의 존재에 관해 이렇게 말했다. "독실한 신자가 되려는 많은 사람들이 두 신의 존재를 주장하게 될까봐 두려워한 나머지, 성자는 그저 명목상으로만 아버지의 아들이라고 주장해 본성상 아버지와 다름을 부인하는 사람들이 있는가 하면(즉, 사벨리우스주의), 아들이 신임을 부인해 본성상 아버지와 다른 존재로 만들어버리는 사람들이 있다(즉, 영지주의)."[33] 그는 성자가 성부에게서 태어나고, 또 성부는 나눌 수 없는 비물질적 존재이므로, 의당 성부와 성자는 본성상 같다고

---

31  한스 폰 캄펜하우젠, 『라틴교부 연구』, 119쪽; 브라운, 『아우구스티누스』(새물결, 2012), 127~144쪽.
32  한스 폰 캄펜하우젠, 『희랍교부 연구』, 57~82쪽.
33  오리게네스, 『요한복음 주석』 2, 16.

생각했다. 또한 성부, 성자는 공히 영원한 존재이므로, "성자가 존재하지 않는 때"란 있을 수 없었다.

그럼에도 불구하고 오리게네스의 해설 중에는 성자를 성부보다 하위의 존재로 보이게 하는 소위 종속주의 관점이 있었다. 방금 인용한 문장에 이어 "그들에게 이렇게 응답해 주라"고 말할 때 그랬다. "한때 하나님만이 신이셨다. 그래서 예수께서도 아버지께 기도할 때, '저들이 당신만이 참된 하나님임을 알게 하소서'라 하지 않으셨던가? 그분 외의 만물, 아버지가 만드셔서 그분의 신성에 참여하는 모든 것은 '참 하나님'이 아니라, 그냥 하나님이라 말해야 옳다. 물론, 아버지가 최초로 지어내 그분과 함께 계신 분은 다른 신들보다 더 존중받는 존재일 뿐이다. … 다른 신들은 '참 하나님'의 모상들일 뿐이다. 그중 가장 원형적인 모상은 '태초에 존재하신' 하나님과 함께 계셨던 로고스이다." 또 다른 곳에서 로고스 혹은 독생자 예수를 하나님과 피조물 사이의 중개자라고 해설할 때도 비슷한 취지였다.[34]

아리우스의 기독론은 오리게네스의 그것을 더 논리적으로 밀고나간 것이었다. 그 핵심은 다음 세 가지였다. ① 성부는 성자보다 우월한 신이다. ② 성자는 무에서 태어났다. ③ 성자가 존재하지 않은 때가 있었다. 그리하여 그의 교리는 ②와 ③에서 오리게네스와 차별화되었다. 하지만 이는 혼자 생각해 낸 것이 아니었다. 312년에 순교한 안티오키아의 장로 루키아누스가 그의 스승이었고, 비슷하게 배운 문하생들이 더 있었다. 니코메디아의 주교 유세비우스와 니카이아와 칼케돈의 교회지도자들이 아리우스의 친구들이었다. 파문당한 아리우스가 도움을 청한 것은 바로 그들이었다.[35] 동병상련이랄까, 알렉산드리아 주교에 의해 비주류로 몰려 있던 멜리투스파도 그에게 동조했다.

---

34  오리게네스, 『요한복음 주석』 2, 17-18; 『제1 원리론』 2, 6, 1.
35  소크라테스, 『교회사』 1, 9; 루피누스, 『교회사』 10, 5.

그림 12-1

**그림 12-1** 4세기의 주요 교구들

소아시아, 시리아, 팔레스티나에 있던 아리우스의 친구들이 호응했다. 우선 알렉산드로스 주교에 서신을 보내 파문 철회를 요구했고, 아무런 반응이 없자, 소아시아의 비티니아 관구에서 주교회의를 소집했다. 반대편도 지켜보기만 하지 않았다. 소아시아의 안키라에서 대규모 종교회의를 개최할 준비를 하는 한편, 때마침(325년 초) 주교 선거가 끝난 안티오키아 회의에 아리우스 이단문제를 제기했다. 확고하게 반아리우스적이던 신임 주교 유스타티우스가 사실상 회의 분위기를 주도했다. 50명 가운데 3명을 제외하곤 모두 아리우스의 파문을 재확인했다. 마침 알렉산드리아 사태를 조사하고 니코메디아로 돌아가던 황제의 대리인 호시우스는 그 회의를 참관하고, 교리분쟁이 요원의 불길처럼 동

부 전역으로 번지고 있음을 확인했다.[36]

호시우스로부터 상황의 심각성을 보고받은 콘스탄티누스 황제는 임박한 안키라 회의를 취소하고, 니카이아에서 전 교회적 주교회의를 소집하라고 지시했다. 참석하는 주교들에게 공공도로(cursus publicus)의 역참 이용과, 회기 중 숙박시설 제공을 약속했다. 325년 5월, 마침내 니카이아 종교회의가 열렸다. 참석한 주교 수는 기록마다 다르지만(250-318명 사이), "유럽, 아프리카, 아시아의 모든 교회대표가 참석했다"는 유세비우스의 주장은 분명 터무니없는 과장이었다. 아프리카의 1명을 포함해, 서부의 대표단은 5-6명에 불과했다. 태반이 소아시아, 이집트, 그 외 다른 동부속주에서 온 주교들이었다[그림 12-1]. 그러나 어쨌든 그 회의는 모든 주교들의 참석을 전제로 개최된 최초의 '보편공의회(ecumenical council)'였다. 회의 직후, 불참한 주교들에게 결과를 통지한 것 역시 회의의 보편성을 강화하기 위한 조처였다.[37]

콘스탄티누스 황제는 니카이아의 황궁 대강당을 회의장으로 제공했다. 좌장 격 주교에 이어 황제가 라틴어로 개막연설을 한 뒤, 호시우스 주교의 사회로 회의가 시작되었다. 약 2개월 동안 진행된 회의에 황제는 거의 빠짐없이 참석했다. 많은 의제 중, 역시 최대 쟁점은 첫 번째로 상정된 아리우스의 교리문제로, 20여 일이 소요되었다. 공식 회의록 대신 남은 엇갈리는 증언들에 의하면, 적어도 그 의제와 관련해 황제는 그저 참관하기만 하지는 않았다. 다양한 논점들의 미묘한 차이를 이해하지 못했고 또 알려고 하지도 않았지만, 그는 종종 권위로 의견차를 좁혀 주는 역할을 했다.[38]

아리우스파는 줄곧 수세였다. 대다수 참석자가 "성자가 무에서 창조되었다"

---

36  유세비우스, 『전기』 2, 61-62; 소크라테스, 『교회사』 1, 7.
37  샤츠, 『보편공의회사』(분도출판사, 2005), 39-44쪽. 불참한 주교들에 보낸 콘스탄티누스 황제의 서신이 기록되어 남아 있다. 테오도레투스, 『교회사』 1, 9.
38  유세비우스, 『전기』 3, 13.

는 그의 핵심교리를 무력화해야 한다는 데 공감하고 있었다. 그래서 누가 제안했는지 몰라도, 그들은 "성자는 성부와 '본질상 같은(homoousios)' 존재"라는 명제를 강조한다는 데 의견을 모았다. 그것은 단일신론(monarchianism)을 응용한 것 같은 형태였다. 후자는 유대적 일신론을 바탕으로 성부를 엄격한 '하나의 근원(monarchia)'으로 보되, 성자는 성부의 다른 양태(modus)일 뿐 본질(ousia)은 같다는 입장이었다.[39] 그러니까 니카이아의 반 아리우스파는 단일신론과 다르게 성자를 규정하기 위해, '본질'이란 추상명사 대신 '본질상 같은'이란 형용사를 쓰려 했던 것이다.

그 모호한 해법은 결국 니카이아 회의가 끝난 후, 두고두고 논쟁의 불씨가 되었다. 하지만 니카이아 회의에서는 적어도 아리우스파가 수용할 수 없다는 이유만으로도 적절한 타결책이라는 의견이 우세했다. 그리하여 정통 신조의 초안을 만들어 투표에 붙인 결과, 반대는 17명에 불과했다. 그들마저 대타협을 학수고대하던 콘스탄티누스 황제가 추방형으로 으름장을 놓자 대부분 입장을 철회했다. 끝까지 반대를 고집한 것은 아리우스 자신과 아프리카에서 온 2명의 주교들뿐이었다. 니카이아 회의는 그들을 파문하고 아리우스의 책을 불태웠다[그림 12-2].[40]

카이사레아의 주교 유세비우스는 입장을 번복한 주교들 중 하나였다. 그는 회의가 끝나자마자 교구민에게 편지를 써서 그렇게 할 수밖에 없었음을 설명했다. "신조 초안이 제시되자, 반대할 여지가 없었습니다. 사랑하는 황제께서 제일 먼저 그것을 정통이라 선언하시고 … 다른 주교들에게도 서명하라고 독려하셨습니다." 그런데 편지 서두를 보면, 그런 해명이 필요했던 더 중요한 사정이 드러난다. 그가 서명한 니카이아의 신조가, 그때까지 그가 교구민에게 성

---

39  이에 대해서는 드롭너, 『교부학』(분도출판사, 2001), 197-198쪽 참조.
40  소조멘, 『교회사』 1, 20-21.

그림 12-2

그림 12-2 825년 이탈리아에서 편찬한 교회법 필사
본의 표지
상단에 "318명의 주교 전원이 서명했다"는 문구가 있고, 그
아래 좌측에 콘스탄티누스 황제가, 우측에는 서명한 주교들
이 착석한 모습. 하단에는 "단죄받은 이단자들"이란 구절과
함께 아리우스의 서적을 불태우는 장면

경과 성사의 의미를 가르쳐 온 방식과 달랐던 것이다.[41] 아마 유세비우스처럼
그동안 아리우스를 지지해 온 주교들이 다 비슷한 처지였을 것이다. 아리우스
를 지지한 것은 그와의 친분 혹은 개인의 신학적 판단 때문만이 아니었다. 더
큰 이유는 그들이 교구신도에게 그릇된 신조를 주입해 온 것으로 심판받고, 궁
극적으로 주교의 지위를 잃을 수도 있었기 때문이었다. 하지만 황제의 위세 앞
에서는, 더 이상 단어의 미묘한 해석을 둘러싼 논란이 무색했다. 반신반의하면
서도 그들은 다음과 같은 니카이아 신조에 서명해야 했다.

우리는 보이는 것과 보이지 않는 모든 것의 창조주이신 전능하신 유일한 하나
님 아버지를 믿습니다. 우리는 또 하나님의 독생자이신 유일한 주 예수 그리스

---

41  그 편지 사본은 테오도레투스, 「교회사」 1, 11에 수록되어 있다.

도를 믿습니다. 그분은 하나님의 본질에서 나셨으며, 하나님에게서 나온 하나님, 빛에서 나온 빛, 참된 하나님에게서 나온 참된 하나님입니다. 그분은 출생하셨으나, 창조되지는 않으셨으며, 하나님과 동일 본질이십니다. 그분을 통해 하늘에 있는 모든 것이나 땅에 있는 모든 것이 창조되었으며, 그분은 우리 인간을 위해, 우리의 구원을 위해 내려오셔서, 육신을 입고 인간이 되셨으며, 고난당한 지 사흘 만에 부활하셔서 하늘에 오르셨고, 산 자와 죽은 자를 심판하러 오실 것입니다. 우리는 또한 성령을 믿습니다. '그분이 존재하지 않은 때가 있었다' 혹은 '나시기 전에는 존재하지 않았다'고 말하는 사람들, '그분이 무에서 태어났다'고 말하는 사람들(즉 아리우스와 그 동조자들) … 을 사도적인 보편교회는 파문한다.[42]

콘스탄티누스 황제는 니카이아 종교회의의 성과에 매우 흡족해 했다. 20개의 교회법규(canon)를 확정한 것보다는 교회분열의 화근들을 모두 제거했다고 믿었기 때문이다. 교리다툼을 조정해 최초로 정통교리를 확정했을 뿐 아니라, 멜리투스 분규와 지역별로 제각각이던 부활절 날짜의 문제도 해법을 찾았다. 멜리투스 문제에서는 도나투스 분쟁을 조정하는 데 실패했던 원인을 타산지석 삼았다. 주교직 박탈이 갈등을 격화시켰다고 보아, 멜리투스에게 관용적인 징벌을 부과했다. 주교 직함을 유지하되, 성직 서임권을 행사하지 못한다는 것이었다. 그의 추종자들에게도 비슷한 자격제한이 가해졌다.[43] 부활절 문제에는 황제도 자못 큰 관심을 보였는데, 아마 그 편차가 전 제국 차원이라고 판단했기 때문인 듯하다. 해법은 동서 교회의 중심인 알렉산드리아와 로마의 주교

---

42  드롭너, 「교부학」(분도출판사, 2001), 345-348쪽 참조.
43  소크라테스, 「교회사」 1, 9.

들이 매년 협의하여 날짜를 정한다는 것이었다.[44]

콘스탄티누스 황제의 성취감은 참석했던 주교들을 모두 니코메디아의 황궁에 초대해 성대한 향응을 베푼 사실에 잘 드러난다.[45] 325년 7월 25일, 그날은 마침 황제의 즉위 '20주년 기념제(vicennalia)' 기간 중이었다. 어쩌면 처음부터 축제 일정에 맞추어 니카이아 회의를 끝내도록 기획되었을 것이다. 아무튼 타이밍의 효과는 충분했다. 황제는 그 순간 자신이 제국과 교회를 모두 통일해, 마침내 평화롭고 조화로운 세상을 이루었다고 확신했다. 유세비우스는 그가 주교들과의 연회장에서 "(여러분들처럼) 나 또한 주교입니다. 신께서 교회 밖 사람들을 다스리도록 정해 주신 것이죠"라고 말했다고 전한다.[46] 이 증언이 사실인지 알 수 없지만, 적어도 그 취지에는 공감할 수 있다. 콘스탄티누스는 세상을 향해 이렇게 외치고 싶었을 것이다. '지난 20년간 나의 파란 많은 역정은 신이 준 소명을 따른 것, 즉 아우구스투스처럼 제국에 평화를 회복하기 위한 것이었다.'

하지만 그 자족감은 그리 오래가지 않았다. 불과 몇 달 후, 황실에 비극적 사건이 벌어졌으며(14장 참조), 2-3년 뒤에는 아리우스 분쟁이 다른 형태로 재발했기 때문이다. 무엇보다 2차 분규는 황제가 연루된 당파싸움의 양상을 띠었고, 그래서 황제는 결코 중립을 지키기 어려웠다(15장 참조). 죽기 전까지 약 10년간(328-337년), 황제가 아리우스를 지지하는 주교들과 친밀해진 것은 아이러니였다. 니코메디아의 주교 유세비우스와 카이사레아의 주교 유세비우스가 바로 그들이었다. 그리고 그 사태는 콘스탄티누스 황제의 아들들에게 유산으로 남겨졌다.[47]

---

44  유세비우스, 『전기』 3, 18-19.
45  유세비우스, 『전기』 3, 15.
46  유세비우스, 『전기』 4, 24.
47  샤츠, 『보편공의회사』(분도출판사, 2005), 45-50쪽.

# 13장 유세비우스의 정치신학

여기서는 이 책의 주인공 콘스탄티누스 황제를 잠시 뒤로 물리고, 카이사레 아의 주교 유세비우스를 무대의 전면에 세워 보자. 사실 그는 지금까지 황제의 행적(305-325년)을 회고하는 동안 거의 독보적인 증인이었다. 그가 쓴 『교회사』 와 『전기』가 대체 불가능한 사료들이기 때문이다. 두 작품은 황제가 제국을 통 일하고(324년) 공공연히 기독교 후원자를 자처한 시기의 산물이었다. 여러 차 례 수정 증보된 『교회사』에서 '콘스탄티누스 시대'(303-324년)를 다룬 마지막 세 권(8-10권)이 현재의 모습을 갖춘 것은 325-326년쯤이었으며, 『전기』는 황제의 서거(337년) 직후 착수해, 저자가 사망한 339년에 미완성 상태로 남았다.

지금까지 이 책에서 두 사료를 취급한 방식은 매우 부정적이었다. 발췌 인용 문들은 대부분 비판을 통해 수정되었음을 기억할 것이다. 콘스탄티누스 황제 의 과도한 우상화와 그를 위한 생략, 과장, 왜곡이 빈번히 지적되었다. 사건들 의 서사방식도 신뢰감을 주기 어렵다. 시계열과 인과관계에 따른 기술은 극히 드물고, 사건의 의미를 강조하는 수사적 서술이 가득하다. 심지어 빈번히 인증 되는 문서들(서신과 법령)조차 신빙성이 의심스러울 정도이다.

19세기 역사학의 시대에 유세비우스의 두 작품이 백안시된 것은 결코 놀라 운 일이 아니다. 부르크하르트는 그를 "고대 역사상 가장 부정직한 역사가"라 혹평했다. 대체 불가능한 사료를 불신한 이상, 그는 콘스탄티누스 황제의 평전 을 쓸 수 없었다. 그의 『콘스탄티누스 대제의 시대』는 시대사요, 문화사였다.[48] 하지만 20세기 중엽 이후, 유세비우스의 사료가치에 대한 역사가들의 태도는

180도 변했다. 콘스탄티누스 평전의 범람이 반전효과를 웅변으로 말해준다. 하지만 이 책은 오히려 20세기의 대세를 거스른다. 유세비우스의 증언을 해체하고 '역사적 콘스탄티누스 황제'를 재구성하려는 것이다.

그런 의미에서, 20세기 신학 혹은 정치철학 분야에서 두 작품이 다루어진 방식에 주목할 필요가 있다. 그들은 단순한 역사서가 아니라, 교회-국가의 관계에 관한 저자의 고유한 관점(정치신학)을 구현한 문서로 취급되었다. 즉 유세비우스는 아우구스투스가 이룩한 로마 제국의 평화는 물론, 그것을 재생시킨 기독교 황제 콘스탄티누스를 하나님의 도구로 간주했다는 것이다. 이 정치신학을 두고 벌어진 장기 논쟁은 주로 두 가지 관점의 대결양상이었다. 그것이 근본적으로 신학적 토대를 갖기 마련인 정치의 속성에 대한 올바른 통찰이라는 입장(A)과, 그저 권력 앞에 비굴해진 신학이라는 견해(B)가 그것이다.

최초의 본격적 평가는 (B)쪽에서 나왔다. 1930년대에 독일 신학자 페테르손이 정치학자 칼 슈미트가 제시한 '정치신학' 테제(통치권의 군주제적 속성과 그것을 떠받치는 일신론 신학 사이의 내적 연관)를 반박한 글 『정치적 문제로서 일신교』에서였다. 유세비우스의 정치신학을 기독교 정통신학과 비교해 검토한 뒤, 그는 이런 결론을 내렸다. 후자는 군주제나 제국과는 무관한 순수한 것인 데 반해, 전자는 불순하고 그릇된 것이었다.[49] 페테르손의 테제는 슈미트의 때늦은(1970년) 반론을 포함해 (A)관점의 많은 후속연구를 자극했고, 그 흐름은 최근까지 이어진다.[50]

두 가지 중요한 진전이 있었다. 하나는 유세비우스의 정치신학이 헬레니

---

48   부르크하르트, 『콘스탄티누스 대제의 시대』, 260-261, 283, 293쪽.
49   페테르손, 『정치문제로서 일신교』(1935); 슈미트, 『정치신학』(그린비, 2010), 특히 3장(정치신학) 참조. 슈미트의 책은 1922년에 처음 출간되었다.
50   세튼, 『서기 4세기 로마황제에 대한 기독교의 태도』(1941); 드보르니크, 『초기 기독교와 비잔티움 시대의 철학』 제2권(1966), 611-658쪽; 슈미트, 『정치 신학 2권, 1970년』(영역판, 2008), 79-102쪽; 쇤들러(편), 『정치문제로서 일신교?: 에릭 페테르손과 정치신학 비판』(1978).

즘 정치철학의 영향을 받았다는 가설이다. 즉 "군주는 모름지기 살아 있는 법(nomos empsychos) 혹은 신적 이성(logos theios)의 지상 현현이어야 한다"는 헬레니즘 군주론이 기독교 군주론으로 변용되었다는 것이다.[51] 이 가설은 꽤 개연성이 커서 널리 수용되었지만, 구체적으로 논증된 적이 없다. 그런 의미에서 유세비우스의 신학 전체의 내적 일관성을 탐색한 다른 시도가 훨씬 생산적이었다. 연구 결과, 그의 신학(창조론 및 기독론)과 정치신학 사이에 강한 논리적 연관이 제시되었다.[52] 그렇다면 정치신학이 한낱 황제 권력에 아첨하려던 불순한 고안물이라는 비난은 다소 무색해진다. 게다가 곧 설명하겠지만, 유세비우스는 기독교 황제로서 콘스탄티누스에 대한 확신을 갖기 시작한 325년 이전에 이미 그 나름의 신학을 갖고 있었다. 그러니까 정치신학은 논리적으로나 시간적으로 앞서 있던 신학을 확장한 결과였다.

'역사적 콘스탄티누스'를 추구하는 입장에서 유세비우스의 정치신학에 대한 연구 성과는 여러모로 유익하다. 그것은 대체 불가능한 사료인 『교회사』와 『전기』를 복합적으로 다루어야 함을 시사한다. 유세비우스의 정치신학이 성립하기 시작한 시점(325년) 전후를 구별할 필요가 있다. 그전(305-324년)의 콘스탄티누스의 행적에 대한 서술이 정치신학으로 오염되었을 가능성을 고려해야 한다. 그 부분을 걷어내야 비로소 '역사적 콘스탄티누스'가 드러난다.

반면 그 이후(325-337년)에 대해서는 오히려 황제와 유세비우스 사이의 공명을 상상할 필요가 있다. 정치신학이 기독교 황제로서 콘스탄티누스의 통치비전에 호응하거나 영향을 주었을 가능성을 고려하는 것이다. 두 가지 이유가

---

51  유세비우스의 정치철학이 헬레니즘 정치철학을 활용한 것이라는 가설을 처음 제기한 것은 베인즈였다. 그의 논문, "유세비우스와 기독교 제국"(1933), 13-18쪽 참조. 한편 헬레니즘 정치철학에 대한 최초의 해설로는 고드너프의 논문, "헬레니즘 왕권의 정치철학"(1928) 참조.

52  파리나, 『카이사레아의 유세비우스에 있어서 제국과 기독교 황제』(1966); 로버트슨, 『중개자로서 예수』(2007).

있다. 하나는 정황론이다. 앞장에서 보았듯이, 324년 제국을 통일한 후, 콘스탄티누스는 동부의 기독교 인구를 통치기반의 중핵으로 삼으려 했다. 신속히 니카이아 회의(325년)를 열어, 교리로 분열된 동부 교회들의 통일을 꾀한 것은 그런 배경에서였다. 유세비우스는 그때부터 황제와 직접 만나거나 서신을 교환했다.[53] 비록 그의 신학은 정통교리보다 아리우스주의에 가까웠지만, 제국과 황제를 하나님의 도구로 설명한 그의 정치신학은 콘스탄티누스에게 매력적이었다. 사실, 그런 통치이념은 로마역사상 전례가 없었으며, 하물며 당대의 정통신학이나 신플라톤주의에서는 기대조차 할 수 없었다. 콘스탄티누스가 니카이아 회의 이후 오래지 않아 정통파보다 유세비우스 같은 아리우스파와 가까워진 것은 결코 우연이 아니었다.

또 하나, 황제와 유세비우스의 관계를 짐작게 하는 보다 구체적 증거가 있다. 유세비우스는 황제 생전에 새 수도 콘스탄티노폴리스의 황궁에서 최소한 두 차례 어전연설을 했다. 한번은 335년의 예루살렘 성묘교회의 낙성을 기념하는 것이었고(335년 11월), 또 한번은 황제 즉위 30주년을 기념하는 「황제찬양연설」(336년 여름)이었다.[54] 후자는 『전기』의 부록으로 편집되어 남았는데, 연설 중 이런 대목이 있다. "위대하기 그지없는 황제시여, 제 연설로 당신의 경건한 위업의 이유와 동기가 만방에 알려지길 소망합니다. 제가 당신이 가진 의도들의 해석자가 되길 기원합니다."[55] 유세비우스는 겸허히 황제의 '홍보비서'를 자처했지만, 실은 멘토가 되길 원했을 것이다. 「황제찬양연설」은 그의 신학이 정치신학으로 확장된 곳이었다.

유세비우스의 정치신학이 갖는 의의는 대략 그와 같다. 이제 그의 신학과 정

---

53  유세비우스가 황제를 처음 만난 것은 니카이아 공교회의 때였으며, 적어도 세 건의 사신 교환이 기록되어 있다. 『전기』 3, 61; 4, 35-36.
54  유세비우스, 『전기』 4, 33; 4, 46.
55  유세비우스, 「황제찬양연설」 11, 7.

치신학을 구체적으로 살펴보자. 정치신학을 분석할 주요 문건은 앞에서 언급한 『교회사』, 「황제찬양연설」, 『전기』 세 가지이다. 한편 그의 신학 관련 저술은 훨씬 많지만, 두 개만을 분석한다. 마지막 대박해(303-311년) 중에 쓴 『신앙입문서』의 일부인 「예언 선집」, 그리고 같은 시기에 신플라톤주의자 포르피리오스가 쓴 『기독교 반박』에 맞서 집필한 변증서 『복음의 증거』(이하 『증거』)가 그것이다.[56] 이 신학서들에서 정치신학과 관련해 집중적으로 검토할 부분은 창조론과 기독론이다. 바꿔 말해 성부, 로고스, 성자의 본성과 관계에 대한 이론이 중요하다. 그 무렵 성령은 거의 논쟁거리가 아니었다.

이런 문제들에서 유세비우스의 출발점은 그의 스승의 스승이었던 오리게네스에게서 배운 종속주의 신학이었다. 이 경향은 그의 변증전략에 의해 한층 심화되었다. 그는 그리스 철학과 기독교의 조화를 꾀하면서도, 후자가 우월함을 논증하는 것을 과제로 삼았다. 그리스 철학보다 더 오랜 구약에서 기독교를 도출하려 했고, 그렇게 쓴 것이 바로 『증거』였다. 자연히 유대교의 헬레니즘화를 대표하는 중기플라톤주의자 필론의 영향이 역력했다. 이런 배경과 동기 때문에 유세비우스의 신학은 대략 두 가지 특징을 지닌다.

첫 번째 특징은, 성부가 중기플라톤주의처럼 초월적 일자(一者)처럼 묘사된다는 점이다. 성부 자신은 창조되지 않으면서 만물을 창조한 분이다. 이름을 부를 수도 설명할 수도 없는 지고의 존재, '왕들 중의 왕' 같은 분이다.[57] 그는 피조물의 세계에 좀처럼 자신을 드러내지 않는 존재이다. 피조의 세계와 관계하는 역할은 2급신인 로고스 혹은 성자의 몫이다. 성부의 창조를 돕는 로고스는 "처음에 성부와 함께 있었으나, 성부 다음의 제2원인"이다.[58] 성자 역시 세

---

56   유세비우스, 「예언 선집」; 유세비우스, 「복음의 증거」.
57   유세비우스, 「복음의 증거」 4권 3장, 10장; 5권 4장.
58   유세비우스, 「예언 선집」 3, 1.

계의 주인이고 성부의 이미지(eikon)를 가진 신이지만, 성부의 권세를 받아 성부의 뜻을 집행하는 두 번째 신이다. 그는 창조된 만물의 으뜸이며, 시간 이전에 존재하지만, "성부가 그보다 먼저 존재한다."[59] 또한 유세비우스는 그가 "성부와는 별도로 자신의 본질(hypostasis)을 갖는다"고 하거나,[60] 성부가 태양이라면 성자는 광선이라고 말한다.[61] 유세비우스의 일신론은 군주제론에 가까운 형태이다.

오리게네스는 성자가 성부보다 열등하지만, 양자가 본성에서는 하나라고 믿었다. 그러니까 유세비우스는 중기플라톤주의의 영향 아래 더 급진화된 셈이었다. 그의 입장은 대체로 아리우스의 주장과 흡사했다.[62] 실제로 니카이아 종교회의 전후의 교리논쟁 때, 그는 줄곧 아리우스 편이었다. 그 회의 직전에 열린 안티오키아 주교회의에서 그는 이미 이단판정을 받았지만, 황제의 배려로 니카이아 회의에 참석할 수 있었다.[63] 그리고 니카이아 회의가 마침내 '(성부와 성자가) 본질상 같다(homoousios)'는 중재안을 내놓았을 때, 유세비우스는 황제의 압력 때문에 마지못해 서명했다.[64] 회의 이후 그는 계속 파문당한 아리우스파와 공조했고, 안키라의 정통파 주교 마르켈루스와 열띤 논쟁을 벌였다. 『현현』과 『교회신학』은 그때 쓴 변증서이다.[65]

두 번째 특징은 첫 번째 것의 논리적 귀결이다. 유세비우스는 성자의 수난과 부활의 구속사적 의미나, 종말과 재림 같은 문제들에 거의 관심이 없다. 성

---

59  유세비우스, 『복음의 증거』 5권 1장.
60  유세비우스, 『예언 선집』 1, 25.
61  유세비우스, 『복음의 증거』 4권 3장.
62  하지만 아리우스처럼 '성자가 무에서 태어났다'거나 '성자가 존재하지 않는 때가 있었다'고 생각하지는 않았다.
63  우피츠, 『아타나시우스 문집』 3.1(18번=안디오키아 종교회의의 서신, 325). 웹사이트, 『4세기의 기독교』 (http://www.fourthcentury.com) 참조.
64  테오도레투스, 『교회사』 1, 11.
65  유세비우스, 『현현』; 유세비우스, 『교회신학』.

자는 창조된 후 그릇된 길로 빠진 인간을 가르치기 위해 강림한 것(혹은 육화)이며, 그가 주는 앎에 의해 구원이 일어난다.[66] 유세비우스 신학은 후기로 갈수록 점차 성자보다 로고스를 강조한다. 로고스는 성부의 도구이며, 특히 초월적인 성부의 중개자(metesi tou theou)로 피조물의 세계와 접촉하며, 그 세계를 관리하는 총독(hyparchos)이다.[67] 로고스의 역할은 창조의 시간에 한정되지 않는다. 인간이 성부에 대한 믿음을 저버릴 때마다, 로고스는 성부의 뜻에 따라 육신을 입고 지상에 내려왔다. 모세와 예수가 대표적 사례였다.

유세비우스가 이 로고스 중개자론을 최대로 증폭시킨 곳은 콘스탄티누스의 즉위 30주년을 기념하는 「황제찬양연설」에서였다.

황제께서는 하나님이 홀로 다스리는 방식을 따르는 데서 힘을 느끼십니다. 그 순응의 지혜는 세계의 주인이신 하나님께서 지상의 피조물들 가운데 오직 인간에게만 주셨습니다. … 군주정이 다른 모든 통치체제보다 월등합니다. … 그래서 하나님이 둘, 셋이 아니라 한 분이십니다. 하늘에는 하나님을 모시는 종들이 많습니다만. … 그중 로고스를 시종장, 대사제, 예언자, 천사라 부르십니다. … 로고스는 만물에 스며들어 편재하며 아버지의 선물을 아낌없이 나누어 줍니다. 그리하여 지상의 이성적인 피조물들에게조차 하늘의 주권의 본을 알려 주십니다. … 로고스가 아니면 보이지 않는 군주이신 하나님을 누가 올려다볼 것이며, 그가 아니면 누가 하나님의 완전함을 알겠습니까? … 그리고 합법적인 주권, 제국의 권력을 누가 인간에게 알려 주겠습니까? … 그 모든 것의 해석자는 분명

---

66  유세비우스, 「복음의 증거」 5-10권.
67  유세비우스의 로고스론, 특히 로고스 도구론은 필론의 것을 그대로 빼닮았다. 세상에 직접 관여할 수 없으신 하나님은 로고스를 도구, 사자, 전령으로 삼아 세상을 통솔한다. "모든 것을 태어나게 한 아버지께서는 최고 전령이자 태초부터 존재한 로고스에게 경계에 설 수 있는 특별한 선물을 주시어, 창조주와 피조물을 갈라놓게 하셨다." 셍크, 「필론 입문」(바오로딸, 2008), 146쪽.

편재하는 로고스입니다. … 하나님을 알고 그분을 경배하며 사는 것이야말로, 인간의 군주권, 이 세계의 피조물들에 대한 무적의 주권을 얻는 길입니다. … 하나님께서 천부의 덕을 주시고 총애하시는 황제께서는 현세에서도 그 희망(하늘의 왕국을 닮은 지상왕국의 수립)을 나누고 계십니다.[68]

위에서 황제는 로고스를 통해 하나님과 군주제적 하늘왕국에 대한 지혜를 얻는 것으로 나타난다. 이 대목은 칼 슈미트가 말한 정치신학, 즉 주권의 군주제적 본성과 그에 적합한 일신교의 상관성을 가장 집약적으로 표현하고 있다. 하지만 유세비우스는 연설의 다른 곳에서 하나님과 황제의 다른 관계방식을 시사한다. 주로 전쟁터의 맥락에서인데, 그때 하나님은 "황제를 보호하기 위해 하늘에서 오른손을 뻗어 모든 적에게 승리해, 장수하는 제국을 세우게 하셨다"고 한다.[69] 황제에게 하나님의 모사(eikon), 친구 혹은 시종총독(hyparchos)이라는 표현이 사용되기도 하는데, 모두 로고스를 가리키던 호칭들이다.[70]

유세비우스의 이 정치신학은 황제에게 아첨한 신학의 정치화인가? 분명 그런 일면이 느껴지며, 또 찬양연설에 요구되던 과장의 수사를 부인하기 어렵다. 하지만 그렇다고 그 모두를 순간의 곡학아세로 폄하할 수 없는 이유가 있다. 그가 이미 오래전부터 지녀 온 제국(국가)과 교회의 관계에 대한 인식 때문이다. 이 점에서도 그는 오리게네스의 후예였다.

오리게네스는 동시대에 로마의 히폴리투스가 주장한 종말론(로마 제국의 쇠망과 예수 재림)과 다른 역사신학을 갖고 있었다. "하나님은 예수의 가르침을 모든 민족에게 주셨다. 예수의 가르침은 로마 황제 아우구스투스 때 편집되어 모

---

68  유세비우스, 「황제찬양연설」 3, 5-5, 1.
69  유세비우스, 「황제찬양연설」 10, 7; 9, 10.
70  유세비우스, 「황제찬양연설」 3, 1(모사); 3, 6(총독); 5, 1(친구); 6, 21(사제); 7, 12(시종).

든 민족들이 알 수 있게 되었다."[71] 팍스 로마나를 구속사의 일환으로 간주한 것이다. 그런데 오리게네스의 현실권력에의 순응에는 단서가 있었다. "황제의 행복을 걸고 맹세하지 않는다"는 원칙이었다.[72] 황제의 안녕을 위한 제사의 문제는 종종 박해의 빌미가 되었고, 기독교도를 압박한 배교의 유혹이었기 때문이다.

유세비우스의 『교회사』에도 비슷한 제국신학이 보인다. 그가 인용한 멜리토의 탄원서가 그의 생각을 대변한다. "(기독교는) 아우구스투스의 빛나는 통치시대에 제국 주민들 속에서 번창했습니다. 그때부터 로마의 권력은 거대해지고 빛나게 되었습니다. … 이렇게 제국의 행운이 시작될 때, 기독교가 설립된 것이 은총이었다는 증거는 바로 그 사실에 기인합니다."[73] 그런데 유세비우스는 아우구스투스의 평화와 예수 강림의 공시성이 갖는 의미를 더 확대해, 심지어 오리게네스의 유보조차 넘어선다. 박해조차 기독교도를 교육시키려는 하나님의 징벌수단이라는 것이다. 예컨대 디오클레티아누스의 대박해가 시작된 이유를 그는 그렇게 설명했다.[74]

하나님의 계획 속에서 제국과 교회가 그처럼 조화로운 것이라면, 예수의 재림과 종말론은 타협하기 어려운 관념이었다. 「황제찬양연설」의 정치신학은 훨씬 전에 형성된 유세비우스의 신학과 역사신학의 논리적 외연이었다. 제국을 재통일해 평화를 수립한 콘스탄티누스 황제가 기독교 황제가 되기를 자처했다면, 그것을 어떤 의미로 받아들여야 했을까? 다시 말해 예수가 오신 팍스 아우구스타가 팍스 크리스티아나로 진전한 것이라면, 그것의 의미는 무엇인가? 유세비우스는 그런 의문을 가졌고, 「황제찬양연설」을 맺으면서 그 답을 제시

71   오리게네스, 『켈수스를 논박함』(새물결, 2005), 82쪽.
72   오리게네스, 『켈수스를 논박함』(새물결, 2005), 219-220쪽.
73   유세비우스, 『교회사』 4, 26(221-222쪽).
74   유세비우스, 『교회사』 8, 1(396-397쪽).

했다.

> 예전에는 지상의 온 인류가 속주, 종족, 지역 단위의 정부로 흩어져 있었습니다. … 그 다양성의 결과 전쟁과 분란이 일어나, 터전을 잃고 포로가 되곤 했습니다. … 그것의 기원은 다신교의 오류에 속았기 때문입니다. 그러나 우리를 구하기 위해 (하나님이) 예수의 성육신을 세우서 … 온 인류에 한 분이신 하나님을 선포하셨습니다. 때를 같이해, 세계 제국으로 로마가 일어나 번영했습니다. 온 인류가 하나님을 알고 구원의 길을 알게 되었습니다. 로마 제국의 전 영토가 한 통치자에 맡겨져, 온 세상에 평화가 깃들었습니다. … 그리고 두 개의 큰 힘, 즉 로마 제국과 기독교가 같은 시점부터, 서로 다투는 다른 종족들을 제압하고 화해시켰습니다. … 한 분이신 하나님 아버지의 자녀들이 참된 종교를 한 어머니로 여겨, 평화의 말로 서로를 축복하고 있습니다. 그리하여 온 세상이 마치 질서가 잘 잡힌 단합된 가족처럼 보입니다. … 어느 시대의 어떤 왕, 어떤 철학자, 입법가, 예언자가 (콘스탄티누스 황제처럼) 탁월한 위업을 이루었습니까? … 제가 연설을 시작할 때, 저를 헐뜯던 분들께서는 저의 이 물음에 어떻게 답하시려는지요?[75]

앞서 말했듯이, 『전기』는 「황제찬양연설」의 정치신학을 황제의 전기형식으로 구현한 것이었다. 서문에 쓰여 있듯, 하나님이 내신 최초의 기독교 황제의 일생이 "그분의 치세 초부터 … 끝까지 하나님이 그분을 도우서서 인류에게 경건의 표본으로 세우신 바"를 기록하려 한 것이었다.[76] 그런데 그렇게 '하나님의 뜻을 수행한', 다시 말해 '신화화된' 기독교 군주의 모습은 그저 작가 유세비

75 유세비우스, 「황제찬양연설」 16, 2-9.
76 유세비우스, 「전기」 1, 4.

우스의 창작만은 아니었다고 생각된다. 황제 자신이 그런 소명의식을 표방하거나 내면화했다고 짐작하게 하는 단서들이 있다.

특히 즉위 20주년(325년) 이후 사망할 때(337년)까지 콘스탄티누스 황제의 활동이 그랬다. 니카이아 종교회의에서 그랬듯이, 그는 종종 주교들을 소집했고, 그저 참관인이 아니라 마치 주교처럼 회의에 개입했다.[77] 말하자면 그는 황제-교황의 원형이었다. 또한 325-328년 사이 어느 해인가, 성금요일에 행한 「성도들 앞에서의 연설」이 예시하듯, 황제는 예수 같은 교사의 역할을 자임했다.[78] 황제가 사제 혹은 예수 같은 역할을 의식했다는 사실은 죽음을 준비한 방식에도 드러난다. 콘스탄티노폴리스에 자신이 묻힐 묘(소위 '성 사도 교회')를 조성한 뒤, 그 안에 자신의 관과 12사도의 공묘를 함께 배치하게 한 것이다(아래 16장을 참조). 그것은 황제가 스스로를 예수에 견줄 만한 '하나님의 종'으로 여겼음을 뜻한다.[79]

그뿐 아니었다. 황제는 자신의 모든 과거 행적이 기독교 승리에 기여한 것으로 재해석되길 원했다. 「황제찬양연설」에는 황제가 유세비우스에게 "틈이 나면 하나님이 내게 나타나셨던, 거듭 환영을 보여 주셨던 숱한 사례들을 이야기해 주겠노라"고 다짐했다는 대목이 있다. 실제 『전기』에서 유세비우스는 종종 황제께 직접 들었다는 몇몇 일화들을 소개한다. 아마 312년 밀비우스 전투 전야에 보았다는 십자가 환영이 그중 가장 전형적인 것일 것이다. 유세비우스가 그 일화를 황제에게 들은 것은 325년경이었다.

당연한 일이지만, 유세비우스가 그 일화를 듣기 10여 년 전에 쓴 『교회사』에

---

77  황제가 소집한 종교회의에 대해서는 소크라테스, 『교회사』 1. 11(콘스탄티노폴리스 회의); 소조멘, 『교회사』 1. 16(니카이아 회의); 2. 25(티로스 회의) 참조.
78  유세비우스, 『전기』 4. 29-32; 4. 55. 유세비우스는 「성도 앞에서의 연설」을 「황제찬양연설」처럼 『전기』에 부록으로 편집하겠다고 약속했지만(『전기』 4. 32) 실행되지 않았다. 그 연설은 별도로 전해진다.
79  유세비우스, 『전기』 4. 58-59; 소크라테스, 『교회사』 1. 40; 소조멘, 『교회사』 2. 34.

서 밀비우스 다리의 전투는 전혀 다른 식으로 묘사되었다. 로마 시를 공격하기 위해 밀비우스 다리로 티베르 강을 건너는 콘스탄티누스 황제가 홍해를 건너는 모세에 비유되고 있는 것이다.[80] 『전기』에서 그 대목은 황제가 직접 들려준 '십자가 환영'의 이야기로 대체되었지만, 유세비우스는 『전기』에서 모세의 비유를 강조할 다른 맥락을 찾아냈다. 바로 콘스탄티누스가 소싯적 박해황제인 디오클레티아누스의 황궁에 거처한 사실이었다. 유세비우스는 그에 관해 이렇게 썼다. "콘스탄티누스는 곧 그들을 파멸시킬 것이었지만, 그때는 아직 어린 시절이어서, 하나님의 다른 종(즉 모세)처럼, 폭군들의 집에 거처하셨다."[81]

유세비우스가 보기에 콘스탄티누스 황제는 모세 같은 '하나님의 종'이었다. 그래서 황제를 지휘관, 통치자, 사제, 입법가의 모든 자격을 갖춘 것으로 묘사한다. 모세나 예수처럼 육화된 로고스는 아니어도, 그에 버금가는 군주였다. 그리고 콘스탄티누스의 아들들이 생전에 부친에게 배운 경건함을 유지해 기독교 제국의 평화를 지속해 줄 것이라 믿었다. "훈계를 통해서보다는 스스로 원할 정도로 그렇게 훈련받았으니, 콘스탄티누스 황제의 자식들은 그저 부친의 유훈을 실행하는 데 그치지 않고, 충심으로 하나님께 봉사하고, 황궁에서 온 가족과 함께 예배를 드릴 것입니다."[82]

그러나, 기독교 제국은 지속되었지만, 유세비우스의 정치신학(혹은 역사신학)은 추종자를 찾지 못했다. 대세는 오히려 성 아우구스티누스의 『신국론』이 말하는 지상국의 종말 쪽이었다. 유일한 예외는 5세기 초에 오로시우스가 쓴 『이교도를 반박하는 7권의 역사』 정도였다. 그 역사책에는 이런 대목이 있다. "하나님께서 이 나라(즉 로마)가 왕들과 집정관들의 치하에 오랜 세월 번창하게 하

---

80  유세비우스, 『교회사』 9, 9(438~439쪽).
81  유세비우스, 『전기』 1, 12.
82  유세비우스, 『전기』 4, 52.

서서 아시아, 아프리카, 유럽을 지배하게 하셨다. 그리고 하나님의 명으로 모든 것이 권세와 자비로움이 탁월한 한 황제(즉 아우구스투스)에게 맡겨졌다. 만국이 그 황제를 존경과 사랑과 두려움이 뒤섞인 착잡한 감정으로 대하고 있을 때, 참된 하나님께서 … 사람을 통해 더 빨리 사람들을 가르치시고자 아드님을 보내셔서 인간의 권세를 능가하는 기적을 행하게 하셨다."[83]

오로시우스는 5세기 초 야만족이 스페인을 거쳐 아프리카까지 밀려드는 위기의 상황에서도 하나님이 로마 제국과 교회에 부여한 섭리적 역할에 대한 믿음을 버리지 않았다. "야만족들이 곧 그들의 무기에 염증을 느껴 대신 쟁기를 손에 들고, 로마인을 친구로 삼게 되었다. … 훈족, 수에비족, 반달족과 부르군드족이 그렇게 로마인의 땅에 밀려들어와 동서 제국의 교회를 가득 채웠다면, 하나님의 자비를 찬양해야 할 것이다. … 이런 점에서 볼 때, 기독교 시대를 행복한 시대라고 인정해야 할 것이다. 숱한 전쟁이 잠잠해지고, 많은 찬탈자들이 타도되었으며, 가장 미개한 야만족들이 제압되었기 때문이다."[84] 그렇다면 오로시우스가 그 역사책을 집필하게 된 것이 한창 『신국론』을 집필 중이던 아우구스티누스의 권유를 받고서였다는 점은 대단한 아이러니가 아닐 수 없다.[85] 그의 역사관은 아우구스티누스보다는 유세비우스의 것에 더 가까웠기 때문이다.

그럼에도 불구하고, 유세비우스는 분명 후대의 교회사와 신학의 전통 속에서 모방하고 참조하기보다 기피한 대상이었다. 무엇보다 그가 아리우스파였다는 점, 그리고 그가 황제의 교회에 대한 간섭을 정당화했다는 기억 때문이었다. 소크라테스와 소조멘이 쓴 『교회사』, 그리고 루피누스가 라틴어로 초역한

---

83  오로시우스, 『이교도를 반박하는 7권의 역사』, 263쪽.
84  오로시우스, 『이교도를 반박하는 7권의 역사』, 392-393쪽, 397쪽.
85  오로시우스, 『이교도를 반박하는 7권의 역사』, 2-31쪽.

유세비우스의 『교회사』는 모두, 유세비우스의 『교회사』와 『전기』를 참조하면서도, 거기서 아리우스주의의 흔적을 지우려 애썼다. 그리고 근현대 서유럽의 역사가들은 그의 정치신학이 비잔티움 제국의 황제교황주의에 이론적 토대를 제공했다는 이유에서 그를 '비잔틴 병(byzantinism)'의 원조로 비난하곤 했다.

## 14장 황실의 비극

　새 수도 건설과 분열된 교회의 통일, 이 두 가지는 제국 통일 직후 황제가 가장 시급하다고 여긴 과제였다. 하지만 비교적 안정된 치세를 구가한 과거 황제들의 사례에 비추어 볼 때, 그런 통치행위 못지않게 황제권 자체를 안정시키는 일도 중요했다. 그 점에서 콘스탄티누스의 처지는 내전 끝에 제국을 통일한 초대황제 아우구스투스와 사뭇 흡사해서 대응방식 또한 비슷했다. 황제권의 정당성을 선전하고, 나아가 그것의 순조로운 상속여건을 확보하려 했다.

　정통성의 문제에서 아우구스투스가 살해당한 양부(養父) 카이사르의 복수와 공화국의 회복을 내세웠다면, 콘스탄티누스는 폭군 타도와 박해받는 기독교의 보호를 강조했다.[86] 기독교 보호는 뒤늦게 추가된 구호였지만, 통일 후에는 황제권과 제국의 안보에 가장 핵심적 전략이 되었다. 한편 순탄한 제위상속의 여건이란 점에서, 콘스탄티누스는 아우구스투스보다 운이 좋았다. 아우구스투스는 온갖 노력을 기울였음에도 결국 자신의 피가 한 방울도 섞이지 않은 티베리우스(아내의 전남편 자식)를 후계자로 삼은 반면, 콘스탄티누스에게는 324년까지 네 명의 아들이 태어났다.[87] 동거녀 미네르비나가 낳은 맏아들 크리스푸스(당시 17-18세), 그리고 정부인 파우스타가 316-323년 사이에 출산한 콘스탄티누스(2세), 콘스탄티우스(2세), 콘스탄스가 그들이었다. 로마 황제란 애당초

86　수에토니우스, 『12인의 로마 황제』(풀빛미디어, 1998), 1권, 98-99쪽; 에버렛, 『아우구스투스』(다른 세상, 2008), 107-127쪽.
87　타키투스, 『연대기』(범우, 2005) 1, 3-7(44-51쪽); 에버렛, 『아우구스투스』, 440-500쪽.

그림 14-1

그림 14-1  A: 325-326년에 키지쿠스에서 발행한 주화의 뒷면들
1. 콘스탄티누스 황제(CONSTANTINUS AVG)라는 새김글
2. 크리스푸스 부황제(CRISPVS CAESAR)라는 새김글
3. 콘스탄티누스 부황제(CONSTANTINUS CAESAR)라는 새김글
4. 콘스탄티우스 부황제(CONSTANTIVS CAESAR)라는 새김글

B: 325-326년에 발행된 파우스타 황후 기념 주화
1. 티키눔 발행 금화의 앞면: 플라비아 파우스타 황후(FLAVIA FAVSTA AVG)라는 새김글과 파우스타 흉상
2. 티키눔 발행 금화의 뒷면: 두 아이를 안은 파우스타와 '공화국의 희망(SPES REI PVBLICAE)'이란 새김글
3. 니코메디아 발행 금화의 앞면: 플라비아 파우스타 황후(FLAVIA FAVSTA AVG)라는 새김글과 파우스타 흉상
4. 니코메디아 발행 금화의 뒷면: 두 아이를 안은 파우스타와 '공화국의 안녕(SALVS REI PVBLICAE)'이란 새김글

'헌법적' 지위가 아니라 내전의 승자가 취한 전리품 같은 것이었기에, 권력을 넘겨받을 친자 혹은 양자의 존재는 황제권 안정에 불가결의 조건이었다. 따라서 왕조확립의 실패는 곧 내전으로 이어지곤 했다.

그런 의미에서 324년은 여러모로 플라비우스 왕조(즉 콘스탄티누스 가문)에게 축제의 한 해였다. 일찍이 316년에 부황제가 된 두 아들에 이어, 셋째 아들 콘스탄티우스(당시 6세)가 부황제로 지명되었고, 세 아들을 낳은 파우스타에 '황후(Augusta)' 칭호가 수여되었다. 1-2년 뒤에 발행된 두 종류의 기념주화가 그런 축제의 분위기를 잘 전달한다. 한 종류[그림 14-1(A)]는 콘스탄티누스 황제와 세 부황제의 모습을, 또 한 종류[그림 14-1(B)]는 양팔에 두 아이를 안은 '황후' 파우스타를 그린 주화였다. 특히 후자에는 "공화국의 희망과 안녕"이란 글을 새겨, '황후'란 칭호가 부황제 둘을 낳아 왕조와 제국의 안정에 기여한 데 대한 예우였음을 분명히 했다. 사실 파우스타의 출산은 결혼한 지 10년째부터였으며, 그것도 연달아 득남했으니 황실에 경사가 아닐 수 없었다.

그런데 324년에 '황후'로 예우받은 또 한 여성이 있었다. 바로 콘스탄티누스의 친모 헬레나였다. 그녀는 콘스탄티누스의 부친이 서부제국의 부황제로 승진한 뒤, 영광을 함께 누리기는커녕 오히려 길게 불행한 시절을 보냈다. 남편이 그녀를 버리고 막시미아누스 황제의 딸 테오도라를 정부인으로 맞았던 것이다. 그녀는 십여 년 동안 거의 숨어 지내다, 남편이 죽은 뒤에야 비로소 아들과 해후하여 얼마간 트리어의 황궁에서 함께 지냈지만, 콘스탄티누스가 서부제국을 통일한 뒤로는 죽을 때까지 줄곧 로마 시에 따로 마련된 궁(이른바 세소리우스궁)에서 생활했다.

콘스탄티누스의 헬레나에 대한 각별한 예우는 그녀가 겪은 불행에 대한 보상일 뿐 아니라, 자신이 천한 여인의 소생이라는 세간의 인식을 불식시키려는 시도였다. 일찍이 그녀는 귀족여성에게 주는 최상급 경칭인 '최고 귀부인(nobilissima femina)'을 받았거니와, 공문서상에는 "황제의 모친, 콘스탄티우스의 배우자"라고 기록되었다. 뿐만 아니라 남아 있는 여러 개 비문들을 보면, 그녀는 중부 이탈리아의 여러 도시에서 민원 해결사 역할을 했다.[88] 모두 황제가 그녀의 활동을 재정적, 정치적으로 지원한 덕분이었다. 헬레나의 이런 득세와는 대조적으로, 테오도라 소생의 세 형제(콘스탄티누스의 배다른 형제인 달마티우스, 한니발리아누스, 콘스탄티우스)는 그 무렵 갈리아의 톨로사(오늘의 보르도 지방)에 유폐되

---

[88] 『라틴비문집성』 6권, 1134-1136번; 10권, 517번; 1483-1484번. 드리버스, 『황후 헬레나』(1992), 39-54쪽.

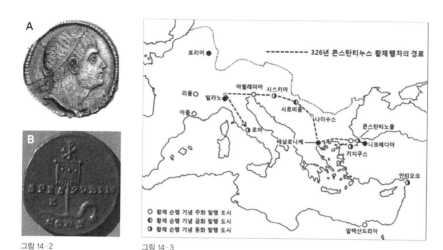

그림 14-2

그림 14-3

그림 14-2  A: 325년에 니코메디아에서 발행한 은화의 앞면. 고개를 약간 들어 시선이 하늘을 향한 크리스푸스의 흉상

　　　　　B: 327년에 콘스탄티노폴리스에서 발행된 기념주화. 꼭대기에 예수 그리스도의 약호인 Chi-Rho의 표지를 부착한 군기(labarum)로 뱀을 찍어 누른 형상과 그 중간에 '공공의 희망(SPES PVBLICA)'이란 새김글

어 있었다.[89] 그러니까 324년에 수여된 두 '황후' 칭호는 콘스탄티누스가 구상한 새 왕조의 야누스적 면모였다. 헬레나의 예우가 과거의 정당화라면, 파우스타의 영예는 미래의 희망을 표상했다.

　그 무렵 황실의 분위기는 전에 없이 완연히 기독교적이었다. 유세비우스는 그에 관해 이렇게 전한다. "황제는 부황제들이 무엇보다 우선 교회의 이익을 돌보고 과감히 예수의 사도로 자처할 것을 요청했다. 그렇게 훈육되었기에, 아니 훈계 때문이라기보다는 스스로 원해서, 그들은 부친의 권유 이상으로 하나님에 대한 봉사에 헌신했다."[90]

---

89　『아우소니우스 전집』(로엡 고전총서) 제1권, 122-123쪽(아우소니우스는 톨로사의 수사학 교사였던 그의 외삼촌이 그 형제들과 친분이 두터웠다고 말한다).

주화의 도상들도 그 증언을 뒷받침한다. 황제와 부황제들의 흉상을 그린 방식에 변화가 나타난다. 그들의 시선은 하나같이 하늘을 향하고 있다[그림 14-2(A)]. 유세비우스는 그 변화를 이렇게 설명했다. "황제는 제국의 금화에 자신의 모습을 그릴 때, 마치 하나님께 기도하듯 시선이 하늘을 향하게 하라고 지시했다. … 여러 도시에 있는 황궁의 출입문에 설치할 자신의 전신상 역시, 시선이 하늘을 향하고 두 손을 뻗치게 해, 기도하는 자세를 취하게 했다."**91**

다른 하나는, Chi-Rho 표지(그리스도라는 그리스어의 첫 두 문자)가 나타나는 주화이다[그림 14-2(B)]. 상단에 그리스도 표지를 부착하고 군기를 매단 창이 뱀을 내리찍은 장면이 묘사되어 있다. 예수의 가호 아래 뱀으로 상징되는 제국의 적을 타도한다는 메시지를 전한다고 짐작된다. 남은 두 가지 디테일은 그 주체가 황실임을 시사한다. 군기에 황제 초상을 그리던 관행에 비추어, 세 개의 점은 아마 콘스탄티누스 황제와 두 부황제의 초상일 것이다. 군기를 가로지르는 새김글도 이 추측에 개연성을 더해 준다. '공공의 희망'은 앞에서 보았던 파우스타 기념주화[그림 14-1(B)]의 새김글 '공화국의 희망'의 축약형으로, 그녀가 양팔에 안은 두 아이(즉, 두 부황제)를 표상한다. 324년 이후, 기독교도를 통일 제국의 통치기반으로 삼으려 했던 콘스탄티누스가 그처럼 황실을 기독교화하고 또 그것을 세상에 알리려 한 것은 지극히 당연한 일이었다.

324년 연말에 시작된 왕조의 축제 피날레는 325년의 콘스탄티누스 황제 즉위 20주년 기념제였다. 10주년 기념제는 로마에서 열렸으며, 그때 완공된 소위 콘스탄티누스 개선문이 개막되었던 사실을 기억할 것이다. 그 기념제가 서부 제국의 통일을 함께 축하한 것이었다면, 이번 기념제는 전 제국과 교회의 통일을 축하하게 될 터였다. 축제장도 당시 황제가 거처하던 니코메디아로 정해졌

90  유세비우스. 『전기』 4. 52.
91  유세비우스. 『전기』 3. 15.

다. 그래서 니카이아 종교회의 일정도 7월 25일로 예정된 기념제에 맞춰졌다. 종교회의에 참석했던 주교들을 가까운 니코메디아 황궁의 축제에 초대할 계획이었기 때문이다.

하지만 아직 제국의 수도인 데다가 이교적 색채가 강한 로마 시, 그리고 서부제국을 축제에서 소외시킬 수 없었다. 이듬해 중엽 로마에서 또 한 차례 기념제를 치르기로 하고, 봄부터 황제의 행차가 시작되었다. 그것은 서둘러 목적지로 가는 여행이 아니라, 도상의 주요 도시를 방문하는 순행의 양상이었다. 325-326년에 도시들이 발행한 기념주화를 모아 보면, 황제의 여정을 추적할 수 있다[그림 14-3]. 소읍에 불과했던 황제의 고향 나이수스도 아마 여정에 포함되었을 것이다.

황제와 그의 가족은 6월 말쯤 로마에 당도했다. 새 왕조의 위세를 과시하고 싶었는지, 황제는 갈리아에 유폐되었던 배다른 형제들까지 불러들였다. 그러나 정작 로마의 반응은 냉랭했다. 사실 전혀 예상 못 한 사태는 아니었을 것이다. 곧 동쪽으로 수도를 옮긴다는 소식이 준 충격 때문이었다.[92] 황제들은 벌써 오래전부터 수도 로마로부터 멀어져 있었지만, 그래도 수도의 지위 자체를 잃는 데 따른 상실감은 억누르기 어려웠다. 수백 년 전에도 비슷한 위기가 있었다. 안토니우스가 클레오파트라에 빠져 알렉산드리아로 천도할 것이라는 소문이 떠돌았을 때였다. 수도는 물론 이탈리아의 모든 주민이 분격했고, 옥타비아누스는 그 여론을 이용해 전 이탈리아(tota Italia)의 수호자를 자처했다.[93] 하물며 천도가 기정사실인 상황에서 로마의 민심이 얼마나 황제에 등을 돌렸을지 상상하기 어렵지 않다. 황제는 심지어 시내에서 야유를 당하기까지 했다.[94]

---

92  리바니우스, 「테오도시우스 황제에게 연설(제20 연설문)」 24.
93  사임, 「로마혁명」(한길사, 2006) 1권, 411-412쪽.
94  리바니우스, 「제19 연설문」 19.

가뜩이나 그렇게 사나운 민심을 더 악화시킨 사건이 벌어졌다. 황제가 카피톨리움 언덕에 오르지 않은 것이다.[95] 성년식이나 고위공직자의 취임식은 물론 개선식, 공식경기(ludi)의 개막, 황제의 즉위기념 같은 훨씬 성대한 행사 때, 그 언덕 위 유피테르 신전에서의 제사는 필수적인 절차였다. 그것은 실로 천년을 지속해 온 로마의 전통이자 수도 시민이 일체감을 느끼는 문화유산이었던 것이다. 그것을 거부함으로써, 황제는 이제 이교 대신 기독교를, 옛 수도 로마 대신 신수도를 제국안보의 중추로 삼겠다는 의사를 천명한 셈이었다. 당연히 기독교도를 제외한 로마 주민은 황제가 자신들을 모욕했다고 느꼈고 곧이어 벌어진 황실의 비극도 황제의 그 오만함 때문이라고 믿었다. 이교 역사가 조시무스는 그런 민심을 이렇게 묘사했다. "로마에 온 황제는 오만이 가득해, 황실 안에서도 불경한 짓을 저지를 기세였다."[96]

황실의 비극이란 326년 중엽 맏아들 크리스푸스와 '황후' 파우스타가 차례로 처단된 사건이었다. 그 '불경한 짓'의 주역은 다름 아닌 황제로, 맏아들은 독살시키고 부인은 욕장에서 질식사시켰다. 1년여에 걸친 황실 축제 끝에 발생한 일이라 놀라움과 충격은 비할 바 없었다. 고금을 막론하고 그런 종류의 사건은 대개, 그 진상이 범람하는 억측과 과장 속에 휩쓸리기 마련이다. 이 사건도 마찬가지였다. 성추문에서 제위계승분쟁까지 다양한 가설들이 제시되었다. 가장 사태를 잘 알 만한 전기작가 유세비우스가 그에 관해 철저히 침묵했다. 아쉽기 짝이 없지만, 콘스탄티누스를 이상적 기독교 군주로 그리려던 그로서는 어쩔 수 없었을 것이다.

비슷한 연배의 계모와 의붓자식을 죽인 분노한 아버지. 이처럼 빈약한 단서만으로도 고대세계의 식자층은 즉각 비슷한 삼각관계를 소재로 쓴 그리스의

95  조시무스, 『새 역사』 2, 29.
96  조시무스, 『새 역사』 2, 29.

비극작품 「히폴리투스」를 떠올렸음 직하다. 그 작품의 주요 등장인물은 아테나이의 왕 테세우스, 젊은 후처 파이드라와 청년이 된 전처소생 히폴리투스이다. 아프로디테의 주술에 걸린 파이드라가 의붓아들을 사모하며 괴로워한다. 결국 하녀가 그녀 대신 히폴리투스에게 사랑을 전하지만, 순결을 소중히 여긴 히폴리투스는 격분해 그 사실을 아버지에게 고하겠다고 위협한다. 절망한 파이드라는 목매어 자살하고, 히폴리투스에게 강간당했다는 내용의 유서를 남긴다. 아내가 아들의 패륜행위 때문에 죽었다고 여긴 테세우스 왕은 포세이돈 신의 도움으로 아들을 죽이려 한다. 계획대로 아들이 사고를 당해 죽어 갈 때, 테세우스는 아르테미스 여신을 통해 아들의 결백을 알게 된다.[97]

콘스탄티누스 황제가 아들과 아내를 처단한 정황에 대해, 저 그리스 비극의 줄거리와 흡사한 풍문이 세간에 떠돌았다. 그 소문은 이윽고 역사가들 사이에 정설로 통용되어 중세에까지 전해졌다. 6세기의 이교 역사가 조시무스는 이렇게 기록했다. "황제는 자연의 법을 고려하지 않고, 맏아들 크리스푸스를 처형했다. 계모 파우스타와 정을 통했다는 혐의 때문이었다. 그러나 모후 헬레나가 손자에 대한 잔혹행위로 슬픔에 잠겨 마음을 추스르지 못하자, 마치 헬레나를 위로하려는 듯, 황제는 증상보다 더 나쁜 치료법을 썼다. 욕탕을 아주 뜨겁게 달군 뒤, 아내를 그 안에 가두어 죽게 했다."[98]

당대의 이교도들은 한 걸음 더 나아가, 그 소문과 황제의 기독교 개종을 연계시켰다. 즉 황제가 가족을 죽인 죄를 씻기 위해, 무슨 죄든 용서받게 한다고 알려진 기독교로 돌아섰다고 말이다.[99] 5세기 초 교회사가 소조멘이 작정하고

---

97   에우리피데스, 『비극 전집 1』(도서출판 숲, 2009), 87-150쪽.
98   조시무스, 『새 역사』 2, 29. 한편 아우렐리우스 빅토르(5세기), 『황제전』 41, 11-12; 필로스토르기우스(5세기), 『교회사』 2, 4b; 조나라스, 『역사』 13, 2, 38-410에도 비슷한 내용이 보인다. 특히 필로스토르기우스는 그 세간의 풍문과 그리스 비극의 내용이 흡사함을 지적하고 있다.
99   율리아누스, 「황제들」 336a; 조시무스, 『새 역사』 2, 29.

반론을 쓸 정도로, 그런 이교 측의 주장이 널리 오랫동안 퍼져 있었다. 아닌 게 아니라, 소조멘의 주장처럼 황제가 개종한 동기에 관한 풍문은 "기독교를 중상하는 사람들이 지어낸" 이야기였다.[100] 앞에서 확인했듯이, 황제와 황실의 기독교로의 전향은 이미 320-324년 사이 공공연한 사실이었다. 크리스푸스와 파우스타 사이의 추문도 전혀 개연성 없는 추측이다. 326년 즉위기념식을 위해 로마에서 재회할 때까지, 크리스푸스와 파우스타는 각각 트리어와 니코메디아에서 생활했다. 혹 그 추문은 두 사람이 로마에서 재회한 직후에 일어난 것일까? 더 수긍하기 어려운 가정이다.

근현대의 역사가들은 좀 더 그럴듯한 시나리오를 제시했다. 두 사람의 처형을 황실 내의 권력투쟁에서 비롯된 것으로 본 것이다. 18세기의 역사가 에드워드 기번은 마치 탐정처럼 이렇게 추리했다. 맏아들 크리스푸스의 인기가 높아진 데 대한 콘스탄티누스 황제의 질투가 사태의 본질이며, 파우스타의 무고는 부수적 요인에 불과했다.

> 콘스탄티누스는 이처럼 위협적인 크리스푸스의 인기에 주목하게 되었고, 아버지이자 황제로서 자신과 대등한 자의 존재를 용납하려 하지 않았다. 황제는 … 아들의 충족되지 않는 야심에서 비롯될지 모를 해악을 미연에 방지하기로 결심했다. … 당시 황제가 내린 한 칙령은 황제의 신변을 위협하며 그의 통치권에 저항하는 음모에 대해서는 … 황제가 직접 고발을 듣고 반역행위를 엄단할 것임을 선언하고 있다. … 밀고자들은 크리스푸스의 추종자들과 친구들을 범죄자로 지목했다. … (마침내) 콘스탄티누스의 궁정에서 히폴리투스와 파이드라의 고대 비극이 재현되었다. … 파우스타가 의붓아들이 자신을 범하려 했다고 뒤

---

100 소조멘, 『교회사』 1, 5.

집어씌우자, 질투심에 불타는 황제가 자식들 중 가장 두려운 경쟁자인 젊은 황태자에게 사형선고를 내리기 쉬운 상황을 만든 것이다. 그러나 콘스탄티누스 황제의 노모 헬레나는 손자 크리스푸스가 젊은 나이에 죽은 것을 몹시 슬퍼했고 이에 복수했다. 즉 얼마 지나지 않아 … 파우스타가 황실 마구간 소속 노예와 간통했다는 폭로가 나왔다. 그녀는 즉각 유죄판결을 받아 사형이 선고되었다.[101]

통일 전쟁 전후에, 맏아들 크리스푸스에 대한 군대와 인민의 관심과 기대가 급성장한 것은 사실이었다. 앞에서 본 주화들과 달리, 당시의 몇몇 문헌은 부황제들 중 그의 독보적인 위상을 잘 보여 준다. 이 문헌들에 의하면, 파우스타가 낳은 아들들이 아니라 바로 크리스푸스가 왕조의 장래요, 희망이었다. 321년 두 아들(크리스푸스와 콘스탄티누스 2세)의 부황제 즉위 5주년을 기념하는 찬양 연설의 취지가 그랬다. "부황제들 중 맏이인 크리스푸스의 위업을 보십시오. 그분은 비록 어리지만 날로 용맹함을 더해 소싯적에 이미 개선의 명성을 쌓았습니다. 그에 대한 세상의 칭송이 자자합니다. … 저 고귀한 부황제는 부친과 형제와 가족이 자신을 지켜보는 것을 즐기고 있습니다."[102]

3-4년 뒤, 한 시인이 쓴 연작시도 비슷한 인식을 보여 준다. 시인은 클라우디우스 황제에서 시작되는 플라비우스 왕조의 영광이 콘스탄티누스 황제를 거쳐 크리스푸스로 이어질 것을 축원하고 있다. "클라우디우스 황제께서는 불패의 전투로 고트족에 대단한 용맹을 뽐내셨고 … 콘스탄티누스 황제께서는 승자의 권리로 전승비를 세우시고 세상을 다시 안전하게 하신 뒤 … 모든 것이 다시 로마의 지배를 받게 하셨습니다. … 선조보다 더 뛰어난 크리스푸스여,

101 기번, 『로마제국쇠망사』(민음사, 2008) 2권, 61-65쪽.
102 「황제찬양연설, 321년」 37, 1-3.

그대는 부친의 귀한 자랑거리며, 로마 시와 시민의 희망입니다."[103]

그런데 기번의 추리처럼 과연 콘스탄티누스 황제가 맏아들에 대한 질투심에 눈이 멀어, 밀고자들과 아내의 무고를 빙자해 그를 처단했을까? 그렇다면 황제는 왜 굳이 아내 파우스타까지 죽인 것일까? 크리스푸스를 총애했던 모후 헬레나의 강렬한 복수심을 견디지 못해, 콘스탄티누스가 아내에게 간통죄를 씌워 죽였다는 설명 역시 만족스럽지 않다. 기번의 가설을 약간 수정할 필요가 있다.

326년 즉위기념제에 모처럼 황제가족이 다 모인 것이 비극의 씨앗이었다고 추측된다. 크리스푸스는 최근까지의 업적을 의식해 당당한 모습으로 로마에 나타났고, 아마 로마 시민도 그를 열렬히 환영했음 직하다. 냉대를 받은 황제는 물론, 특히 어린 세 아들을 둔 황후 파우스타에게 그 장면은 불편하기 그지없었을 것이다. 그 여세라면 크리스푸스가 곧 공동 황제가 되거나 최소한 제위 상속자가 될 것이라고 예상할 수 있었다. 그렇다면 '공화국의 희망'이라고 선전되었던 파우스타의 자식들은 어찌 되는가?

어쩌면 황실 안에 잠복해 있던 그 문제가 로마에 머무는 동안 노골적인 갈등으로 표출되었을지도 모른다. 크리스푸스를 상속자로 지정하자는 쪽과 크리스푸스가 황제는 물론 왕조의 장래에 위험하다고 경고하는 쪽이 황제를 압박했을 것이다. 황실의 참극에 대해 침묵으로 일관한 유세비우스가 『전기』의 막바지에서 불쑥 써넣은 한 구절은 바로 그런 상황을 암시한 것인지 모른다. "황제가 신임한 자들이 황제로 하여금 그와 어울리지 않는 행동을 하게 했고, 그 결과 황제의 찬란한 성품이 가려졌다."[104]

아마 황제는 그 권력투쟁을 목격하면서 비로소 왕조의 장래를 걱정하기 시

---

103 옵타티아누스 포르피리오스, 「형상 시」 8-9.
104 유세비우스, 「전기」 4, 54.

작했고, 결국 양자택일이 불가피함을 절감했을 것이다. 크리스푸스를 상속자로 지정해 파우스타의 세 아들을 위태롭게 할 것인가, 아니면 세 아들의 안전을 위해 크리스푸스를 제거할 것인가? 20대 초의 맏아들에 대한 질투라는 가정보다는 자식들의 골육상쟁으로 왕조가 붕괴하는 것을 예방하려는 결단이라는 가정이, 제국과 교회의 통일을 염원했던 콘스탄티누스 황제에 더 어울린다.

콘스탄티누스 황제의 선택은 냉혹하지만, 균형 잡힌 것이었다. 한배에서 나온 세 아들을 살리기 위해 크리스푸스를 제거한 대신, 세 아들을 낳은 황후 역시 살려두지 않았다. 파우스타의 처단은 그저 모후 헬레나만을 위로하기 위한 것이 아니라, 크리스푸스파 모두의 불만을 잠재우기 위한 고육지책이었다고 짐작된다. 그런 의미에서 주목할 사실이 있다. 그 비극적 사건 직후, 황제의 모친 헬레나와 파우스타의 모친 유트로피아가 거의 동시에 동방으로 여행을 떠났다. 두 여인 모두 70-80세의 노령이었는데도 말이다. 그래서 이렇게 상상하게 된다. 혹 그 여행은 황제가 거의 강요한 것이 아니었을까? 그리하여 암투를 벌인 양 세력에서 최고 연장자인 두 여인을 분리시키려 한 것이 아닐까?

사실 두 여인의 행선지가 동방이었던 것은 우연이 아니었다. 황제는 마침 일종의 팔레스타인 프로젝트를 구상하는 중이었다. 예수의 기억이 선명한 몇몇 성지(예루살렘과 베들레헴)와 큰 도시들에 교회를 건설하는 한편, 이곳 저곳을 도시로(예컨대 콘스탄티아와 콘스탄티노폴리스 등) 승격시킨다는 취지에서였다. 그 사업은 황제의 즉위 30주년(335년)에 즈음해 성대한 기념식을 치를 예정이었다.[105] 그러니까 황실의 두 여성은 황제의 사업을 위한 현장시찰단 역할을 하게 될 터였다. 그것은 현대 연구자들이 흔히 상상하는 '성지순례'가 아니었다. 다행히도 유세비우스가 그들, 특히 헬레나의 활동을 비교적 상세히 기록했다.

---

105 유세비우스, 『전기』 3, 25-53; 4, 38-48.

헬레나는 위대한 황제가 된 아들과 그녀의 손자들을 위해 기도해야겠다고 생각하고, 꽤 연로했음에도 불구하고 비범한 지혜를 지녔기에 젊은 사람처럼 신속하게 이 신성한 땅으로 오셨다. 동시에 그녀는 동방 속주들, 도시들, 주민들을 방문하셔서 황실의 배려를 보여 주셨다. … 그리고 순행 중에 개인들은 물론 몇몇 도시들에는 주민 전체에 후한 선심을 베푸셨다. 병사들에게도 관대함을 보이셨으며, 특히 헐벗고 의지할 데 없는 자들에게 돈이나 의복을 넉넉하게 선사하셨다. 투옥된 자, 광산노동의 형벌을 받은 자, 유배당한 자 등, 부당하게 억압받고 있던 사람들을 풀어 주셨다.[106]

헬레나는 아마 326년 가을경 로마를 떠나, 황제가 머물고 있던 니코메디아를 거쳐, 327년 초부터 뱃길로 팔레스타인 북서쪽 해안도시 카이사레아에 도착했을 것이다. 거기서부터 성지까지는 지상여행이었고, 유세비우스가 묘사한 헬레나의 활동은 주로 그 여정 동안에 이루어졌다. 그녀의 활약은 분명 황제의 속주순행과 흡사했다. 사실 324년 이후, 콘스탄티누스 황제의 발길은 미처 팔레스타인까지 닿지 못한 상태였다. 새로 집권한 황제라면, 가급적 속주를 순찰하면서, 과거 불이익을 당한 자들을 위로하거나 주민에게 선심을 베풀고, 각종 민원을 해결해 주는 것이 충성확보에 필요한 과제였다. 그 점에서 황후 헬레나는 황제의 대행자였다.

하지만 팔레스타인에서 헬레나의 활동 가운데 더 빈번히 회자된 것은 소위 '참십자가'(혹은 성십자가)의 발견이었다. 그녀가 골고다의 언덕에서 예수를 못 박았던 나무 십자가의 조각들을 발견했다는 것이다. 이는 고대부터 오늘날까지 항상 그림자처럼 헬레나를 따라다닌 이야기지만, 분명 사실이 아닌 전설이었

---

106 유세비우스, 『전기』 3, 42-44.

다. 여러 단서로 추정컨대, 십자가 발견의 전설은 팔레스타인에서 황제의 성역화가 완성된 직후에 발생한 듯하다. 동방에서 유래한 그 전설을 처음으로 헬레나와 결부시킨 것은 서부교회의 교부 암브로시우스였다. 그는 테오도시우스 황제의 추도사에서 헬레나의 동방순례가 참십자가를 찾기 위한 것이었다고 말했다.[107] 그 후 갖가지 억측들이 더해져 소위 '헬레나 전설'을 이루게 된다. 13세기의 유명한 성인전『황금전설』은 거의 혼돈에 가까운 전설의 한 버전을 기록했다. "콘스탄티누스 황제가 환상 중에 베드로와 바울을 잠깐 본 후, 교황 실베스테르에게 거룩한 세례를 받고 거듭났다. 그리고 자신의 문둥병을 고친 후에는 완전히 그리스도를 믿었으며, 주님의 십자가를 찾기 위해 어머니 헬레나를 예루살렘에 보냈다."[108]

유세비우스의 기록에 의하면, 헬레나는 십자가나 골고다 교회와 전혀 무관하다. 대신 그녀는 예수가 탄생한 베들레헴의 동굴과 예수가 승천한 예루살렘의 감람산에 교회를 세웠다.[109] 황제는 그 교회들에 귀금속 장식품들을 선사해 모친의 관심사를 보완했다. 그러나 그것이 성화사업에 그녀가 기여한 전부였다. 황제의 장모 유트로피아의 역할은 더 미미했다. 마므레의 교회는 그녀 덕에 건립된 것이었다. 「창세기」에 의하면 그곳의 상수리나무 숲은 아브라함이 제단을 쌓고 살았던 곳이다. 유트로피아가 방문했을 때, 이 성소에는 온갖 우상숭배가 다 모여 있었다.[110] 그녀로부터 그 사실을 보고받은 황제 사위는 즉각 현지의 총독과 주교들에 서신을 보내 교회의 건설을 지시했다.[111]

그러나 팔레스타인 프로젝트의 꽃은 역시 '예수 대속'의 현장, 즉 예수가 십

---

107  성 암브로시우스, 「테오도시우스 황제 추도사」 44.
108  보라기네의 야코부스, 『황금전설』(크리스챤 다이제스트, 2007), 449쪽.
109  유세비우스, 「전기」 3, 43.
110  교회건설 직후 그곳을 찾은 한 서방(갈리아의 보르도)의 순례자가 마므레의 상수리나무 숲에 지어진 콘스탄티누스 교회에 대해 증언하고 있다. 『보르도인 여행기』 599, 3-6.
111  유세비우스, 「전기」 3, 51-53; 소조멘, 「교회사」 2, 4.

자가에 못 박혔던 골고다(해골바위)와 예수가 부활한 동굴묘의 성역화였다. 사실 그것은 바로 프로젝트 전체의 출발점이기도 했다. 325년 니카이아 종교회의에 참석한 예루살렘의 주교 마카리우스가 베누스 신전 아래 묻힌 예수의 무덤을 발굴해 달라고 콘스탄티누스 황제에게 요청한 것이 계기였다. 그곳은 근 2세기 전부터 신전단지로 변모해 있었다[그림 14-4]. 135년 유대반란을 진압한 하드리아누스 황제가 예루살렘을 철저히 파괴하고, 아일리아 카피톨리나라는 이교도시를 조성한 결과였다.[112] 마카리우스의 청원에 황제는 아주 뜨거운 반응을 보였다. "그곳에 다른 어느 곳보다 아름다운 교회를 세워, '새로운 예루살렘'으로 만들라"고 지시했다.[113]

성역화는 성묘를 발굴해 보존시설을 마련하고, 그것과 골고다를 포함하는 교회단지를 조성하는 것이었다. 좀 더 부연하면 이렇다. 성묘 주변에 12개 기둥을 둥글게 배열하고 그 위에 돔 구조물(로툰다)을 얹는 공사, 그리고 성묘 옆에 기도할 수 있는 공간(교회당)을 짓는 것이 계획되었다[그림 14-5]. 공기는 황제의 즉위 30주년(335년)에 맞춰져 있었고, 교회당은 계획대로 완공되었지만, 로툰다 공사는 어려움이 많았던 듯하다. 즉위 30주년 때, 성묘교회 준공 기념연설을 한 유세비우스는 교회당에 대한 상세 묘사와는 대조적으로 로툰다에 대해서는 할 말이 없었다.[114]

예루살렘 성묘교회 단지의 설계에는 향후 교회건축의 원형이라는 관점에서 주목할 특징이 있다. 성묘와 교회당 사이에 아트리움(앞뜰)이 배치된 점이다. 이 공간은 성묘와 교회당 사이에 통로역할을 하면서, 그 자체로서 중요한 성소였던 골고다를 그 안에 품고 있다. 하지만 로마의 주택에서처럼 교회건축에서도

---

112  이디노풀로스, 『예루살렘』(그린비, 2002), 128–129쪽.
113  유세비우스, 『전기』 3, 33.
114  유세비우스, 『전기』 3, 34–40.

유피테르 신전　　　　베누스 신전

성묘 위에 조성한 돔(로룬다)

콘스탄티누스 교회당

그림 14-4　　　　　　　　　　　　　　　　그림 14-5

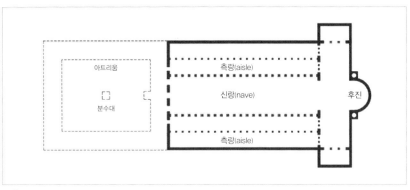

아트리움

분수대

측랑(aisle)

신랑(nave)

측랑(aisle)

후진

그림 14-6

**그림 14-4** 하드리아누스 황제가 서기 135년 성묘와 골고다 언덕을 개조해, 지반을 다지고 그 위에 유피테르 신전과 베누스 신전을 조성함

**그림 14-5** 서기 325년 콘스탄티누스가 조성한 성묘 교회 경내 돔을 씌운 성묘와 신축한 교회당 사이에 아트리움 형태의 뜰은 집회, 정화, 혹은 휴게 공간으로 이용

**그림 14-6** 서기 330년 전후, 로마 시에 건립된 성 베드로 교회당

아트리움의 본질적인 기능은 예배 전의 대기소 혹은 (분수를 이용한) 정결소였다. 예루살렘에서처럼 성묘와 골고다라는 특별한 성소가 없는 곳의 교회설계에서 아트리움과 회당은 기본적인 구성요소였다. 성묘교회와 비슷한 시기에 로마에 건설된 성 베드로 교회가 좋은 사례를 제공한다[그림 14-6].

　　그런 의미에서 예루살렘의 성묘교회는 최초의 콘스탄티누스 교회(basilica Constantiniana)였다. 앞에서도(10장) 지적했듯이, 일찍이 310년대에 로마 시 외곽의 라테라누스에 세운 성요한 교회가 최초의 콘스탄티누스 교회였다는 통설은 고대 후기에 로마 교황청이 지어낸 전설에 불과하다. 옛 근위대 병영과 황후 파우스타의 궁터 일부가 그 교회의 부지로 활용된 것이 사실이라면, 교회의 시공도 파우스타가 처형된 뒤 궁터를 기증받아 착수했을 가능성이 크다. 다시 강조하지만, 콘스탄티누스 교회의 원형은 황제의 기독교 정책이 공식화되는 320년대 중엽 예루살렘에서 탄생했다. 330년대에 예루살렘의 성역화가 웬만큼 마무리되자, 서부제국 기독교도의 성묘교회 순례가 시작되었다. 익명의 보르도 순례자나 에게리아가 선구자였다.[115]

---

115 서기 330년대 갈리아의 한 『보르도인 여행기』와 380년대에 성지순례 여행을 기록한 『에게리아 여행기』 참조.

제 5 부

콘스탄티누스 황제의
최후와 유산

# 15장 새 수도 콘스탄티노폴리스

콘스탄티누스 황제는 330년 5월 11일에 새 수도의 낙성식을 거행했다. 즉위 30주년(335년)에 맞춰 준공할 예정이었지만, 어느 정도 수도의 외관을 갖추자 성급한 황제는 새 수도 창건행사를 앞당겼다. 착공한 지 6년 만이었으니, 역사상 전무후무한 초고속 대토목공사였다. 단기간에 집중된 인력과 물자의 수요는 실로 어마어마했다. 대리석과 목재 같은 건자재는 다행히 흑해 주변에서 충분히 조달할 수 있었지만, 수도의 위용에 어울릴 만한 공공장소와 건물의 장식재가 턱없이 부족했고, 무엇보다 설계사, 토목기술자 등의 인력을 확보하기 어려웠다. 속성으로 기사를 양성하는 각급 기술학교가 세워졌고, 필요한 장식재는 주로 그리스와 아시아 지역의 도시들에서 징발했다. 성 히에로니무스는 『연표(Chronicon)』의 330년 항에 "콘스탄티노폴리스를 세우느라 거의 모든 도시들이 털렸다"고 썼는데, 다소 과장된 이 한 문장은 제국 동부의 도시들이 겪은 고충을 잘 대변해 준다.[1] 주로 이교 신전들이 손쉬운 표적이었으며, 신상(神像), 미술품 및 귀금속 장식들이 약탈당했다. 유세비우스는 황제가 마치 이교 신전에 대한 전면적 파괴를 지시한 것처럼 기록했지만, 실상은 새 수도 건설을 위한 한시적 약탈을 묵인한 것이었다.[2] 제국 통일 직후 황제의 기독교 정책이 선명해졌지만, 그렇다고 이교박해를 노골화한 것은 결코 아니다.

급속한 새 수도 건설은 주민모집에서도 다른 도시들에 지대한 피해를 끼

---

1    히에로니무스, 『연표』(1913), 232쪽.
2    유세비우스, 『전기』 3, 54-58; 소조멘, 『교회사』 2, 5, 4; 기번, 『로마제국쇠망사』 2권, 11쪽.

쳤다. 수도의 위상에 걸맞은 규모(약 20만~30만 명)의 인구를 확보하기 위해 각종 유인책을 썼다. 평민에게는 속주세를 면제받아 온 '이탈리아인의 권리(ius Italicum)' 외에 시내에 주택을 소유할 경우, 곡물배급이 보장되었다. 제정 초 황제들에게 "나날이 수도의 군중에게 식량을 보급하는 일은 국사 가운데 유일의 관심사"라고 했던 역사가 타키투스의 말은, 타지의 인구를 유인해야 했던 새 수도에 더 절실한 정책현안이었다.[3] 콘스탄티누스 황제는 알렉산드리아에서 선적한 이집트 곡물을 오직 새 수도 항구에서만 하역하게 조치했다. 곧 보게 되듯이, 그것을 어기거나 그런 혐의가 있는 자는 예외 없이 중형을 받았다. 그것은 황제의 대권에 도전하는 반역죄로 취급되었던 것이다.

새 수도의 지도층을 형성하는 일은 더 어려웠다. 로마의 원로원이 여전히 제국의 최상층 귀족의 아성이라는 점을 의식해, 황제는 새 수도에도 그에 상응하는 기관을 갖추고 싶어 했다. 기왕이면 로마의 명사들이 이주해 오길 기대해 각종 특혜를 제시했다. 황제의 사금고로 지은 대저택과 고위직, 과세 면제와 사법적 특권 등이었다.[4] 그럼에도 불구하고 귀족층의 이주 열기는 저조해서, 주로 '신인층'에서 충원되었다. 그들은 원로원의원이 되어서야 비로소 말단 귀족층에 진입한 자들이었다. 신구 수도의 원로원 사이에는 당분간 그런 격차가 지속될 터였다. 로마 원로원이 대체로 '최고명사들(clarissimi)'의 조직이라면, 새 수도의 원로원은 주로 '명사들(clari)'로 채워졌다.[5]

옛 수도의 것들을 벤치마킹하려던 황제의 의욕은 정말 대단해서, 콘스탄티노폴리스가 일찍이 '제2의 로마' 혹은 '새 로마'로 불리게 된 것은 당연한 결과였다. 6세기의 기록에 의하면, 황제는 로마에서 발굴한 팔라디움을 콘스탄티

---

3 타키투스, 『역사』(한길사), 345쪽. '이탈리아인의 권리'와 콘스탄티노폴리스의 곡물배급제에 대해서는 『테오도시우스 법전』, 14, 13, 1; 16, 16, 2 참조.
4 소조멘, 『교회사』 2, 3.
5 발레시아누스, 『콘스탄티누스의 기원』 30; 필로스토르기우스, 『교회사』 2, 9.

노폴리스의 도심에 파묻게 했다고 한다. 팔라디움은 원래 트로이 창건의 초석 같은 것으로, 로마의 건국신화에 의하면, 트로이가 그리스 원정군에 패망할 때, 유망민이 그것을 가져와 로마를 세웠다는 것이다. 콘스탄티누스 황제가 한때 트로이를 새 수도의 후보지로 고려했던 것은 바로 그런 연유에서였다.[6]

하지만 로마를 모방한다는 점은 무엇보다 도시설계에서 확연히 드러났다 [그림 15-1과 15-2]. 콘스탄티노폴리스의 시내는 로마처럼 14개 행정구역으로 나뉘었으며, 메세(중앙로)가 로마의 성도(via sacra)처럼 시 한가운데, 특히 광장(포룸)을 관통했다. 개선식 행렬은 두 도시에서 모두 그 중앙로를 따라 도심으로 진입하곤 했다. 메세의 끝에는 도로 기점에 해당하는 황금이정표(밀리온)가 설치되었다. 콘스탄티누스 광장은 비잔티온의 비좁은 옛 도심에서 약간 서쪽에 조성되었다. 뒤에 오는 황제들(테오도시우스와 아르카디우스 등)은 더 서쪽에서 광장 부지를 찾아야 했다. 광장 한가운데 황금이정표가 자리한 로마와 달리, 새 수도에서 둘 사이가 벌어진 것은 그런 사정 때문이었다(아래 지도 참조).

콘스탄티누스의 황궁은 도심의 옛 궁터에 세워졌다. 대형 전차경기장(히포드로모스)을 황궁 바로 옆에 배치한 것 역시, 로마에서 황궁과 대경기장이 인접한 것을 본뜬 것이지만, 실은 매우 정무적인 판단이었다. 수도 주민에게 '빵과 서커스'를 제공하는 것은 언제나 황제들의 특권이자 의무였다. 식량을 공급하는 일 못지않게, 기회가 있을 때마다 검투경기나 전차경주 같은 볼거리(spectacula)를 개최하는 일은 민심을 얻는 데 매우 중요했다. 게다가 황제가 친히 경기장에 나와 관중과 함께 즐기는 것을 미덕으로 여겼기 때문에[7] 경기장은 황궁에서

---

6    팔라디움은 팔라스라는 별명을 가진 아테나 여신의 목상(木像)이다. 콘스탄티누스 황제가 로마에서 팔라디움을 발굴해 오게 했다는 설화에 대해서는 조나라스, 『역사』 13, 2, 28 참조. 그리고 로마의 선조가 될 트로이 유망민이 팔라디움을 가져온 데 대해서는 베르길리우스, 『아이네이스』(숲, 2007), 296쪽, 그리고 비잔티온 외에 트로이가 새 수도 후보지로 고려되었다는 점에 대해서는 조시무스, 『새 역사』 2, 30 참조.

7    제정 초의 그런 경향에 대해서는 수에토니우스, 『12인의 로마 황제』(풀빛미디어) 1권, 135-139쪽(아우구스투스); 2권, 30쪽(칼리굴라), 100-103쪽(클라우디우스), 149-150쪽(네로), 304-305쪽(도미티아누스) 참조.

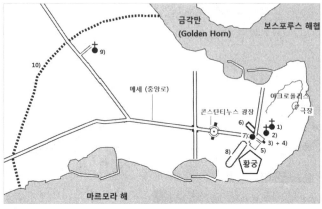

그림 15-1

1) 하기아 에이레네 교회
2) 하기아 소피아 교회
3) 아우구스타이온
   (황제숭배 신전)
4) 원로원
5) 제욱시포스 목욕장
6) 바실리카(지상),
   대저수조(지하)
7) 밀리온(황금이정표)
8) 히포드로모스
   (전차경기장)
9) 성 사도 교회
10) 콘스탄티누스 성벽

그림 15-2

그림 15-1 콘스탄티노폴리스 시내
그림 15-2 로마 시내

접근성이 좋아야 했다. 검투경기가 인기 종목이었던 로마와 달리 콘스탄티노
폴리스에서는 전차경주가 대세였다.[8] 이는 콘스탄티누스 이래 기독교 황제들
이 피를 흘리는 검투경기를 기피한 탓이었다.[9]

8   프로코피우스, 『비잔틴제국 비사』(들메나무, 2015), 104-111쪽; 기번, 『로마제국쇠망사』 4권, 56-68쪽.
9   유세비우스, 『전기』 4, 25는 콘스탄티누스 황제가 검투경기를 규제했다고 주장하지만, 『테오도시우스 법
    전』 15, 12, 1에 의하면 황제는 그저 죄수를 '검투사로 투입하던' 기존의 형벌 관행을 중지하는 법령을 포고
    했을 뿐이다. 검투경기 자체가 금지된 것은 아니었으며, 그것의 완전 종식은 그로부터 200여 년 뒤(서기

황제 자신의 이름을 붙인 광장도 비록 세부설계는 다르지만, 큰 틀과 취지는 로마에서 가장 웅장한 트라야누스 광장을 닮아 있었다. 트라야누스는 다뉴브 강 너머 다키아, 그리고 동쪽으로 메소포타미아를 정복해 제국판도를 최대로 확장한 황제였다. 로마 도심에 조성된 트라야누스 광장의 큰 특징은 전에 없이 한가운데 초대형 기둥을 세운 점이었다. 정복의 상징물인 이 기둥의 둘레에는 나선형으로 다키아 원정이 묘사되고, 그 꼭대기에는 군복을 입은 정복자 트라야누스의 동상이 세워졌다.[10] '제2의 트라야누스'. 그것은 제국 통일 후, 콘스탄티누스의 큰 포부 중 하나였다. 다음 장에서 자세히 보겠지만, 실제로 그는 새 수도 창건에 즈음해 다뉴브 전선에서 큰 전과를 올렸고, 곧이어 페르시아 원정을 준비했다. 아마 그것은 새 수도 착공단계부터의 구상이었던 듯하다.

로마의 광장들이 대체로 장방형이었던 것과 달리, 콘스탄티누스 광장은 원형으로 설계되었다. 황제는 그 한가운데에 트라야누스 기둥(약 35m)보다 훨씬 높은 기둥을 세우고 싶었다. 흰 대리석 대신 자주색의 반암을, 또 기왕이면 한 덩어리 석재를 구하려 했다. 이집트에서 찾으려던 처음의 계획이 실패하자, 대신 로마에서 끌어모은 조각들을 3년여에 걸쳐 수송해 왔다.[11] 원통형 조각들을 쌓아 조립한 기둥만 약 40m였고, 그 위에 콘스탄티누스 황제의 동상을 올리자, 전체 높이는 트라야누스 기둥의 약 1.5배에 달했다. 328-329년 사이 그렇게 새 수도의 얼굴 같은 콘스탄티누스 광장이 완성되자, 황제는 낙성식을 거행할 준비가 되었다고 생각했다.[12]

529)의 일이었다. 남성현, 『콘스탄티누스 가문의 기독교적 입법정책, 313-361년』, 64-69쪽.

10 래미지, 『로마 미술』(예경, 2004), 229-239쪽.

11 노리치, 『비잔티움 연대기』(바다, 2007), 1권, 95쪽에서 반암 기둥을 이집트에서 가져왔다는 설명은 착오이다. 12세기에 비잔티움 제국의 공주 안나 콤네나가 쓴 역사서 『알렉시오스 이야기』 7, 2에는 석재가 로마에서 가져온 것이라 기록되어 있다.

12 이 콘스탄티누스 기둥은 12세기에 강풍으로 동상과 기둥 상단이 무너졌고, 18세기에는 화재를 당해, 그 뒤

화제를 약간 바꾸어 보자. 새 수도를 짓기로 결정할 즈음(324년) 아주 분명해진 콘스탄티누스 황제의 친기독교 정책은 과연, 새 수도의 경관 혹은 전체적 분위기에도 구현되었을까? 다시 말해, 로마를 여전히 이교의 본거지라 한다면 새 수도 콘스탄티노폴리스는 대조적으로 기독교적인 도시라 말할 수 있었을까? 앞서 보았던 두 가지 사실을 기억하면, 당장 '그렇다'고 답할지 모르겠다. 하나는 콘스탄티누스가 즉위 20주년 기념식을 위해 마지막으로 로마를 방문했을 때(326년), 카피톨리움 언덕에 올라 제례 참석하기를 거부한 사건이고, 다른 하나는 황제가 이교 신전들을 폐쇄하거나 최소한 모든 우상숭배를 폐지했다는 유세비우스의 주장이다.

실제로 5세기 초의 몇몇 기독교 저술가들은 그렇게 믿었다. 콘스탄티노폴리스 출신이었던 교회사가 소조멘은 "(그곳 주민은) 기독교 신앙에 대단한 열의를 보여, 많은 유대인과 그리스인이 기독교로 개종했다. 기독교의 전성기에 제국의 수도가 된 탓에 그 도시는 제단, 그리스 신전, 제사로 오염되지 않았다"고 썼다.[13] 거의 같은 때, 아우구스티누스는 한 번도 콘스탄티노폴리스에 가 본 적이 없었지만, 『신국론』에서 그 도시를 '하나님의 도성'으로 묘사했다. "하나님을 섬긴 콘스탄티누스 황제에게 어느 누구도 감히 바라지 못할 정도로 완벽한 지상의 선물을 주셨다. 하나님은 그에게 … 사실 로마 시의 딸이지만, 악마들의 신전이나 우상이 없는 도성을 건설하는 영예를 베푸셨다."[14]

하지만 두 사람의 주장은 창건 당시 콘스탄티노폴리스의 실상과 꽤나 거리가 있는 시대착오 내지 '희망사항'이었다. 콘스탄티누스 황제가 새 수도에 이교 신전을 짓거나 공식제사를 도입하지 않은 것은 분명 사실이다. 그렇다고 해서

---

로 터키인에게 '불에 탄'(터키어로 셈벨리타스) 기둥으로 알려져 왔다. 성 소피아 성당에서 전철로 두 번째 정거장에 위치한다.

13  소조멘, 『교회사』 2, 3.
14  성 아우구스티누스, 『신국론』(현대지성사, 1997), 315쪽.

그림 15-3

**그림 15-3** A: 콘스탄티누스 기둥 위의 황제상 복원도(영국의 비잔틴사 전공자 J. Bardill의 저서 *Constantine*, Cambridg University Press, 2015, p.32에 의거함)

B: 이스탄불의 셈벨리타스 광장의 '불에 탄 기둥', 즉 콘스탄티누스의 기둥의 잔해

C: 4세기경에 제작된 지중해 세계의 여행자 지도(포이팅거 지도)에 표시된 새 수도 콘스탄 티노폴리스의 모습. 오른쪽에 콘스탄티노폴리스를 상징하는 티케 여신이 왕좌에 앉아 있고, 그 왼편 도시의 랜드마크인 콘스탄티누스 기둥이 그려져 있다.


그곳이 기독교 교세가 강한 '하나님의 도성' 같은 도시라고 말하기는 어려웠다. 무엇보다 콘스탄티누스 황제가 그곳에서 기독교를 위해 한 일이 많지 않았다. 700여 년쯤 뒤에 작성된 문헌들(소위 『콘스탄티노폴리스의 연혁』)에 의하면, 콘스탄 티누스 황제가 5-6개의 교회를 세웠다고 하지만 신뢰하기 어렵다. 거론된 것 들 중, 유명한 성 소피아 교회는 황제가 아니라 그 아들 콘스탄티우스 2세가 지은 것이며, 또 박해 때 그곳에서 순교한 성인들(모키우스와 아카키오스)에 봉헌 된 두 교회 역시 5세기 초의 것으로 추정된다.[15] 그렇다면 오직 두 개, 즉 성 사

15 『콘스탄티노폴리스 연혁』 1권, 19-20쪽; 2권, 214-215쪽. 그 교회들의 실제 건립 시기에 대해서는 마라발, 『성지와 동방 순례』, 401-410쪽 참조.

도 교회와 성 에이레네 교회만 확실히 황제가 세운 것으로 남는다.[16]

또 한 가지 콘스탄티누스 황제가 새 수도의 기독교도를 위해 한 일은 성경의 제공이었다. 이 사실은 성경제작을 위촉받은 유세비우스가 『전기』에서 자랑스레 황제의 주문서신을 인용한 덕분에 알려졌다. '전문 필경사를 시켜 읽기 좋고 휴대하기 편한 양피지 성경을 가급적 속히 보내 달라면서', 황제는 공공 수송(curusus publicus)의 편의까지 보장했다. 기성 교회뿐 아니라 앞으로 늘어날 교회들의 수요까지 대비한 조치였다. "내 이름이 붙여진 이 도시의 가장 성스러운 교회에 많은 신도가 모여들고, 또 이 도시가 여러모로 급속히 번창하니, 교회의 수도 늘어날 것이 확실합니다. 그래서 나는 귀하에게 신도 교육에 필요한 성경의 제작을 맡기는 것이 좋겠다고 생각합니다."[17]

기록상으로는 이상이 새 수도에서 콘스탄티누스 황제가 벌인 기독교 후원 활동의 전부였다. 그에 반해, 도시경관과 공식행사 같은 가시적 측면에서 콘스탄티노폴리스의 분위기는 이교 색채가 짙었다. 당대의 목격자 유세비우스도 그렇게 증언하고 있다. 콘스탄티노폴리스를 방문한 그는 도처에 이교숭배의 유물이 가득한 것을 보고 이런 소감을 남겼다.

예전에 미신이 오랜 세월 자랑하던 귀한 동상들이 황제 도시의 공공장소에 전시되었다. 여기저기에 설치된 퓌톤 상, 아폴로 상 등이 오가는 이의 경멸을 받았으며, 또 전차경기장에는 델포이에서 가져온 세발솥(tripod)이, 황궁 안에는 헬리콘의 무사이 여신들(Musai)의 조각들이 설치되었다. 요컨대, 황제의 이름이 붙여진 그 도시는 도처에 아주 정교한 솜씨로 만든 청동상들이 가득했다. 그것들은

---

16  실제로 5세기의 교회사가 소크라테스는 콘스탄티누스 황제가 지은 교회로 그 두 개만을 언급했다. 『교회사』 1, 16.
17  유세비우스, 『전기』 4, 35-36.

각 속주에서 미신에 속은 자들이 봉헌하여 수많은 속죄양을 불에 태워 가며 헛되이 신들로 모시던 것들이었다. 하지만 마침내 그들은 그 과오를 버릴 줄 알게 되었다. 황제께서 그들이 숭배하던 우상들을 그렇게 놓아두신 것은, 보는 이들마다 그들을 조롱거리로 삼게 하시려는 뜻이었다.[18]

인용문 후반의 논지는 다소 궁색해 보이지 않은가? 콘스탄티노폴리스를 방문했을 때, 유세비우스의 첫인상은 분명 적잖은 실망과 배반감이었을 것이다. 공공장소에 즐비한 우상들 때문이었다. 하지만 그는 애써 상실감을 억누르고, 황제께서 기독교 주민에게 조롱거리를 마련해 주신 것이라고 둘러댔다. 아이러니하게도 유세비우스의 이 증언에는 그가 의도치 않은 정보가 담겨 있다. 황제가 어떻게 그처럼 신속하게 새 수도를 건설했는지를 짐작게 하는 대목이다. 많은 도시들의 이교 신전에 가득한 우상들과 예술품들이 아니라면 대체 어디서 새 수도를 품위 있게 꾸밀 물자를 구할 수 있었겠는가?[19] 오랜 세월 박해에 시달려 온 교회들이 제공할 수 있는 것은 거의 없었다. 기독교 예술은 그 무렵 막 태어난 신생아 같은 상태였기 때문이다.[20] 콘스탄티노폴리스가 이교풍의 경관을 갖게 된 것은 필연적이었다.

그뿐 아니었다. 330년 5월 11일의 낙성식, 그리고 해마다 열린 창건기념식 역시 다분히 이교적이었다. 항상 로마를 '모방과 경쟁의 대상으로' 의식했던 황제는 공식의전에서도 품격을 갖춘 전통방식을 따를 수밖에 없었다. 돌이켜 보면 기독교는 도시의 창건기념식 같은 것을 집전해 본 경험이 없었다. 헬레니즘 시대부터 꽤 널리 보급된 도시창건 의례는 도시를 지켜 줄 행운의 여신[그리스어

---

18  유세비우스, 『진기』 3, 54.
19  브라운, 『기독교 세계의 형성』(새물결, 2004), 179-180쪽.
20  로덴, 『초기 그리스도교와 비잔틴 미술』(한길 아트, 2003), 9-100쪽; 래미지, 『로마 미술』(예경, 2004), 378-407쪽.

그림 15-4

그림 15-4 A: 330년 콘스탄티노폴리스에서 발행한 은제 기념메달. 투구를 쓰고, 왼손에 창을, 오른손
　　　　　　에 공(세계의 상징)을 쥔 로마의 포르투나 여신의 좌상

　　　　　B: 330년 콘스탄티노폴리스에서 발행한 은제 기념메달. 머리에 성곽형 관을 쓰고, 왼손에
　　　　　　풍요의 뿔을, 오른손에 나뭇가지를 든 콘스탄티노폴리스의 티케(안투사)의 좌상

　　　　　C: 개인 소장 주화. 투구를 쓴 로마의 포르투나 여신의 흉상. 여신의 둘레에 '수도 로마
　　　　　　(Urbs Roma)'라는 새김글

　　　　　D: 개인 소장 주화. 성곽형 관을 쓴 콘스탄티노폴리스의 티케 여신 흉상. 여신의 둘레에
　　　　　　'콘스탄티노폴리스'라는 새김글

위 그림들은 화폐학자 Lars Ramskold가 웹사이트(http://www.academia.edu/1469456)에 탑재한 논문(Coin and
Medallions struck for the Inauguration of Constantinopolis 11 May 330)에서 인용한 것임.


로는 티케(Tyche), 로마인은 포르투나(Fortuna)라 불렀다]을 정해 숭배하는 것이었다. 도
시마다 명칭과 이미지가 다른 그 여신은 말하자면 도시의 존립과 정체성의 상
징이었다. 언제부터인지 몰라도 옛 수도 로마의 포르투나는 플로라(Flora)였으
며, 그 여신의 조각이 로마에서 주조되는 주화의 뒷면과 공공장소를 장식하곤
했다.

　황제는 새 수도의 티케를 안투사(Anthousa)로 정했는데, 그것은 라틴어 플로
라에 해당하는 그리스어였다.[19] 명칭만 아니라 이미지도 로마의 포르투나와

거의 흡사했다[그림 15-4]. 콘스탄티노폴리스의 조폐소가 낙성식을 기념해 플로라와 안투사를 새긴 한 쌍의 은제 메달을 찍어 낸 것은 우연이 아니었다. 티케 여신은 낙성식 행사의 주인공이었다. 콘스탄티누스 광장에서 새 수도의 봉헌식을 치른 뒤, 여신상을 태운 사두전차를 앞세운 군대의 행진이 시작되었고, 중앙로를 따라 전차경기장에 도착한 행렬은 경기장을 한 바퀴 돌아 황제특별석 앞에 멈추어 섰다. 이 행진은 330년 이후 매년 5월 11일에 거행된 창건기념식에서 재연되곤 했는데, 흥미롭게도 창건기념식 행진에서는 전차 위 여신상 옆에 항상 광장의 기둥 위에 세운 황제상의 모형을 함께 실었다.[22] 황제와 새 수도를 지켜 줄 티케가 긴밀히 얽힌 저 연례축전을 종교적 관점에서는 어떻게 보아야 할까? 새 수도에 가득한 이교적 장식물들이야 그저 우상숭배의 '껍데기'에 불과하다고 변명할 수 있을지 몰라도, 창건기념식에는 분명 우상숭배의 잔영이 남아 있었다. 그것은 교부 테르툴리아누스가 꼴사나운 우상숭배로 묘사한 검투경기의 식전행사, 즉 경기장 안의 퍼레이드(pompa)를 연상시킨다.[23]

우상숭배의 흔적이라는 점에서는, 광장 기둥 위에 세운 황제상도 마찬가지였다. 그것은 머리에 발광관(즉 빛을 발하는 형태의 왕관)을 쓰고 한 손에 창을 쥔 모습이었다[그림 15-3(A)]. 과거 황제의 수호신이었던 '불패의 태양신'의 이미지가 떠오르지 않는가?[그림 15-5(A)] 말하자면 황제는 태양숭배를 버리고 기독교를 선택하면서, 태양신의 중요한 속성을 자신의 것으로 취한 셈이었다. 콘스탄티노폴리스의 그 황제상은 다른 곳에까지 영향을 미쳤다. 두 곳에서 발견된 황제상 기단의 비문들이 그 증거다. 하나는 소아시아 남부의 소도시 테르메소스에서 출토된 것으로, 기단에 '모든 것을 보시는 태양 같은 콘스탄티누스 황제

21    요아네스 말라라스, 『연표』, 320쪽; 조시무스, 『새 역사』 2, 31.
22    요아네스 말라라스, 『연표』, 322쪽, 529-530쪽.
23    테르툴리아누스, 『볼거리들에 관하여』 4-7.

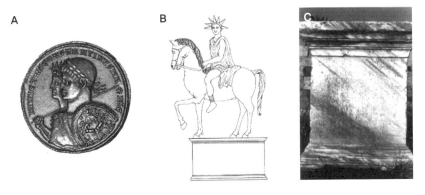

A         B         C

그림 15-5

그림 15-5 A: 313년 티키눔에서 발행한 금제 기념주화. 발광관을 쓴 '불패의 태양신'과 나란히 선 콘
스탄티누스 황제

B: 소아시아 남부 연안의 테르메소스의 콘스탄티누스 기마상(복원도). 기마상 기단에 '모
든 것을 보시는 태양(Helios Pantepoptes) 같은 콘스탄티누스 황제'라는 비문이 새겨져
있다.

C: 북아프리카 리비아의 연안 도시 렙티스 마그나의 중앙광장에 세워진 콘스탄티누스 대
리석상의 기단 비문. 아래에 번역된 비문 일부는 콘스탄티누스가 발광관을 착용한 형
상이었음을 짐작하게 한다.
화재로 전소된 후 1년 이내에 속주지사 로물루스가 항상 승리하시는 우리의 주군 콘스탄티누스 대제께
스스로 빛을 발하시는 형상의 대리석 상을 지어 바쳤다. … (석상 기단의 비문에서 발췌)

께'라는 헌정사가 새겨져 있다[그림 15-5(B)]. 한편 북아프리카의 연안도시 렙티
스 마그나의 중앙광장에 남은 기단은 그 위의 황제상이 '발광관을 쓴 형상'이
었음을 시사한다[그림 15-5(C)].

더 놀라운 점은 기독교도들이 그 황제상을 우상처럼 숭배한 사실이다. 5세
기의 교회사가 필로스토르기우스는 다소 불쾌한 어조로 그 사실을 기록했다.
"기독교도가 반암 기둥 위에 서 있는 콘스탄티누스 황제의 동상을 제사로 모
시고, 또 마치 신을 대하듯 등촉과 분향을 바치며 재앙을 면하게 해 달라고 기
도한다."[24] 하지만 이는 콘스탄티누스 황제가 콘스탄티노폴리스의 성 사도 교
회에 준비했던 자신의 장례방식에 비추어 볼 때, 결코 의외라고 할 수 없다. 다

음 장에서 상세히 다루겠지만, 황제는 자신의 관 좌우에 12사도의 빈 관들을 배치하게 했다. 말하자면 황제는 스스로를 '예수 같은' 하느님의 종으로 여긴 것이다.

제국과 기독교에 대한 황제의 이런 자의식과 앞에서 보았던 유세비우스의 정치신학, 두 가지는 서로 통한다. 후자는 전자를 신학적으로 정당화한 결과일까? 아니면 전자가 후자의 영향 속에서 형성된 것일까? 사실 어느 쪽이 진실이든 상관없다. 여기서 더 중요한 점은 그런 정치의식을 가진 황제가 취한 종교적 절충주의이다. 콘스탄티누스는 희생제를 배제하는 한, 황제가 태양처럼 숭배되는 이교 관행을 따랐고, 그것이 '하나님의 종'으로서 황제의 역할과 아무런 마찰도 일으키지 않는다고 생각한 것이다. 새 수도 콘스탄티노폴리스가 '하나님의 도성'이라기보다 이교풍이 강한 '황제의 도시'로 남게 된 데는, 우상숭배의 물건들로 장식된 사실 못지않게, 황제의 정치의식도 중요한 요인으로 작용했다.

이런 경향은 콘스탄티노폴리스의 황궁에서 득세한 황제의 측근이 주로 이교 지식인과 아리우스파 성직자들이었던 점과 무관하지 않다. 황제가 교회를 통일해야 한다는 일념으로 325년 니카이아 종교회의에서 정통교리를 도출하는 데 그처럼 결정적 역할을 했지만, 아이러니하게도 니카이아파(혹은 반아리우스파)의 중심인물들은 황궁에서 오랫동안 소외되었다. 콘스탄티누스의 치세 말에 시작된 그 흐름은 아들 콘스탄티우스 2세 때까지 이어졌다.

수도 창건을 전후하여 황제에 대한 영향력이 가장 컸던 이교 지식인은 단연 소파트로스였다. 그는 플로티노스 → 포르피리우스 → 이암블리코스의 계보를 잇는 당대 최고의 신플라톤주의자였다. 4세기 말에 나온 『철학자들과 소피

---

24 필로스토르기우스, 『교회사』 2. 17.

스트들의 전기』에 의하면, 그는 "고매한 지혜로 황제를 매료시켜, 황제의 오른편에 앉았던" 인물이었다.[25] 그럴 만했다고 짐작되는데, 6세기의 기록에 의하면 그는 '낙성식 전문가(consecrator)'로 새 수도 창건에 큰 공로자였기 때문이다.[26] 앞서 말한바, 낙성식의 택일과 티케 여신을 모신 축하행진, 그리고 연례 창건기념식 등은 아마 모두 그의 기획이었을 것이다.

그러나 그랬던 소파트로스도 결국 황제 측근의 다른 인물들의 질투와 모함을 견뎌내지 못했다. 치명타는 황제 아들의 가정교사를 지낸 후 고위직까지 오른 아블라비우스가 그에게 씌운 반역죄였다. 콘스탄티노폴리스가 겪고 있던 식량난을 기화로, 아블라비우스는 소파트로스의 책임을 추궁했다. 즉 소파트로스가 신플라톤주의의 신통술로 남풍을 잠재워 알렉산드리아에서 식량을 실은 선박들의 항해를 방해했다는 것이다. 황제가 늘 수도의 식량문제에 예민하기도 했지만, 경기장에서 소파트로스를 처단하라는 군중의 소요가 일어나자, 즉각 소파트로스의 처형을 지시했다.[27]

소파트로스가 죽은 뒤, 황제 측근에서 우세해진 것은 아리우스파였다. 이 점은 결코 우연이 아니었다. 신플라톤주의 지식인과 아리우스파 사이에는 신학적으로 모종의 공감대가 있었다. 적어도 정통파 신학자들의 눈에는 그렇게 비쳤다. 그 영향을 받아, 콘스탄티누스 황제도 니카이아 회의 무렵에는 아리우스파를 '포르피리오스파'로 싸잡아 규탄하기도 했었다.[28] 하지만 새 수도 황궁에서의 상황은 적잖게 달라져 있었다. 그 경위를 간단히 살펴보자.

니카이아 종교회의 직후 수년간은 아리우스와 그의 동조자들의 수난기였

---

25  유나피우스, 『철학자들과 소피스트들의 전기』 455-459(플로티노스, 포르피리오스, 이암블리쿠스)와 462-463(소파트로스) 참조.
26  요하네스 리두스, 『축제 월력』 4, 2.
27  유나피우스, 『철학자들과 소피스트들의 전기』 462; 조시무스, 『새 역사』 2, 40.
28  소크라테스, 『교회사』 1, 9.

다. 아리우스와 함께 끝내 니카이아 신조에 서명하길 거부한 몇몇 주교가 이집트에서 추방된 뒤, 그 파장이 계속되었기 때문이다. 그들이 니코메디아의 주교 유세비우스와 니카이아의 주교 테오그니스에게 몸을 의탁하자, 분노한 황제는 그 주교들에게 추방령을 내렸다.[29] 이처럼 궁지에 몰려있던 아리우스파에게 구원의 손길을 제공한 것은 콘스탄티누스의 이복누이 콘스탄티아였다. 그녀는 통일전쟁 직후 동부황제였던 남편과 함께 아들을 잃고, 콘스탄티누스의 궁에서 지내던 터였다.

그녀의 첫 번째 역할은 두 주교의 사면 및 복권이었다. 그녀가 황제에게 영향력을 발휘한 덕에, 두 주교는 회개증명서를 제출하고 추방에서 돌아와 잃었던 주교직을 되찾기까지 했다(328년).[30] 이윽고 그들은 황궁의 후원을 배경 삼아, 반아리우스파의 핵심인물들에 대한 반격을 개시했다. 첫 번째 제물은 안티오키아의 주교 유스타티우스였다. 그는 과거 카이사레아의 주교 유세비우스와 아리우스가 너무 오리겐주의에 물들어 이단적이라고 맹공을 퍼부었던 호전적인 신학자였다. 그는 아리우스파 주교들이 자신의 교구에서 조직한 종교회의(330년)에서 이단으로 몰려 주교직을 잃고 급기야 추방당하고 말았다.[31]

그 무렵이었다고 짐작되는데, 콘스탄티아는 아리우스파를 위해 마지막 영향력을 발휘했다. 그녀는 친교하고 있던 한 아리우스파 사제에 설득되어, 아리우스가 알렉산드리아 주교의 적개심 때문에 부당하게 추방당했다고 확신하게 된 터였다. 그러다 중병에 걸려 죽음이 닥치자, 그녀는 유언하듯 황제에게 아리우스의 사면을 간청했다. 이복누이를 각별히 아꼈던 황제는 그녀의 청을 받아

---

29  소조멘, 『교회사』 1, 21; 테오도레투스, 『교회사』 1, 19.

30  필로스토르기우스, 『교회사』 2, 7; 소조멘, 『교회사』 2, 16.

31  소크라테스, 『교회사』 1, 23; 테오도레투스, 『교회사』 1, 20-21. 한편 반아리우스파 핵심인사였던 아타나시우스는 후일 유스타티우스가 몰려난 진짜 이유는, 그가 예전 성지여행 중이던 황제의 모친 헬레나를 무례하게 대한 데 대한 황제의 응징 때문이라고 주장했다. 아타나시우스, 『아리우스파의 역사』 1, 4.

들여, 사면의 조건으로 아리우스의 서면 신앙고백을 요구했다. 아리우스는 다음과 같이 자신의 신조를 밝혔다.

우리는 한 분이신 전능한 아버지 하나님과, 모든 시간에 앞서 그분에서 나신 그분의 아들 예수 그리스도, 그리고 하늘과 땅의 만물을 지으신 말씀을 믿습니다. 그분은 육신을 입고 이 땅에 오시어, 수난을 당한 뒤 다시 일어나서서 하늘에 오르셨고, 산 자와 죽은 자를 심판하시러 다시 오실 것입니다. 우리는 성령과 육신의 부활, 영생과 천국, 그리고 지상에 세워진 하나님의 하나 된 보편교회를 믿습니다. ··· 우리가 성부, 성자, 성령에 관해 보편교회와 성서가 가르치는 교리를 진심으로 받아들이지 않는다면 ··· 하나님께서 우리를 벌하시옵소서.[32]

이에 대한 니카이아파의 반응은 대체로 부정적이었다. 교묘히 표현만 바꾸었을 뿐, 아리우스가 여전히 자신의 기존 교리를 버리지 않았다는 이유였다. 하지만 황제는 니카이아 신조와 다를 게 없다며 매우 만족해 했다. 그리고 마침 예루살렘에 모인 주교들에게 그 신앙고백을 검토해 보라고 요청하면서, 아리우스의 단죄가 오직 질시와 불관용 때문일지 모른다고 암시했다. 예루살렘의 주교들은 황제가 원하는 방향으로 의결하고, 알렉산드리아 교회에 아리우스와 그 동료를 받아들이라고 권고했다. 황제도 주교 알렉산드로스에 친서를 보내 간곡히 화해를 요청했다.[33]

하지만 알렉산드리아 교회의 저항은 완강했다. 더욱이 알렉산드리아의 새 주교로 취임한 아타나시우스는 전임자보다 훨씬 강인한 투사였다. 결국 아리우스파 주교들은 그를 주교직에서 쫓아내지 않고서는 뜻을 이룰 수 없음을 깨

---

32  소조멘, 『교회사』 2, 27; 겔라시우스, 『교회사』 3, 12.
33  루피누스, 『교회사』 10, 13.

닫고 그를 공격 목표로 삼았다. 그의 주교 선출과정을 문제 삼는가 하면, 공공 재정 교란 및 뇌물공여, 암살 등 거의 무고라 할 죄목들을 들이댔다.[34] 아타나시우스는 매우 강인하고 민첩하게 대응했지만, 그를 돕던 사람이 교구 내 한 교회에서 폭력행위(제단, 성배를 파손하고, 성서를 불사른 일)의 혐의를 받자, 입장이 난처해졌다. 이윽고 그 사건은 아리우스파가 우세한 티로스 종교회의(335년)에 회부되고, 아타나시우스는 불출석한 가운데 유죄판결을 받고 주교직까지 잃었다. 한편 그 종교회의는 아리우스에게 알렉산드리아 교회로의 복귀를 승인했다.[35]

아타나시우스는 콘스탄티노폴리스로 달려가 황제를 알현하고 황제가 주재하는 재판의 기회를 탄원했으나 먹히지 않았다. 그 순간 아리우스파는 소파트로스를 파멸시켰던 수법에 착안했고, 그것은 이번에도 주효했다. 알렉산드리아의 주교인 아타나시우스가 수도로의 식량수송을 방해했다는 죄목이었다. 황제로서는 이미 종교회의에서 유죄판결을 받은 그에게 추방형을 내리기를 주저할 까닭이 없었다. 아타나시우스는 갈리아의 트리어에서 유형생활을 시작했다.[36] 그리고 마침내 아리우스는 근 10년 만에 알렉산드리아로 돌아갔다. 그러나 그의 운은 거기까지였다. 황제가 니카이아 신조를 재확인하기 위해 황궁으로 성직자들을 소집했을 때, 수도에 왔던 아리우스는 황제의 반암 기둥 근처에서 테러를 당했다. 그는 광장의 화장실로 피신했지만, 결국 장출혈로 숨을 거두고 말았다.[37] 황제 즉위 30주년(336년)에 일어난 일이었다.

아리우스는 그렇게 죽었지만, 아리우스주의가 소멸되지는 않았다. 오히려

---

34  소크라테스, 『교회사』 1, 27; 테오도레투스, 『교회사』 1, 25.
35  유세비우스, 『전기』 4, 42; 소크라테스, 『교회사』 2, 25; 소조멘, 『교회사』 2, 25; 테오도레투스, 『교회사』 1, 27-28.
36  소크라테스, 『교회사』 1, 35; 소조멘, 『교회사』 2, 28.
37  소크라테스, 『교회사』 1, 37-38; 소조멘, 『교회사』 2, 29-30; 루피누스, 『교회사』 10, 14.

황궁에서는 여전히 아리우스파가 득세했다. 앞에서(13장) 보았듯이, 즉위 30주년 기념식(336년)에서 어전 찬양연설을 한 것은 친아리우스계 주교였던 카이사레아의 유세비우스였다. 또 다음 장에서 자세히 살피겠지만, 아리우스파의 선봉장이었던 니코메디아의 주교 유세비우스는 죽음을 앞둔 황제에게 세례를 베풀었다. 게다가 그는 황제가 사망한 해에, 반아리우스파 주교가 맡았던 콘스탄티노폴리스 교구로 이적했다. 콘스탄티누스 황제가 이미 약속했던 것이 아니라면, 적어도 그 아들 콘스탄티우스 2세가 후원한 결과였다. 이는 "사제는 다른 도시의 교회로 이적할 수 없다"고 한 니카이아 종교회의의 법규를 어긴 점에서 매우 이례적인 조치였다.[38]

제국을 통일한 이래, 콘스탄티누스 황제의 종교정책이나 황실의 신앙은 기독교로 전향한 것이 분명했다. 하지만 330년에 창건된 새 수도 콘스탄티노폴리스는 예상과 달리 기독교보다 이교적 색채가 강했으며, 또 황궁에서도 이교도들과 아리우스파가 더 영향력을 행사했다. 그 이유는 오직 한가지였다. 황제는 '하나님의 종'이되, 제국과 교회를 지배하고 조정하는 궁극적인 권위자여야 한다고 생각했던 것이다. 콘스탄티노폴리스의 이런 특색은 왕조적 유산으로 남게 될 터였다.

---

38  필로스토르기우스, 『교회사』 2, 10. 니카이아 종교회의에서 의결된 교회법 16항은 사제들의 교구 이적을 금지했다. 루피누스, 『교회사』 10, 6.

# 16장 세례와 죽음

현대 연구자들이 '최후의 이교사가'로 부르는 암미아누스는 그의 책 한 부분에서 콘스탄티누스 황제를 이렇게 평했다. '만사를 바꾸고 뒤집어 놓은 사람(novator turbatorque rerum)'.[39] 로마인이 고대세계에서 가장 '선조의 습속(mos maiorum)'을 숭상해 온 민족이라는 점을 감안하면, 그것은 거의 저주에 가까운 말이었다. 하지만 아이러니하게도 그 혹평의 이면에서 콘스탄티누스의 정력적인 통치자로서의 면모를 감지할 수 있다. 암미아누스가 염두에 둔 것은 주로 324년 제국 통일 이후 추진한 일련의 개혁들로, 그 스펙트럼은 실로 전방위적이었다. 종교정책의 변화와 새 수도 창건 외에, 속주행정 및 궁정조직의 개편과 '관직품계(notitia dignitatum)'의 정비, 변경방위전략의 수정과 그에 따른 군제개혁, 화폐개혁을 위시한 재정혁신, 다양한 부문의 입법, 칙답 및 고시 등이 있다.[40] 황제는 죽기 전까지 10여 년간 정말 믿기 어려울 정도로 많은 일을 벌였다.

황제의 과업은 내치에만 국한되지 않았다. 사실, 제국을 통일하기 전, 그는 행정가라기보다는 군인이었다. 잠시도 쉬지 않고 번갈아 가며 라인 변경에서 외적과의 전투와 내전을 치렀기 때문에 콘스탄티노폴리스에 안착한 뒤에도 그는 몸에 익은 야전생활의 습성을 쉬이 떨치지 못했다. 60세 가까운 나이였지만 체력이 좋았고, 무엇보다 '제2의 트라야누스'가 되겠다는 포부를 단념하지 않았다. 트라야누스 황제가 정복했던 다키아의 재정복을 꿈꿨고, 그래서 다뉴브

---

39  암미아누스, 『역사』 21. 10. 8.
40  조시무스, 『새 역사』 2, 31-38; 기번, 『로마제국쇠망사』 2권, 16-53쪽.

그림 16-1

강에 역사상 가장 긴 돌다리(2.5km)를 부설하는 등, 만반의 준비를 했다.[41] 새 수도 낙성식 직전까지도 그는 다뉴브 전선에 나가 있었다.

때마침 고트족의 압박을 받은 사르마타이족이 도움을 청하자, 이를 구실삼아 대공세가 시작되었다. 콘스탄티누스 황제도 선발대로 나간 부황제 콘스탄티누스 2세(맏아들)에 가세해 승리를 결정지었다(331년 봄). 덕분에 그의 공식호칭에는 '고트족에 승리한 개선장군(Gothicus victor et triumphator)'이란 별칭이 추가되었다.[42] 그 후에도 수년간 다뉴브 강 너머의 전투가 계속되었다. 로마와 동맹을 맺은 사르마타이족 일부가 무장반란을 꾀했던 것인데, 그들을 진압하면서 로마군은 사실상 다키아 지역의 강 연안 일대를 복속시켰다. 그리하여 황제

41    아우렐리우스 빅토르, 『황제전』 41, 18.
42    발레시아누스, 『콘스탄티누스의 기원』 31. 한편 개선장군의 별칭에 대해서는 『라틴비문집성』 3권, 352번 비문을 참조.

는 마침내 '다키아 정복자(Dacicus)'란 호칭까지 얻었다(336년).[43] 로마역사상 그 개선장군 별칭을 사용한 황제는 트라야누스와 콘스탄티누스 둘뿐이었다[그림 16-1].

　다키아 재정복의 부수효과는 기독교의 전파였다. 다뉴브 변경 안팎에 정착한 고트족과 사르마타이족 중에는 이미 기독교화한 집단이 있었지만, 포교를 더 가속화한 것은 울필라스라는 그리스계 고트족 선교사의 출현이었다. 그는 로마-고트족 평화협상 때, 고트 측 협상단의 일원이었으나(332년), 수년 뒤에는 콘스탄티노폴리스에서 고트족 주교로 서임 받았다(340년). 그의 선교활동 중 가장 큰 업적은 고트 문자를 개발해 성서를 번역한 일이었다.[44] 380년대 고트족의 집단개종을 이끈 족장 프리티게른의 역할을 더 높이 평가한 교회사가도 있지만, 장기적 포교효과라는 점에서 현지어 성서를 능가할 수 없다고 하겠다.[45]

　다뉴브 전선의 상황이 그렇게 정리될 즈음, 동쪽 변경에서 긴장이 고조되기 시작했다. 페르시아의 샤푸르 2세가, 로마제국과 완충지대인 메소포타미아와 아르메니아에 대해 공세를 취했기 때문이다. 두 곳은 과거 부황제 갈레리우스가 페르시아에 이긴 후 체결한 니시비스 협정(298년)으로, 로마의 속지(메소포타미아) 혹은 보호국(아르메니아)이 된 지역이었다. 특히 로마-아르메니아 관계는 최근 양측의 기독교화로 한층 긴밀해진 상태였다. 훨씬 먼저 기독교를 국교로 정한 아르메니아 왕 티리다테스 3세는 후견국 황제의 친기독교 정책을 환영했다. 그는 니카이아 종교회의에 주교를 파견했으며, 또 콘스탄티누스 황제와 동맹조약을 갱신했다. 이베리아(오늘날의 그루지야)의 사정도 비슷했다.[46]

---

43　유세비우스, 『전기』 4, 5; 발레시아누스, 『콘스탄티누스의 기원』 32.
44　필로스토르기우스, 『교회사』 2, 5.
45　소크라테스, 『교회사』 4, 33.
46　코레네의 모세, 『아르메니아 역사』 2, 90과 3, 5; 루피누스, 『교회사』 10, 11.

샤푸르 2세는 세 방면의 공세를 취했다. 메소포타미아의 변경을 기습적으로 공격하는 한편 아르메니아의 내정을 어지럽혔다. 급기야 아르메니아 왕이 친페르시아파에 암살당하고, 그 후계자 호스로우 3세가 페르시아에 납치되기에 이르렀다. 또 샤푸르 왕은 자국 내 기독교도를 박해했다. 그들이 로마 및 아르메니아 같은 기독교 적대국에 협력할 것을 우려해서였다. 그 무렵 페르시아의 주교 아프라하트가 쓴 『설교집』에서 박해받던 기독교도들의 처지와 정서를 엿볼 수 있다. 그는 '(사악한 세력을 칠) 하나님 군대가 무력으로 세상을 흔들어 놓을 것'이라 했는데, 로마군대가 페르시아를 공격할 때를 기다렸던 것이라 짐작된다.[47]

콘스탄티누스 황제는 샤푸르의 준동을 방관하지 않았다. 메소포타미아 쪽으로는 부황제 콘스탄티우스 2세(차남)를 안티오키아에 파견해 몇몇 요새를 강화했다(333년).[48] 한편 아르메니아 사태에 대한 대책도 세웠다. 황제의 조카 한니발리아누스를 '왕중왕이자 흑해 종족들의 왕(rex regum et Ponticarum gentum)'으로 임명했다(335년). 분명 '왕중왕'이란 호칭은 늘 자타가 그렇게 공인해 온 페르시아 왕을 제거하겠다는 경고였다.[49] 그러자 로마와 직접 대결하길 원치 않은 샤푸르 2세는 콘스탄티누스에게 거듭 평화사절을 파견했다. 전쟁을 꺼린 것은 콘스탄티누스 황제도 마찬가지였다. 평화협상의 구체적 내용은 알 수 없지만, 어쨌든 전쟁은 일어나지 않았다. 전쟁이 터진 것은 콘스탄티누스 황제가 죽은 뒤, 즉 콘스탄티우스 2세의 치세였다.[50] 그 후 30년 가까운 전쟁(337-363년)의 승자는 샤푸르 2세였다.

---

47  아프라하트, 『설교집』 5, 1.
48  암미아누스, 『역사』 18, 9.
49  암미아누스, 『역사』 16, 1; 발레시아누스, 『콘스탄티누스의 기원』 6, 35.
50  「콘스탄티우스 황제 찬양연설 1」, 18B=율리아누스, 『작품집』(로엡 고전총서) 1권, 46-47; 리바니우스, 『연설』 59, 60-75.

그런데 『전기』에서 콘스탄티누스의 페르시아 정책에 대한 유세비우스의 설명은 사뭇 다르다. 이 점은 곧 논의할 황제의 세례문제와도 연관되니 잠시 살펴보기로 하자. 그에 의하면, 페르시아와의 관계에서 콘스탄티누스의 최대관심사는 그곳 기독교도의 보호였다. 페르시아 사절(앞에 언급한 샤푸르의 몇 차례 평화사절단의 하나였음 직하다)을 통해 그들의 존재를 알게 되자, 황제는 그 사절 편에 샤푸르 왕에게 친서를 보냈다. 다음과 같은 내용이었다.

나는 하나님을 믿게 되었으니 … 그 가장 성스러운 신앙을 당신께 고백합니다. … 나는 하나님의 권세의 도움으로 대양 저 끝에서 시작해 세상의 모든 종족을 하나씩 안전하게 했습니다. 가장 잔혹한 폭군들에 예속되어 … 신음하던 사람들이 나에 의해 행복을 되찾았습니다. … 나는 그 하나님께 무릎을 꿇어 기도하고, 희생물의 피와 거기서 나는 악취, 그리고 흙에서 태어난 주술적 화로를 멀리 했습니다. … 그분께서 내게 원하신 것은 그저 순결한 마음뿐이었습니다. … 나의 형제 왕이시여 …, 내 앞 많은 황제들이 과오와 광기에 사로잡혀 감히 하나님을 부인한 까닭에 … 벌을 받아 자신의 왕국에서 쫓겨나고, 수치스럽게도 페르시아 왕의 개선식을 돋보이게 한 적도 있었습니다 … 최근에도 나는 기독교도를 박해한 황제들의 비참한 최후를 목도했습니다. … 페르시아의 가장 훌륭한 지역들에 기독교도들이 가득하다는 소식을 듣고, 내가 얼마나 기쁘겠습니까? 당신과 그 기독교도들의 번영과 축복을 위해 기도합니다. … 그리고 당신의 권세가 위대하니, 그 기독교도들의 보호를 의뢰합니다. 그대의 예의 그 자애로움으로 그들을 대해 주십시오. 그런 믿음의 징표는 우리 둘 다에게 그지없이 유익할 것입니다.[51]

---

51 유세비우스, 『전기』 4, 8-13.

이 친서에 대한 페르시아 왕의 반응이나 그 후속상황에 대한 언급은 전혀 없다. 유세비우스는 무심하게 다른 주제로 넘어갔다가, 불쑥 페르시아에 대한 전쟁준비를 이야기한다. 황제가 전쟁터에서 기도할 주교들을 데려가려 했으며, 그래서 자신의 막사를 교회형태로 제작했다는 것이다.[52] 그런데 왜 전쟁을 하려 했을까? 영토 다툼인가, 아니면 페르시아 기독교도를 구하기 위한 성전인가? 이 점이 분명하지 않은 가운데, 하나님의 가호 하에 전쟁을 수행할 것이라는 점만 강조된다. 그리고 또 하나의 에피소드가 추가된다. 그 무렵 황제가 예수처럼 요단강에서 세례 받길 원했다는 것이다.[53] 요단강은 페르시아로 오가는 길에 들를 수 있는 곳이 아닌가? 그 전쟁이 '성전'이라면 요단강 세례는 너무 그럴듯해 보인다.

페르시아의 기독교도를 위한 콘스탄티누스의 친서, 주교들도 참전하는 페르시아 전쟁준비, 요단강 세례. 유세비우스가 이 세 가지를 불연속적으로 늘어놓은 것은 의도적이라 생각된다. 그는 전쟁의 실제 원인과 목적을 얼버무린 채, 콘스탄티누스의 대 페르시아 외교, 군사정책에 '성전'의 이미지를 덧씌우고 있다. '샤푸르 왕에 보내는 서신' 바로 뒤에 덧붙인 짧은 논평에서 그런 의도가 드러난다. 콘스탄티누스 황제는 '하나님의 부름을 받아 세계만민을 솜씨 좋게 다스리는 단 한 분의 조타수'라는 것이다.[54] 유세비우스는 자신의 정치신학에 따라, 황제를 로마제국은 물론 그 너머의 기독교도까지 보살피는 임무를 띤 '하나님의 종'으로 묘사하려는 것이다.

'샤푸르 왕에 보내는 서신'은 오직 유세비우스만 기록했다. 그 서신은 과연 진짜였을까? 이 문제는 오랫동안 논란거리였는데, 현대연구자들은 대체로 '가

---

52  유세비우스, 『전기』 4, 56.
53  유세비우스, 『전기』 4, 62.
54  유세비우스, 『전기』 4, 14.

짜'설에 기울어져 있다. 유세비우스만 그 외교서신의 사본을 보았다는 것도 믿기 어렵지만, 특히 서신 전반부가 외교문서에 어울리지 않기 때문이다. 황제의 신앙고백과 자신의 업적에 대한 자랑, 기독교를 박해한 로마황제들(특히 3세기에 샤푸르 1세에게 잡혀간 발레리아누스 황제)에 대한 비방이 그렇다. 사실, 고대의 역사책들에 인용된 연설문과 서신은 거의 저자가 임의로 재구성한 것이었다. 단, 그것이 묘사하고 있는 인물이나 상황에 적합해야 했으니, 지어낸 글 속에 적어도 사실의 핵은 들어 있기 마련이었다. 위 서신도 마찬가지여서, 로마-페르시아 관계에서 페르시아 내 기독교도의 문제가 협상의제였을 가능성은 충분하다. 가령 콘스탄티누스 황제는 샤푸르 2세와의 평화협정에서 페르시아의 기독교도에 대한 박해중지를 요청했을지 모른다. 그것이 '샤푸르 왕에 보내는 서신'으로 꾸며진 것이 아닐까?

그러나 로마-페르시아 간 갈등은 군사적인 것이지, 결코 '성전'의 양상이 아니었다. 유세비우스가 의도한 '성전'은 이교 역사가들이 주장한 전쟁의 원인만큼 비현실적이다. 그들에 의하면, 인도에 파견되었던 사절 메트로도로스가 귀국해 황제에게 보고한 사건이 화근이었다. 그 사절이 많은 귀금속을 페르시아에서 강탈당했다고 주장하자, 콘스탄티누스 황제가 전쟁을 계획했다는 것이다.[55] 하지만 황제 생전에 전쟁은 없었으며, 전쟁준비 또한 없었다. 그런데도, 유세비우스가 지어낸 '성전 신화'는 비잔티움 역사가들에 영향을 끼쳤다. 그들은 한술 더 떠서, 콘스탄티누스가 실제 페르시아를 향해 출정했다고 기록했다. 황제는 행군 도중 니코메디아 근방에서 발병했고, 그리하여 병상에서 세례를 받았다는 것이다.[56]

하지만, 실제로 황제의 세례는 페르시아 전쟁과 무관했다. 그것은 그저 황

---

55  암미아누스, 『역사』 25. 4. 23; 케드레누스, 『역사 개요』 1, 516-517쪽.
56  『부활절 연표』(7세기), 532-533쪽; 테오파네스, 『연표』(9세기); 미카엘(12세기), 『연표』 7. 3.

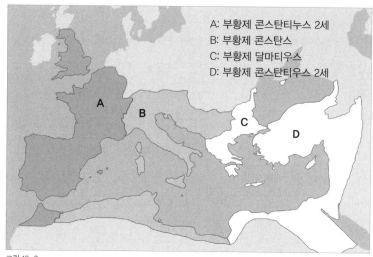

그림 16-2

**그림 16-2** 335년의 제국 통치 분담

제의 발병 후, 죽음을 준비한 과정의 일부였을 뿐이다. 황제 즉위 30주년 기념제(335~336년) 때 황제는 멀쩡해 보였다. 아니 건강에 문제가 있었다 해도 성대한 기념식을 위해 비밀에 부쳤을지 모른다. 어쨌든 니코메디아에서 시작된 축제의 피날레는 10주년, 20주년 때와 달리, 당연히 로마가 아닌 새 수도에서 열렸다. 성묘교회 준공(335년)으로 마무리된 10여 년에 걸친 예루살렘 프로젝트의 최종기념행사도 그 일부였다. 예루살렘에 모였던 많은 성직자들이 대거 수도로 몰려왔고, 카이사레아의 주교 유세비우스도 그중 하나였다. 각종 경기가 벌어졌고, 뛰어난 연사들이 다투어 어전연설을 행했다. 황제의 덕과 위업을 찬미하고, 무병장수를 축원하는 내용이었다. 앞에서(13장) 살폈듯이, 유세비우스가 「황제찬양연설」에서 정치신학을 설파한 것도 바로 그때였다. 즉위기념식은 336년 7월 하순에 종료되었다. 그 후 이듬해 부활절 몇 주 뒤(337년 4월 중순) 황제는 비티니아 온천지대로 여행했다. 그 사이 황제의 동정에 대해서는 아무런 기록도 없다.

온천지대로 간 것은 물론 치료 목적이었다. 그렇다면 336–337년 사이, 아니 어쩌면 더 일찍이(335년 말부터) 건강에 이상이 생겼을지 모른다. 그렇게 짐작할 두 가지 단서가 있다. 하나는 30주년 기념식 개막 두 달 후(335년 9월), 황제가 네 명의 부황제에게 제국통치를 위임한 것이다[그림 16-2]. 장남 콘스탄티누스 2세에게 브리타니아, 갈리아, 히스파니아가, 차남 콘스탄티우스 2세에게 오리엔스 관구(소아시아, 시리아, 이집트)가, 셋째 콘스탄스에게 이탈리아, 아프리카, 판노니아가, 의붓동생 달마티우스에게 마케도니아와 트라케가 배정되었다.[57] 상속의도를 드러낸 이 통치권 분할은 혹 건강악화 때문에 서두른 것이 아닐까? 또 다른 근거는 황제 자신이 묻힐 묘(소위 '성 사도교회')의 시공기간이다. 그 묘는 황제의 발병을 계기로 준비되기 시작했으며, 거기에 황제의 시신이 안치된 것은 337년 9월이었다.[58] 그런데 발병 시기를 늦게(336년 말과 337년 초로) 잡으면, 묘의 시공기간은 불가능할 정도로 짧다. 묘의 건축공사는 통치권 분할이 결정된 것과 거의 같은 시기에 시작된 것이 아닐까?

아무튼 황제는 337년 4–5월에 니코메디아 근방 피티아(오늘날 터키의 알티노바) 온천에서 요양했다. 병세가 호전되지 않자, 모후 헬레나를 기념해 건설한 신도시(헬레노폴리스)로 옮겨 순교기념당에서 기도했지만 효과가 없었다. 황제는 죽음이 임박함을 깨닫고 세례 받기를 결심했다. 세례자는 니코메디아의 주교 유세비우스였다. 세례 후 며칠 만에 황제는 향년 65세로 숨을 거두었다. 예수의 승천과 성령강림을 축하하는 오순절 마지막 날(5월 22일)이었다.[59]

---

57  발레시아누스, 「콘스탄티누스의 기원」 6, 3; 조시무스, 「새 역사」 2, 39.
58  유세비우스, 「전기」 4, 58, 70–71; 필로스토르기우스, 「교회사」 2, 11a-14; 히에로니무스, 「연표」 337년 항목.
59  유세비우스, 「전기」 4, 61–64.

황제의 세례에 대해서는 두 가지 더 해명할 점이 있다. 첫째, 황제가 어째서 그렇게 늦게 세례 받았는가 하는 의문이다. 황제가 기독교 신앙에 확신을 갖지 못했던 것일까? 그보다는 당시의 관례가 그랬기 때문이었다. 많은 기독교도들이 일찍이 세례 받으면, 다시 죄를 짓고 공개적으로 회개해야 하는 난처한 상황을 두려워했다. 반면, 죽기 직전의 세례는 순결한 죽음을 보장한다고 믿었다. 유혈, 살인에 연관된 직업(정무관, 군인 등)의 신도들일수록 더 그랬다. 콘스탄티누스 황제의 경우에도, 늦은 세례는 불신앙의 징표가 아니라 그저 신앙의 재확인 절차였다.

둘째로, 세례자가 누구였는가를 두고 오랜 논란이 있었다. 실제 세례자인 니코메디아 주교가 아리우스파였다는 사실이 논란의 씨앗이었다. 4세기 말부터 주도권을 회복한 정통파에게 그 사실은 불편하기 그지없었다. 세례 사실 혹은 세례자의 이름을 거론하길 거부했다.[60] 더 적극적인 대응책은 사실왜곡이었다. 처음에는 세례자 유세비우스가 로마주교였다는 주장이 나왔다. 콘스탄티누스 황제가 십자가 환영을 보고 야만족과의 전쟁에서 승리한 뒤, 모후 헬레나와 함께 로마주교 유세비우스에게 세례 받았고, 모후는 곧 십자가를 찾으러 떠났다는 줄거리였다.[61] 그러나 『교황의 서』에 의하면, 유세비우스는 308년경의 로마주교여서, 시대착오가 자명했다.

황제 치세 후반에 로마주교였던 실베스테르(314-335년 재임)를 내세우는 방법이 더 그럴 듯한 대안이었다. 그가 콘스탄티누스 황제의 세례자였다는 새 전설이 꾸며졌고, 5-6세기에 나온 『복자 실베스테르 행전』은 그 표본이 되었다. 그것에 의하면, 나병에 걸려 백방으로 치료법을 찾던 황제에게, 베드로와 바울

---

60 　소크라테스, 『교회사』 1, 39; 소조멘, 『교회사』 2, 34는 세례 장소를 니코메디아 근교라고 하면서 주교 이름은 언급하지 않았다. 한편, 루피누스와 테오도레투스의 교회사는 콘스탄티누스의 세례 사실을 거론조차 하지 않았다.
61 　유다스 키리아쿠스, 『성 십자가의 발견』(5세기 초).

이 꿈속에 나타나 실베스테르 주교에게 세례 받을 것을 권유했다는 것이다. 병을 치료한 황제는 로마 시에 교회들을 세우고 많은 법을 제정해 제국주민의 개종을 도왔다.[62] 이 전설은 다시 8세기에 '콘스탄티누스 황제의 기진(Donatio Constantini)'이라는 또 다른 전설을 파생시켰다. 황제가 실베스테르에게 교회의 수장권과 서부제국의 영토관리를 맡기고, 자신은 동부제국으로 옮겨 갔다는 내용이었다. 그러나 그 모두가 날조였다. 세례자는 니코메디아의 주교 유세비우스였으며, 그는 심지어 황제의 유언장을 보관하고 있었다.[63] 그는 그 유언장을 은밀히 차남 콘스탄티우스 2세에 넘겼고, 그 직후에 그는 콘스탄티노폴리스 교구로 자리를 옮겼다.[64]

니코메디아에서 황제의 시신은 방부 처리된 다음, 자색어의를 입히고 왕관을 씌워 목관에 입관되었다. 그것을 경호대와 장교들이 장례식이 거행될 콘스탄티노폴리스로 운구했다. 황궁의 본당에 마련된 높은 영구대에 그 관이 안치되자, 조문이 시작되었다. 조문기간은 약 3개월간이었다. 그 사이(337년 8월경), 황제의 세 아들은 판노니아의 비미니아쿰에 모여 비밀협정을 맺었다. 황제의 배다른 형제 달마티우스와 조카 한니발리아누스를 상속에서 배제하자는 것이었다. 분명 335년의 통치권 분할이 암시한 황제의 유지를 무시한 처사였다. 그 담합은 뒤따른 몇 가지 사태에 드러났다. 황제의 군대가 오직 세 아들에게만 충성하겠다고 선언한 데 이어, 로마 원로원도 그들만을 황제로 승인했다. 그리고 337년 9월에 장례식을 마치자마자 대학살이 벌어진 것은, 말하자면 그 담합의 최종집행이었다. 황제의 세 아들은 황제의 형제들과 그 가족을 거의 몰살했다.[65] 그 왕조의 남자 생존자라곤 세 아들을 포함해 단 5명이었다.

---

62 아메리세, 『콘스탄티누스 대제의 세례』(2005), 93–119쪽.
63 필로스토르기우스, 『교회사』 2, 16.
64 케드레누스, 『역사 개요』 1, 520쪽; 조나라스, 『역사』 13, 4, 25.
65 조시무스, 『새 역사』 2, 40.

이윽고 9월 초, 콘스탄티우스 2세가 콘스탄티노폴리스에 도착하기를 기다려, 장례식의 마지막 절차인 매장의식이 거행되었다. 황제가 준비해 둔 묘로 목관을 옮겨 안치하는 절차였다. 묘 내부에는 목관을 넣을 반암석관, 그리고 양옆에 사도들의 공묘가 각각 6개씩 배치되어 있었다. 유세비우스는 그 매장의식을 이렇게 묘사했다.

아들들 중 차남이 콘스탄티노폴리스에 도착하자 매장을 위한 운구행진이 시작되었다. 맨 앞에 병사들이 대형을 이루고, 황제와 엄청난 군중이 그 뒤를 따랐다. ⋯ 사도들에 헌정된 신전에 도착해, 그곳에 관이 안치되었다. ⋯ 그리하여 황제는 사후에도 계속 황제권력을 놓지 않고, 마치 부활한 듯, 세계를 지배하고 로마제국의 통치권을 행사했다. ⋯ 황제는 알곡 한 알을 뿌려 많은 곡식을 수확하신 주님을 닮으셔서, 복되신 황제도 후계자인 아들들을 통해 자신을 늘리셨다. 사람들은 사후에도 황제의 이름을 경배했다. ⋯ 그리고 이런 모양의 주화가 발행되었다. 앞면에는 복되신 황제께서 머리에 베일을 쓴 모습이, 뒷면에는 하늘에서 손을 뻗어 내려 네 마리 말이 끄는 전차를 타신 황제를 영접하는 모습이 그려져 있다.[66]

그런데 유세비우스가 '사도들에 헌정된 신전'이라 묘사한 황제의 묘에 대해서는 고대부터 현대까지 많은 억측과 논란이 계속되었다. 그것은 훗날 '성사도 교회'로 알려진 바로 그 교회인가? 비잔티움 시대의 사료들에 의하면 그렇지 않으며 그 근거가 강력하다. 콘스탄티우스 2세 치세에 콘스탄티누스 황제의 묘는 이런 변화를 겪었다. 묘가 붕괴할 위험에 처하자, 우선 황제의 석관을

---

66  유세비우스, 『전기』 4, 70-73.

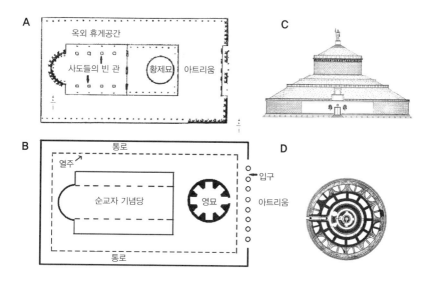

A: 옥외 휴게공간
사도들의 빈 관  황제묘  아트리움

B: 통로
열주
순교자 기념당  영묘  입구
아트리움
통로

C:

D:

그림 16-3

그림 16-3 A: 성 사도 교회 복원도
B: 콘스탄티누스 영묘
(A와 B는 Kaniuth, *Die Beisetzung des Konstantins des Grossen*, Breslau, 1941, pp.16-190에 의거함)
C, D: 로마 소재 아우구스투스 황제 영묘 복원도 및 평면도

한 순교기념당에 이장했다. 콘스탄티우스 2세는 곧 부친의 묘를 신축하고, 거기에 사도 안드레아, 사도의 제자 티모테오, 복음서 저자 누가의 유골을 모셔와 제단 밑에 묻었다. 사도들의 유골이 전혀 없었던 최초의 묘와 달리 다소 명실상부한 '성 사도 교회'가 탄생한 것이다. 그래서 비잔티움 시대 역사가들은 콘스탄티우스 2세가 '성 사도 교회'를 세웠다고 기록했다.[67]

현대의 몇몇 학자들은 콘스탄티누스가 '성 사도 교회'를 세웠다고 고집했지

---

67 필로스토르기우스(5세기), 『교회사』 3, 2; 테오도로스 아나그노스테스(6세기), 『교회사』 2, 61; 니콜라오스 메사리테스(12세기), 『콘스탄티노폴리스의 성사도 교회의 해설』 1-3.

만, 대다수는 그것이 과거 황제들의 영묘(mosoleum)와 같은 형태였다고 보았다. 위의 그림 16-3(A)는 전자의 견해에 따른 복원도이다. 즉 묘역 안에 '성 사도 교회'가 있고, 건물 내부는 황제의 묘와 그 앞 양쪽에 배치된 사도들의 공묘가 있다. 한편 그림 16-3(B)는 후자 쪽의 복원도이다. 묘역 안에 원형의 영묘가 있고, 그 앞에 장방형의 순교기념당이 있다. 영묘의 형태는 초대 황제 아우구스투스의 것[그림 16-3(C, D)]과 흡사하다. 사도들의 12개 공묘는 콘스탄티누스의 원형 영묘 안쪽 벽감들에 배치되었을 것이라 추측된다. 어느 쪽이든 황제가 자신의 묘 주변에 12사도의 공묘를 배치한 것은 분명 스스로 예수에 견줄 만한 '하나님의 종'이라 자처했음을 뜻한다. 그것은 유세비우스의 정치신학이 누누이 강조한 점이었다. 황제는 예수, 모세에 이어 지상에서 하나님의 뜻을 펼친 대리인이었다.

한편 위 인용문 후반에서 유세비우스의 설명에 의하면, 황제는 승천해 하나님의 영접을 받았다. 안티오키아에서 발행한 장례기념주화[그림 16-4(A)]의 도상은 정확히 그 설명과 일치한다. 하지만 주화를 잘 살펴보면, 거기 나타난 승천 관념은 기독교보다 황제숭배의 요소가 더 우세하다. '하늘에서 뻗어 내린 손'만이 기독교적 이미지인 반면, 베일을 쓴 황제와 전차를 탄 황제는 모두 이교적 요소다. 베일을 쓴 황제는 이미 '신격(divus)'이 된 전 황제들에 대한 경배를, 전차를 탄 모습은 스스로 승천해 '신격'이 됨을 뜻한다[그림 16-4(B)]. 즉 콘스탄티누스 황제도 이제 '신격 황제들(divi)'의 대열에 가세한다는 뜻이다. 예로부터 로마인들은 그것을 가리켜 '성화 혹은 신격화(consecratio)'라 불렀다. 결국 콘스탄티누스 황제는 황제숭배라는 이교적 유산을 포기하지 않고, 거기에 기독교적 성화의 요소를 결합한 것이다. 황제가 영묘와 '사도들의 공묘'를 결합한 매장방식을 선택한 것도 마찬가지였다.

돌이켜 보면, 콘스탄티누스 황제는 권력의지가 남달리 강한 인물이었다. 그

그림 16-4

그림 16-4  A: 337년 안티오키아에서 발행된 장례기념 주화
　　　　좌(앞면): 베일을 쓴 콘스탄티누스의 두상과 그 둘레에 '황제들의 아버지, 신격 콘스탄티누스(DV
　　　　　　CONSTANTINUS, PT AGG)'라는 새김글
　　　　우(뒷면): 베일을 쓴 콘스탄티누스가 4두마차를 타고 승천하고, 하늘에서 그를 향해 손을 뻗는 장면
　　　　B: 140년에 사망한 안토니누스 피우스 황제의 부인 파우스티나의 장례식 기념 금화들
　　　　좌(앞면): 파우스티나가 사두전차를 타고 올림포스 산에 오르는 모습. 그 아래 신격화(consecratio)란 새
　　　　　　김글
　　　　우(뒷면): 화장용 장작더미 위의 사두전차. 그 주위에 신격화란 새김글

강철 같은 의지로 만사를 자신의 지배하에 통합해 내는 데 성공했다. 제국통일
이 그랬고, 보편교회의 출현이 그랬다. 그러는 가운데 그 자신 기독교 신앙을
받아들였지만, 늘 자신이 제국과 교회의 주인이라는 생각을 잊지 않았다. 새로
건설한 수도의 이교적 분위기, 니카이아 종교회의 이후 정통—이단에 대한 모호
한 태도, 그리고 장례식과 사후 신격화에 보이는 절충주의는 다 거기서 비롯한
다. 유세비우스의 정치신학은 황제의 그런 권력의지를 간파하고 부추겼다.

　자신의 왕조에 대한 비전도 마찬가지였다. 콘스탄티누스는 왕조 내의 상속
분쟁을 최소화하기 위해 근친살해라는 비극을 주저하지 않았다. 그것은 통일

된 권력에 대한 집착의 결과였다. 콘스탄티누스는 그렇게 친형제인 세 아들이 중심을 이루고, 자신의 형제와 조카들이 보조하는 왕조체제를 구축한 뒤, 그 체제로 제국통합이 유지될 것이라 믿었다. 즉위 30주년에 유세비우스가 행한 「황제찬양연설」도 그렇게 밝은 앞날을 찬미하고 있었다.[68] 하지만 모두 허망한 꿈에 지나지 않았다. 337년 여름, 세 형제는 부친의 형제들과 그 자손들을 살육했다. 당연히 유세비우스도 그 사실을 인지하고 있었지만, 339년에 출간된 『전기』는 그 파국에 대해 일절 언급하지 않았다. 유세비우스의 『전기』는 역사기록이라기보다 신학적 선언서였기 때문이다.

---

68  유세비우스, 「황제찬양연설」 3, 4.

이 책은 2013년 봄, 한국연구재단의 제6기 '석학인문강좌'의 일환으로 행한 3회 연속강연의 원고를 발전시킨 것이다. 초고는 재단과 약속한 대로 2014년 말 출판사에 넘어갔지만, 그대로 출간하기에는 저자 스스로 너무 불만스러웠다. 지난 2년여 동안 약 70% 정도를 고쳐 쓰고 분량도 꽤 늘려, 이제야 세상에 내놓을 수 있을 만한 원고를 마련했다. 하지만 수정보완 작업을 하는 내내 이런 자책감에 시달렸다. '석학인문강좌' 시리즈는 원래 교양대중을 위한 강연을 다소 보완해 출간하는 경쾌한 기획인데, 저자는 그것을 너무 무겁게 만드는 것이 아닌가? 경쾌하게 책을 써낼 역량이 없다는 점이 자명한 이유였지만, 한편으로 작업을 계속하기 위해 한 가지 변명거리로 위안을 삼곤 했다. 잠시 그것에 대해 말해야겠다.

머리말에도 썼지만, 이 책은 '콘스탄티누스 황제와 기독교'에 대한 현대 연구자들 사이의 '통설'을 거스른다. 당연한 일이지만, 통설을 거스르기란 쉽지 않다. 무엇보다 그것의 근거가 되는 기독교 측 주요기록을 해체하고, 나아가 비기독교 측 증거들을 동원해 대안적 서사를 제시해야 하기 때문이다. 해체와 재구성의 양 측면에서, 2013년의 강연원고나 그것을 보완한 2014년의 초고는 선언적이고 피상적인 수준을 벗어나지 못했다. 원고분량이 적은 탓도 있었지만, 더 큰 이유는 대안적 서사를 위한 준비가 미흡했기 때문이었다. 대중강연을 할 때와 달리, '통설'에 대한 피상적 논박의 수준에서 책을 내는 것은 문제라는 생각이 분명해졌다. 독자를 설득하려면 더 설명적이고 심층적인 논증을 제시할 필요가 있었다. 훗날 열정이 식은 뒤 다시 그 작업을 해 개정판을 낼 가능성이 희박했으므로, 초고를 붙들고 좀 더 씨름하는 것이 최선이었다.

기독교 사료의 해체란 점에서는, 19세기 말에서 20세기 초에 몇몇 선학들이 터놓은 오솔길들이 있었다. 하지만 현대의 '통설'이 대두하면서 그 오솔길들은 덤불에 파묻혀 버렸고, '대안적 서사'란 아예 미지의 땅으로 남고 말았다. 지난 2년간 저자가 몰두한 일은 그곳에 새로 길을 열어 대안적 서사를 모색하는 것이었다. 특히 '통설'의 설명처럼 콘스탄티누스 황제가 계시에 의해 극적으로 기독교로 회심한 것이 아니라, 태양숭배를 거쳐 점진적으로 전향한 경위와 그것이 가능했던 당대의 종교적 토양을 제시한 8-11장은 가장 고심했던 부분이었다. 어쨌거나 콘스탄티누스를 기독교 승리사의 한 영웅이 아니라, 지극히 '현실 정치적인' 로마황제라는 관점에서 대안적 서사를 꾀한 것, 그것이 본서의 특징이라 할 것이다.

이 책이 처음 저자가 예상했던 것보다 더 1차 사료에 의거하게 된 것은 거의 불가피한 결과였다. 어설픈 대로 저자가 새로 낸 길들은 대체로 전에 가지 않은 길들이었기 때문이다. 하지만 1차 사료를 중시한 또 다른 이유가 있었다. 그렇지 않아도 대중교양서를 무겁게 다룬다고 자책하고 있던 터라, 현대의 다양한 해석들과 덜 씨름하는 것이 가독성에 유리할 것이라 판단되었다. 당연히 각주의 수도 최소화했으며, 그리하여 방안 가득 쌓인 현대 연구문헌들에 진 빚을 충분히 표시하지 못한 것은 못내 유감스럽다. 각주에는 필수적인 1차 사료 외에, 가급적 한글로 번역된 관련문헌을 최대한 반영해, 독자의 참조와 독서를 자극하려 했다.

2013년의 석학인문강좌 때는 물론, 그 후 몇 차례 같은 주제로 강연을 할 때 종종 겪은 비슷한 '사건'들에 대해 언급해 두는 것이 좋겠다. 다름 아니라 강연 직후, 청중 가운데 목회자나 평신도임을 밝힌 몇몇 분들이 불편한 감정을 드러낸 일이다. 콘스탄티누스가 계시 받은 '하느님의 종'이 아니라, 이교숭배에서 암중모색하며 기독교에 도달한 것으로 설명한 저자의 강연취지가 매우 듣기 거북했던 듯했다. 어떤 여성은 내게 "성경을 몇 번이나 읽으셨죠?"라고 퉁명스 러운 질문을 던진 뒤, 대답도 하기 전에 돌아서 가 버렸다. 이 책의 논지가 강연 때와 다를 바 없으니, 마찬가지로 상심할 기독교 신자들이 있을 것을 우려해 두 가지 해명을 덧붙여 두고 싶다.

우선 신앙과 역사연구가 별개의 영역이라는 자명한 사실을 잊지 말았으면 좋겠다. 비록 독실한 신앙인이지만, 성서학자, 신학자, 교회사가들은 예수와 사도를 더 잘 이해하기 위해 복음서들에 문헌비판의 방법을 적용하기를 주저 하지 않는다. 최근 국내에도 많이 소개되고 있는, 그런 방법에 의거한 '역사적 예수'의 탐구가 반드시 반기독교적이거나 이단적이라고 할 수 없다. 예수의 구 속사적 의미가 그로써 결코 퇴색하지 않듯, 역사연구가 신앙을 무력화할 수 없 을 것이기 때문이다. 둘째로, 마니교와 이교철학으로 방황한 끝에 기독교 신 앙에 이른 성 아우구스티누스의 정신적 편력을 독실한 신앙인이 불쾌하게 여 기지 않듯, 콘스탄티누스 황제가 기독교에 이른 '권력정치적' 우회로도 십분 이 해될 수 있는 현상이다. 그를 단순히 계시 받은 '하느님의 종'으로 간주하는 것 보다, 인간적인 결함(즉 황제로서의 욕망과 책략)을 통해 기독교의 승리라는 섭리에 이바지했다는 설명이 더 박진감이 있지 않은가?

마지막으로 이 책이 세상 빛을 보기까지 이런 저런 방식으로 도움을 준 분들 에 대해 말해야겠다. 작년 연말 이 책의 원고를 완성하면서 무엇보다 경기대학 의 김기봉 교수에게 진 오랜 부채를 청산하게 되었다는 안도감이 들었다. 비록 경쾌하게 호응하지 못했지만, 그의 무모한 기대가 아니었다면 이 책은 탄생하 지 않았을 것이 분명하다. 아울러 저자의 강연 때 토론을 맡아 준 충남대의 차 전환 교수와 전남대의 최혜영 교수, 그리고 책 출간이 한없이 지체되는 것을 관용해 준 석학인문강좌의 운영실무자 박민관 선생에게 이 자리를 빌려 감사의 뜻을 전한다. 강원대 윤리교육과의 신중섭 교수는 강연이 끝나갈 무렵, 본인이 소장하고 있던 석학강좌의 출간도서 한 권을 내게 선물해 나의 책 출간을 독려해 주었고, 서울대 국사학과의 노명호 교수는 베니스의 산마르코 성당에서 찍어 온 해상도 좋은 '네 황제의 반암석상' 사진[그림 2-2]을 제공해 주었다. 뒤늦게나마 그 분들의 선의에 감사드리게 됨을 기쁘게 생각한다.

여러 분들이 이 책의 원고를 읽고, 모호한 부분과 거친 문장, 맞춤법 등을 지적해 주었다. 오래 전 약속대로 중앙대의 차용구 교수가 제일 먼저 그 부담스럽고 성가신 일을 맡아 주었다. 워낙 신중한 분이라 지적과 비평을 자제했다고 짐작되지만, 덕분에 몇 군데 중요한 오류를 바로잡을 수 있었다. 한편 비록 저자에 의해 동원되었지만, 유쾌하고 성의 있게 원고를 읽어 준 석박사 과정 및 박사 후 과정의 여러 제자들도 다양하게 도움을 주었다. 석사과정의 한국현대사 전공자 이상우 군, 서양고대사 전공자 배유연 양, 박사과정의 서양고대사 전공자 최온 군, 그리고 미국에서 로마사 분야의 박사학위 논문을 준비 중인 배소연 양과 얼마 전 영국에서 박사학위를 마친 그리스사 전공자 이상덕 양은 하나 같이 이 책이 읽기 '어렵다'는 점을 지적했다. 이 책이 교양대중을 위한 것이며, 그래서 저자가 가독성을 의식해 가급적 짧은 문장으로 명료하게 쓰려 했다는 점을 감안할 때, 그것은 실로 낙담스러운 깨달음이었다. 특히 꼼꼼하게 원고를 읽고 여러 쪽에 달하는 교열목록을 만들어 준 세 사람, 로마사로 박사논문을 준비 중인 신명주 양, 박사 후 과정의 반기현 군과 고경주 양은 원고의 개선에 큰 도움이 되었다. 그것들이 거의 대부분 원고에 반영된 덕분인지, 정작 출판사 편집담당자의 지적사항은 그리 많지 않았다. 그렇다고 편집자 안효희 씨가 별로 한 일이 없었다는 뜻은 아니다. 저자의 '대안적 서사'에는 정말 많은 도상자료들이 동원되었는데, 그것들의 해상도는 물론 본문과의 연결성이 높아진 것은 전적으로 안 선생의 탁월한 편집능력 덕분이다.

　마지막으로 이 책의 원고를 완성할 때까지 가장 큰 조력자였던 아내 신미숙에게 고마움을 전한다. 저자가 읽기만 하고 쓰기를 주저할 때 '이제 그만 쓰기 시작하라!'고 질타하거나, 간혹 자책감에 빠져 허우적댈 때 용기를 북돋아 주던 일, 그리고 저자가 쓴 글 구석구석에 질문과 비평과 칭찬으로 화답해 주던 친숙한 장면들이 떠오른다. 아내가 준 그런 에너지가 없었다면, 저자는 아마 수정보완 작업의 늪에서 더 오랫동안 질척거렸을지 모른다. 어쨌거나 다음에는 좀 더 경쾌하게 책을 쓸 수 있게 되길 기대해 본다.

2017년 3월　이촌동 서재에서

# _ 참고문헌

1차 사료는 모두 저작의 시대순에 따라 배열하고, 논문과 저서 등 현대의 연구문헌은 저자의 성(last name)의 한글 음역에 근거해 가나다순으로 배열한다. 5항(국역 사료 및 연구서와 국내 저서)의 경우, 한글로 번역된 외국어 연구서의 경우에는 굳이 원작의 제목을 병기하지 않는다.

## 1. 이교 사료

에우리피데스, 『비극 전집 1』(도서출판 숲, 2009).

키케로, 『신들의 본성에 관하여』(나남, 2012).

키케로, 『점술론』 = Cicero, *On Divination*(trans. by W. A. Falconer), in Loeb Classical Library, Harvard University Press, 1923.

오비디우스, 『로마의 축제일』(한길사, 2005).

『아우구스투스 업적록』(김경현 역), 『사학지』(단국사학회) 6집(1972).

베르길리우스, 『아이네이스』(숲, 2007).

호라티우스, 『백년제 찬가』 = Horace, *Odes Books 4 and Carmen Saeculare*(trans. by R. F. Thomas), Cambridge University Press, 2011.

요세푸스, 『유대전쟁사』(생명의 말씀사, 1987).

수에토니우스, 『12인의 로마황제』(풀빛미디어, 1998).

타키투스, 『연대기』(범우, 2005).

플리니우스, 『서간문』 = Pliny, *Complete Letters*(trans. by P. G. Walsh), Oxford University Press, 2006.

아리스티데스, 『로마 찬양연설』 = Aristes, *Die Romrede*(übersetz von R. Klein), Darmstadt, 1983.

『헤르메스 지혜서』 = *The Hermetica: the Lost Wisdom of the Paraohs*(trans. by T. Freke and P. Gandy), New York, 1997.

아풀레이우스, 『황금당나귀』(문음사, 1990).

플로티노스, 『엔네아데스』(지만지 고전선집, 2009).

포르피리오스, 『금식론』 = Porphyry, On Abstinence from Animal Food, in *Select Works of Porphyry*(trans. by T. Taylor), London, 1823.

포르피리오스, 『반기독교론』 = Porphyry, *Against the Christians: the Literary Remains*(trans.

by R. J. Hoffmann), Prometheus Books, 1994.

『로마 제정기 주화』 제6권 = C. H. V. Sutherland, *The Roman Imperial Coinage*, vol. 6: *From Diocletian's Reform to the Death of Maximinus(AD 294-313)*, London, 1967.

『로마 제정기 주화』 제7권 = P. M. Bruun, *The Roman Imperial Coinage*, vol. 7: *Constantine and Licinius(AD 313-337)*, London, 1966.

『라틴어 황제찬양연설』 = *In Praise of Later Roman Emperors: the Panegyrici Latini*(trans. by C. E. V. Nixon and B. S. Rodgers), University of California Press, 1994.

옵타티아누스 포르피리오스, 『형상 시』 = Optatianus Porpfyrius, *Carmina*(hrsg. L. Müller), Teubner, 1877.

율리아누스, 「콘스탄티우스 황제 찬양연설」 = Julian, *Panegyric in honour of Constantius*, in *The Works of Emperor Julian*(trans. by W. C. Wright), vol. 1, Loeb Classical Library, Harvard University Press, 1913.

율리아누스, 「붉은 수염을 싫어하는 사람들」 = Julian, *Misopogon or Beard-hater*, in *The Works of Emperor Julian*(trans. by W. C. Wright), vol. 2, Loeb Classical Library, Harvard University Press, 1913.

율리아누스, 「갈릴리인 논박」 = Julian, *Against the Galilaeans* in *The Works of Emperor Julian*(trans. by W. C. Wright), vol. 3, Loeb Classical Library, Harvard University Press, 1923.

암미아누스 마르켈리누스, 『역사』 = Ammianus Marcellinus, *Roman History*, 3 vols., Loeb Classical Library, Harvard University Press, 1939-1950.

『모세율법과 로마법의 비교』 = *Compiling the Collatio Legum Mosaicarum et Romanarum in Late Antiquity*(trans. by R. M. Frakes), Oxford University Press, 2011.

아우렐리우스 빅토르, 『황제전』 = Aurelius, *De Caesaribus*(trans. by H. W. Bird), Liverpool University Press, 1994.

유트로피우스, 『로마 약사』 = Eutropius, *Breviarium ab Urbe Condita: Kurze Geschichte Roms seit Gründung, 753 v. Chr. -364 n. Chr.*(übersetz von F. L. Müller), Stuttgart, 1995.

코레네의 모세, 『아르메니아 역사』 = Moses Khorenats'i, *History of the Armenians*(trans. by R. W. Thomson), Caravan Books, 2006.

발레시아누스, 『콘스탄티누스의 기원』 = Anonymus Valesianus, *Origo Constantini*, Teil 1(übersetz von I. König), Trier, 1987.

『황제사』 = *Scriptores Historiae Augustae*(trans. by D. Magie), 3 vols., Loeb Classical Library, Harvard University Press, 1921-1932.

『라틴비문선집』 = *Inscriptiones Latinae Selectae*(ed. H. Dessau), 3 vols., Berlin, 1892-1916.

조시무스,『새 역사』 = Zosimus, *New History*(trans. by R. T. Ridley), University of Sydney, 2006.

리바니우스, 「제59연설」(348-349년) = Libanius, *Oration 59: Royal Discourse upon Constantius and Constans*, in *From Constantine to Julian: a Source History*(trans. by S. Lieu and D. Montserrat), London, 1996.

조나라스, 『역사』 = Zonaras, *Epitome Books 12-13*(trans. by M. DiMaio), in M. DiMaio, *Zonaras' Account of the Neo-Flavian Emperors: a Commentary*(Dissertation, University of Missouri-Columbia, 1977).

『테오도시우스 법전』 = *Les Lois Religieuses des Empereurs Romains de Constantin à Théodose II*, 2 vols.(trad. par J. Rougé et R. Delmaire), Pairs, 2005-2009.

『아우소니우스 전집』 = *The Works of Ausonius*, 2 vols.(trans. by H. G. E. White), Loeb Classical Library, Harvard University Press, 1919-1921.

『유스티니아누스 법전』 = Code of Justinian(trans. by S. P. Scott), Cincinnati, 1932.

안나 콤네나, 『알렉시오스 이야기』 = Anna Comnena, *Alexiad*(trans. by E. A. S. Dawes), Masterworks Classics, 2015.

『콘스탄티노폴리스 연혁』 = *Scriptores Originum Constantinopolitanarum*(hrsg. T. Preger), 2 vols., Teubner, 1901-1907.

유나피우스,『철학자들과 소피스트들의 전기』 = Eunapius, *Lives of the Philosophers and Sophists*(trans. by W. C. Wright), Loeb Classical Library, Harvard University Press, 1922.

케드레누스,『역사 개요』 = Cedrenus, *Synopsis Historion*, 2 vols.(hrsg. I. Bekker), Bonn, 1838-1839.

## 2. 기독교 사료

신약성서, 「마가복음」.

신약성서, 「요한복음」.

테르툴리아누스, 『변명』 = Tertullian, *Apology*(trans. by T. R. Glover), Loeb Classical Library, Harvard University Press, 1931.

테르툴리아누스, 『볼거리들에 관하여』 = Tertullian, *De Spectaculis*(trans. by T. R. Glover), Loeb Classical Library, Harvard University Press, 1931.

테르툴리아누스, 『이교도들에 대한 반박』 = Tertullian, *Ad Nationes*(trans. by P. Holmes), Ante-Nicene Fathers vol. 3.

테르툴리아누스, 『순교자들에 대해』 = Tertullian, *An Address to the Martyrs*(trans. by C. Dodgson), Oxford, 1842.

오리게네스, 『켈수스를 논박함』(새물결, 2005).

오리게네스, 『요한복음 주석』 = Origen, *Commentary on the Gospel according to John*(trans. by R. E. Heine), 2 vols. Catholic University of America Press, 1989-1993.

오리게네스, 『제1 원리론』 = Origen, *De Principiis*(trans. by F. Crombie), Ante-Nicene Fathers, vol. 4.

아르노비우스, 『이교도들에 대한 반박』 = Arnobius, *Seven Books adversus Gentes*(trans. by H. Bryce and H. Campbell), Edinburgh, 1871.

아프라하트, 『설교집』 = Aphrahat, *Demonstrations*(trans. by P. Schaff), NPNF 2-13.

『354년의 연대기』 = *Chronography of 354*(trans. by R. Pearse), Ipswich, 2006.

『4세기의 기독교』(http://www.fourthcentury.com).

유세비우스, 『예언 선집』 = Eusebius, *Eclogae Propheticae*(ed. by T. Gaisford), Oxford, 1842.

유세비우스, 『복음의 증거』 = Eusebius, *The Proof of the Gospel*(trans. by W. J. Ferrar), New York, 1920.

유세비우스, 『현현』 = Eusebius, *Theophania or Divine Manifestation*(trans. by S. Lee), Cambridge University Press, 1843.

유세비우스, 『교회신학』 = Eusebius, *De ecclesiastica theologia*(hrsg. E. Klostermann), in *Eusebius' Werke* Bd. 4, Leipzig, 1906.

유세비우스, 「히에로클레스에 대한 반박」 = Eusebius, *Against Hierocles*(trans. by F.C. Conybeare), in Philostratus vol. 2, Loeb Classical Library, Harvard University Press, 1912, pp.484-605.

유세비우스, 『교회사』(성요셉 출판사, 1985).

유세비우스,『콘스탄티누스 전기』= Eusebius, *Life of Constantine*(trans. by A. Cameron and S. G. Hall), Oxford, 1999.

유세비우스,『팔레스타인의 순교자들』= Eusebius, *The History of the Martyrs in Palestine*(trans. W. Cureton), London, 1861.

유세비우스,「황제찬양연설」= Eusbius, *Tricennial Oration*(trans. by H. A. Drake) in H. A. Drake, *In Praise of Constantine: A Historical Study and New Translation of Eusebius' Tricennial Orations*, University of California Press, 1976.

락탄티우스,『박해자들의 죽음』= Laktanz, *De Mortibus Persecutorum*(*Die Todesarten der Verfolger*(übersetz von A. Städele), Brepols Publishers, 2003.

락탄티우스,『기독교 신학 강요』= Lactantius, *Divine Institutes*(trans. by A. Bowen and P. Garnsey), Liverpool University Press, 2003.

락탄티우스,『간편 기독교 신학 강요』= Lactantius, *The Epitome of the Divine Institutes*(trans. by W. Fletcher), in *The Works of Lactantius*, vol. 2, Edinburgh, 1871.

아타나시우스,『아리우스파에 대한 변명』= Athanasius, *Defence Against the Arians*(trans. by P. Schaff), NPNF2-04.

아타나시우스,『아리우스파의 역사』= Athanasius, *History of the Arians*(trans. by P. Schaff), NPNF2-04.

『아타나시우스 문집』3.1(18번 = 안티오키아 종교회의의 서신, 325년) = H.-G. Opitz(hrsg.), *Athanasius Werke 3: Urkunden zur Geschichte des arianischen Streites 318-328*, Berlin, 1934.

에피파니우스,『이단 반박서』= Epiphanius of Salamis, *The Panarion*, 2 vols.(trans. by F. Williams), Leiden, 2009-2013.

히에로니무스,『연표』= *Die Chronik des Hieronymus*(hrsg. R. Helm), Berlin, 1956.

성 아우구스티누스,『고백록』(기독교문서선교회, 2004).

성 아우구스티누스,『신국론』(현대지성사, 1997).

성 아우구스티누스,『서간문』= St. Augustine, *Select Letters*(trans. by J. H. Baxter), Loeb Classical Library, Harvard University Press, 1930.

성 아우구스티누스,『서간문』= Saint Augustine, *Letters*(trans. by P. Schaff), NPNF1-01.

프로클루스,『신학의 기초』= Proclus, *The Elements of Theology*(trans. by E. R. Dodds), Clarendon Press, 1992.

옵타투스,『도나투스파에 대한 반박』= Optatus of Milevis, *Against the Donatists*(trans. by O. R. Vassall-Philipps), Oxford, 1917.

성 암브로시우스,『6일간의 창조에 대해』= Saint Ambrose, *Hexameron, Paradise, and Cain and Abel*(trans. by J. J. Savage), New York, 1961.

성 암브로시우스,「테오도시우스 황제 추도사」= Saint Ambrose, *On the Death of Emperor Theodosius*, in *Funeral Orations of Saint Gregory Nazianzen and Saint Ambrose*(trans. by R. J. Deferrari *et al.*), New York, 1953.

오로시우스,『이교도를 반박하는 7권의 역사』= Orosius, *Seven Books of History Against the Pagans*(trans. by A. T. Fear), Liverpool University Press, 2010.

소크라테스,『교회사』= Socrates, *Ecclesiastical Histories*(trans. by P. Schaff), NPNF2-02.

소조멘,『교회사』= Sozomens, *Ecclesiastical Histories*(trans. by P. Schaff), NPNF2-02.

겔라시우스,『교회사』= Gelasius, *Kirchengeschichte*(hrsg. M. Heinemann), Leipzig, 1918.

필로스토르기우스,『교회사』= Philostorgius(trans. by P. R. Amidon), *Church History*, Atlanta, 2007.

테오도레투스,『교회사』= Theodoret, *Ecclesiastical History*(trans. by P. Schaff), NPNF2-03.

루피누스,『교회사』= Rufinus of Aquilea, *Church History Book 10 and 11*(trans. by P. R. Amidon), Oxford University Press, 1997.

『보르도인 여행기』= *Itinerary from Bordeaux to Jerusalem(333 A.D.)*(trans. by A. Stewart), Palestine Pulgrims' Text Society, 1887.

『에게리아 여행기』= *The Pilgrimage of Etheria(or Egeria)*(trans. by M. L. McClure & C. L. Feltoe) Society for Promoting Christian Knowledge, 1919.

포시디우스,『아우구스티누스의 생애』(분도출판사, 2008).

『교황의 서』= *Liber Pontificalis: the Book of the Popes*(trans. by L. R. Loomis), Columbia Univcrsityn Prcss, 1916.

요아네스 말라라스,『연표』= John Malalas, *The Chronicle*(trans. by E. Jeffreys *et al.*), Melbourne, 1986.

요하네스 리두스,『축제 월력』= Ioannes Lydus, *De Mensibus* in *Corpus Scriptorum Historiae Byzantinae*(hrsg. M. Bekker), Bonn, 1837.

테오도로스 아나그노스테스,『교회사』= Theodorus Anagnostes, *Historia Ecclesiastica*(hrsg. G. C. Hansen), Berlin 1971.

테오파네스,『연표』= Theophanes the Confessor, *The Chronicle: Byzantine and Near*

*Eastern History AD 284-813*(trans. by C. Mango and R. Scott), Oxford, 1997.

미카엘, 『연표』 = Michael Rabo, *Syriac Chronicle: A Universal History from the Creation* (trans. by M. Moosa), Beth Antioch Press, 2014.

유다스 키리아쿠스, 『성 십자가의 발견』 = Judas Kyriakos, *The Finding of the True Cross*(trans. by J. W. Drijvers), Peeters Publishers, 1997.

니콜라오스 메사리테스, 『콘스탄티노폴리스의 성사도 교회의 해설』 = Nikolaos Mesarites, *Description of the Church of the Holy Apostles at Constantinople*(trans. by G. Downey), *Transactions of the American Philosophical Association* 47(1957).


## 3. 연구논문

고드너프, "헬레니즘 왕권의 정치철학" = E. R. Goodenough, "The Political Philosophy of Hellenistic Kingship," *Yale Classical Studies* 1(1928).

그레과르, "콘스탄티누스의 회심" = H. Grégoire, "La conversion de Constantin," *Revue de l'Université de Brussells* 36(1930-1931).

그레과르, "유세비우스의 저술로 알려진 『전기』의 신빙성과 역사성" = H. Grégoire, "L'authenticité et Historicité de la Vita Constantini attribuée á Eusebe de Césarée," *Bulletin de l'Academie Royale de Belgique* 39(1953).

김경현, "밀라노 칙령, 그 신화의 해체," 『지식의 지평』 15호(2013년 11월).

베인즈, "유세비우스와 기독교 제국" = N. H. Baynes, "Eusebius and Christian Empire," in Baynes, *Byzantine Studies and Other Essays*, London, 1960.

빈켈만, "『전기』의 신빙성 문제의 역사에 대해" = F. Winkelmann, "Zur Geschichte des Authentizitätsproblems der Vita Constantini," *Klio* 40(1962).

스미스, "콘스탄티우스의 종교" = M. D. Smith, "Eusebius and the Religion of Constantius I," *Greek, Roman and Byzantine Studies* 38(1997).

존즈와 스키트, "유세비우스의 『전기』에 인용된 콘스탄티누스 문서들이 진짜임에 대한 보고서" = A. H. M. Jones and T. C. Skeat, "Notes on the Genuineness of the Constantinian Documents in Eusebius' Life of Constantine," *Journal of Ecclesiastical History* 5(1954).

## 4. 외국어 연구서

게프켄, 『그리스-로마 이교 최후의 나날』 = J. Geffcken, *Last Days of Graeco-Roman Paganism*, North Holland Publishing Company, 1978.

그레과르, 『로마제정기 박해사』 = H. Grégoire, *Les Persecutions dans l'Empire Romain*, Brussels, 1964.

도즈, 『불안의 시대의 이교와 기독교』 = E. R. Dodds, *Pagan and Christian in an Age of Anxiety: Some Aspects of Religious Experience from Marcus Aurelius to Constantine*, University Press, 1964.

드레이크, 『콘스탄티누스와 주교들』 = H. A. Drake, *Constantine and the Bishops: The Politics of Intolerance*, Johns Hopkins University Press, 2002.

드리버스, 『황후 헬레나』 = J. W. Drijvers, *Helena Augusta, the Mother of Constantine the Great and the Legend of her Finding of the True Cross*, Leiden, 1992.

드보르닉, 『초기 기독교와 비잔티움 시대의 철학』 = F. Dvornik, *Early Christian and Byzantine Political Philosophy*, vol. 2, Washington, 1966.

로버트슨, 『중개자로서 예수』 = J. M. Robertson, *Christ as Mediator: a Study of the Theologies of Eusebius of Caesarea, Marcellus of Ancyra, and Athanasius of Alexandria*, Oxford University Press, 2007.

마라발, 『성지와 동방 순례』 = P. Maraval, *Lieux Saints et Pèlerinages d'Orient, Histoire et Géographie*, Paris, 1985.

맥뮬런, 『콘스탄티누스』 = R. MacMullen, *Constantine*, New York, 1969.

몸젠, 『제정기 로마사』 = T. Mommsen, *A History of Rome under the Emperors*(ed. based on the lecture notes, 1882-1886), London, 1992.

무스릴로, 『기독교 순교자전』 = H. Musurillo, *The Acts of the Christian Martyrs*, Oxford, 1972.

미첼과 판 누펠렌(편), 『일신: 로마제국의 이교적 일신론』 = S. Mitchell and P. van Nuffelen(eds.), *One God: Pagan Monotheism in the Roman Empire*, Cambridge, 2010.

바드릴, 『콘스탄티누스, 기독교 황금시대의 신 같은 황제』 = J. Badrill, *Constantine, Divine Emperor of the Christian Golden Age*, Cambridge University Press, 2012.

반즈, 『콘스탄티누스와 유세비우스』 = T. D. Barnes, *Constantine and Eusebius*, Harvard

University Press, 1981.

발라프, 『참된 태양으로서 예수』 = M. Wallraff, *Christus verus Sol: Sonnenverehrung und Christentum in der Spätantike*, Münster, 2001.

베르그만, 『지배자의 발광형 왕관』 = M. Bergmann, *Die Strahlen der Herrscher: theomorphes Herrscherbild und politische Symbolik im Hellenismus und in der römischen Kaiserzeit*, Mainz, 1998.

벤느, 『우리의 세계는 언제 기독교가 되었나?』 = P. Verne, *Quand notre monde est devenu chrétien: 312-394*, Albin Michel, 2007.

부르크하르트, 『콘스탄티누스 대제의 시대』 = J. Burckhardt, *The Age of Constantine the Great*, Routledge, 1949(원작은 *Die Zeit Constantins des Großen*, Basel, 1853).

브라운, 『고대 후기의 세계』 = P. Brown, *The World of Late Antiquity: from Marcus Aurelius to Muhammad*, Thames and Hudson, 1971.

브라이스, 『히타이트 세계의 삶과 사회』 = T. Bryce, *Life and Society in the Hittite World*, Oxford University Press, 2004.

브룬, 『콘스탄티누스 치세 주화연구: 1954~1988년 발표 논문들』 = P. Bruun, *Studies in Constantinian Numismatics: Papers from 1954 to 1988*, Institutum Romanum Finlandiae, 1991.

비난트, 『승리자로서 황제』 = J. Wienand, *Der Kaiser als Sieger: Metamorphosen triumphaler Herrschaft unter Constantin I.*, Akademie Verlag, 2012.

세튼, 『서기 4세기 로마황제에 대한 기독교의 태도』 = K. M. Setton, *Christian Attitude Towards the Emperor in the Fourth Century*, New York, 1941.

쉰들러(편), 『정치문제로서 일신교?: 에릭 페테르손과 정치신학 비판』 = A. Schindler(hrsg.), *Monotheismus als politisches Problem?: Erik Peterson u. der Kritik der politischen Theologie*, Gütersloher Verlagshaus Mohn, 1978.

슈미트, 『정치 신학』 2권 = C. Schmitt, *Political Theology II: The Myth of the Closure of any Political Theology*, Polity Press, 2008(원작은 *Politische Theologie II*, Duncker u. Humblot, 1970).

아메리세, 『콘스탄티누스 대제의 세례』 = Amerise, M., *Il Battesimo di Costantino il Grande: Storia di una scomoda Eredità*(Hermes, Einzelschriften Bd. 95), Franz Steiner Verlag, 2005.

아타나시아디와 프레데(편), 『고대 후기의 이교 일신론』 = P. Athanassiadi and M.

Frede(eds.), *Pagan Monotheism in Late Antiquity*, Oxford, 1999.

존즈, 『콘스탄티누스와 유럽의 개종』 = A. H. M., Jones, *Constantine and the Conversion of Europe*, London, 1948.

컬레드, 『로마 시의 보호자』 = M. Cullhed, *Conservator urbis suae: Studies in the Politics and Propaganda of the Emperor Maxentius*, Stockholm, 1994.

파리나, 『카이사레아의 유세비우스에 있어서 제국과 기독교 황제』 = R. Farrina, *L'impero e l'imperatore cristiano in Eusebio di Cesarea: la prima teologia politica del Cristianesimo*, Pas Verlag, 1966.

페테르손, 『정치문제로서 일신교』 = E. Peterson, *Der Monotheismus als Politisches Problem: ein Beitrag zur Geischichte der politischen Theologie im Imperium Romanum*, Leipzig, 1935.

포그트, 『콘스탄티누스 대제와 그의 세기』 = J. Vogt, *Constantin der Grosse und sein Jahrhundert*, München, 1973.

하르나크, 『서기 1-3세기 기독교의 확장』 = A. Harnack, *The Mission and Expansion of Christianity in the First Three Centuries*(trans. by J. Moffatt), 2 vols., New York, 1908.

## 5. 국역 사료 및 연구서와 국내 저서

게이, 피터, 『계몽주의의 기원』(민음사, 1998).

곤잘레스, 후스토, 『중세교회사』(은성, 2012).

퀸, 데이비드, 『로마 공화정』(교유서가, 2015).

기번, 에드워드, 『로마제국쇠망사』(민음사, 2008).

남성현, 『콘스탄티누스 가문의 기독교적 입법정책(313~361년)』(한국학술정보, 2013).

노리치, 존, 『비잔티움 연대기』(바다, 2007).

도즈, 에릭, 『그리스인들과 비이성적인 것』(까치, 2002).

드롭너, 휘베르투스, 『교부학』(분도출판사, 2001).

래미지, 낸시, 『로마 미술』(예경, 2004).

로덴, 존, 『초기 그리스도교와 비잔틴 미술』(한길 아트, 2003).

뤼프케, 외르그, 『시간과 권력의 역사』(알마, 2011).

매클린, 프랭크,『철인황제 마르쿠스 아우렐리우스』(다른 세상, 2009).

맥닐, 윌리엄,『전염병과 인류의 역사』(한울, 1992).

몸젠, 테오도르,『로마사』(푸른 역사, 2013~2014).

보라기네의 야코부스,『황금전설』(크리스챤 다이제스트, 2007).

브라운, 피터 외,『사생활의 역사 1: 로마제국부터 천 년까지』(새물결, 2002).

브라운, 피터,『기독교 세계의 형성』(새물결, 2004).

브라운, 피터,『아우구스티누스』(새물결, 2012).

브랜들레, 루돌프,『요한 크리소스토무스: 고대 교회 한 개혁가의 초상』(분도출판사, 2016).

사임, 로널드,『로마혁명사』(한길사, 2006).

샤츠, 클라우스,『보편공의회사』(분도출판사, 2005).

셍크, 케네스,『필론 입문』(바오로딸, 2008년).

슈미트, 칼,『정치신학』(그린비, 2010).

스타크, 로버트,『기독교의 발흥』(좋은 씨앗, 2016).

아슬란, 레자,『젤롯』(와이즈베리, 2013).

야스시, 고토,『천황의 나라 일본』(예문서원, 2006).

에버렛, 앤서니,『아우구스투스』(다른 세상, 2008).

오미라, 도미니크,『플로티노스의 엔네아데스 입문』(탐구사, 2009).

오스트로고르스키, 게오르게,『비잔티움 제국사, 324~1453』(까치, 1999).

왈리스, 리차드,『신플라톤주의』(누멘, 2011).

이디노풀로스, 토마스,『예루살렘』(그린비, 2002년).

조인형,『초기 기독교사 연구: 유세비우스와 콘스탄티누스대제를 중심으로』(한국학술정보,
      2003).

캄펜하우젠, 한스 폰,『라틴교부 연구』(대한기독교출판사, 1979).

캄펜하우젠, 한스 폰,『희랍교부 연구』(대한기독교출판사, 1984).

쿨랑쥬, 퓌스텔 드,『고대도시』(아카넷, 2000).

트로크메, 에티엔느,『초기 기독교의 형성』(대한기독교서회, 2003).

프로코피우스,『비잔틴제국 비사』(들메나무, 2015).

한국서양고대역사문화학회,『아우구스투스 연구: 로마제국 초대 황제, 그의 시대와 업적』
      (책과 함께, 2016).

헤린, 주디스,『비잔티움』(글항아리, 2010).

히더, 피터,『로마제국 최후의 100년』(뿌리와 이파리, 2008).

# _ 찾아보기